더 늦기 전에 돈 공부 좀 하시죠

30년 월급 생활자의
은퇴 후 30년 노후생활을 위한
자산 운용 전략

All in One

부동산, 주식, 예금,
채권, 신탁, 금, 펀드,
연금, 보험, 투자,
세금, 상속…

김대홍지음

더 늦기 전에

돈 공부 좀 하시죠

흔들의자

더 늦기 전에 돈 공부를 하세요

20세에는 올 것이라 생각지도 않았던 나이 60세가 작년에 지나갔다.
70세도 올 것이고, 80세도 올 것이다. 두렵지만 누구나 그렇다.
'우물쭈물하다가 내 이럴 줄 알았다.' 유명 작가 버나드 쇼의 묘비명이다.

작년 말에 다니던 직장에서 은퇴하여 주변의 친구들과 직장 선후배들을 둘러보니,
금전적으로나 금전 외적으로나 제대로 준비가 안 된 채 은퇴를 했거나
은퇴를 앞둔 사람들이 대부분이었다. 나 또한 크게 다르지 않다.

대부분 금전적으로 생각보다 부족하다.
지출은 별로 줄지 않는데, 수입은 현역 때의 절반도 안 된다.
특히, 연금성 자산이나 고정적 수입이 부족하다. 그래서 불안감을 느낀다.
한국인들은 평균적으로 53세에 주된 직장에서 은퇴한다. 대기업이나 금융기관들은
55세~57세쯤 명예퇴직을 한다. 공무원, 공기업들은 60세가 정년이다.
90세 시대가 도래했으니, 짧아도 30년은 은퇴 생활을 하여야 한다.
평생 현역, 아니 65세까지라도 직장을 다니면 좋을텐데 현실은 그렇지 않다.

우리는 젊었을 때 저축을 하고 투자를 해서 은퇴 후 30년을 준비해야 한다.
직장 생활의 시작은 경제적으로 비슷해도 은퇴시점에서는 개인별 차이가 엄청나게 난다.
직장 자체의 차이도 있고, 주된 직장을 다니는 기간에서도 개인별 차이가 크지만, 무엇보다
투자의 행태, 투자 수익률에서의 큰 차이가 은퇴시점에서의 경제적 격차를 크게 만든다.

노후 경제적 준비에 정답은 없다. 그러나, 고민하고 공부하고 실천을 한 사람과 그렇지 않은
사람은 큰 차이를 보인다. 세월이 지날수록 격차가 벌어진다. 투자를 게을리해서는 안된다.
특별한 자격증이나 기술이나 아이디어가 있지 않는 한, 직장을 오래 다니면서,
자산증식에 꾸준한 관심을 갖고 실천을 해보자. 결과는 분명히 다르다.

그렇다고 무모하게 투자를 해서는 안된다.
성공투자를 위해서는 기초가 잘 되어 있어야 한다.
투자환경을 이해하고 자신만의 기본적인 원칙이 잘 세워져있어야 한다.
투자상품에 대한 이해도도 높아야 한다. 남이 한다고 따라 하고, 소문 듣고 좋다니까 하고,
자신의 재무적인 상황을 고려하지 않고 한다면, 실패할 확률이 높다.
현명하게 투자해야 한다. 단기적인 욕심을 부리지 말고, 세월을 낚는 낚시꾼이 되어
긴 안목으로 인내하고 기다릴 줄 알아야 한다. 큰 수익은 옳은 선택과 기다림의 산물이다.

은퇴자들의, 금전 이외의 은퇴 준비도 대부분 미흡하다.
남는 시간은 굉장히 많은데, 보람 있게 의미 있게 즐겁게 사용하지 못한다.
남는 시간을 주체하지 못한다. 준비가 안 되어있다.
간절히 하고 싶은 일들, 버킷리스트(희망 목록) 이런 것들이 별로 없는 것이다.
오랫동안 통제된 생활, 치열한 생존 경쟁, 조직속의 회사형 인간으로 살아와,
진정한 자아실현, 자기 행복, 주체적인 삶을 잊고 살아 왔기때문이다.
그래서 해방감과 즐거움과 설렘보다는 불안감과 무력감을 느끼는 것이다.

금전적인 것이든 금전 이외의 것이든 은퇴 시점에 잠시 멈춰 서서 자신을 되돌아보자.
혼자만의 시간을 가져 보자. 혼자 또는 부부가 조용히 은퇴 여행이라도 다녀 오자.
반성도 하고, 자신을 위로도 하고, 주변도 돌아보자. 행복은 자기성찰로부터 시작된다.

이 책은 많이 부족하다. 현명한 투자 방법, 현명한 노후준비의 해답도 없다.
다만, 은퇴 후의 행복을 꿈꾸는 많은 평범한 사람에게 조금이나마 도움이 되었으면 한다.
곁에서 응원하고 도움을 준 아내와 딸과 아들에게 감사의 마음을 전한다.

황혼의 초입에서 행복을 꿈꾸며
김대홍

[목차]

30년 월급 생활자의 은퇴 후 30년 노후 생활을 위한 자산 운용 전략

현명하게 노후를 준비하자

평범한 직장인들은 누구나 노후를 걱정한다. 선배나 주변 사람들 그리고 부모님을 보면 대부분 노후 생활이 넉넉지 않다. 그래서, 은퇴 후 평생소득 월 500만원을 꿈꾼다. 2020년 현재 여러 기관들의 조사에 의하면 우리 국민들은 평균 월 300만원 정도의 노후 소득을 희망한다. 하지만, 300만원으로는 다소 적어 보인다. 월 500만원 정도는 돼야 약간의 여유가 있다. 인플레이션이 계속되면 이보다 더 많은 금액이 필요할 것이다. 월 500만원이 적은 금액은 아니지만, 실현이 아주 어려운 금액은 아니다. 충분히 가능한 금액이며, 욕심을 내서 7~8백, 아니 천만원까지 도전할 수 있다.

이 책은 투자상품을 이해하고, 투자를 통해서 은퇴 후 안정된 소득을 얻기 위한 방법을 모색하는 것을 목표로 하였다.

1부는 '투자환경과 투자의 기본자세'에 대해 서술하였고, 2부~4부는 투자상품에 대해, 5부는 연금에 관한 내용이다. 『투자환경을 잘 이해하고(1부), 투자상품에 대해 이해를 높이고(2부~4부), 연금화를 위해 노력하면(5부)』 월 500만원은 어느새 달성되고 금전적으로는 어느 정도 안정된 노후가 보장된다. 6부는 행복한 노후를 보내기 위한 조건으로, 주로 금전 외적인 것들을 다루었다.

어떻게 하면 금전적으로 안정된 노후를 준비하고 금전 이외의 측면에서도 행복한 노후를 보낼 수 있는가. 금전은 필요조건이고, 금전 외적인 요소는 충분조건이다. 중요한 것은 실천이다. 금전적으로 현명한 노후, 안정된 노후를 준비하는 방법은 다음과 같다.

첫째, 직장을 오래 다니자

30년 이상 직장을 다니는 것이 필요하다. 그러면, 기본적인 노후생활은 해결된다. 물론, 직장도 차이가 많다. 대기업이면 더욱 좋으나 중소기업이라도 괜찮다. 대략 30년 정도 직장을 다니면 은퇴 후 국민연금, 퇴직연금으로 월 200만원 정도는 확보가 가능하며, 개인연금을 절세 목적으로 꾸준히 가입하면 월 100만원 정도 확보가 가능하다. 개인별 차이는 있으나 월 300만원 정도의 연금자산이 가능하다. 배우자가 20년 정도 직장생활을 하면 또한 최소한 월 100만원 정도의 연금자산이 가능하다. 따라서, 부부가 각각 30년, 20년 정도 직장생활을 하면서 약간의 개인연금 정도만 저축해도 기본적으로 월 400만원 정도의 은퇴 후 연금이 확보된다. 직장을 오래 다니자. 힘들어도 버티자.

둘째, 집 마련을 먼저하자

예나 지금이나 집을 마련하는 것은 보통 어려운 일이 아니다. 하지만 뜻이 있는 곳에 길이 있다. 공부도 해야 되고, 정보도 얻어야 되고, 발품도 팔아야 한다. 자기 돈을 100% 마련한 후에 집을 사는 사람은 드물다. 집값이 비싸다고 포기하거나, 가격이 떨어질 때까지 미루면 집 마련은 어렵다. 집은 기본적으로 주거의 공간이지만, 자산의 대부분이기도 하고, 계층을 상징하기도 한다. 그래서, 다소 무리를 해서라도 좋은 곳에 마련하고, 좋은 곳으로 이사하려는 노력을 계속해야 한다. 웬만한 집 한 채만 있으면 기본적인 노후 생활 해결도 가능하다. 자녀에게 전부 상속할 생각이 아니라면, 다양한 방법으로 집을 활용하여 노후 생활자금을 마련할 수 있다.

셋째, 금융투자를 꾸준히 하자

주식, 채권, 펀드, ETF 이런 상품을 가까이하자. 꾸준히 하자. 성공도 하고 실패도 하겠지만 크게 무리하지 않고 올바른 투자 자세만 가지면, 장기적으로 은행 예금보다는 훨씬 낫다. 주식 필패, 패가망신, 이런 왜곡된 신화를 믿지 말자. 이와 관련하여, 2부 '투자환경과 투자의 기본자세'를 참조하기 바란다. 개인 성향, 자금 사정에 따라 주식이나 여타 금융투자상품에 투자하기 어려운 경우도 물론 있다. 하지만, 웬만하면 저금리, 저성장 시대에 이제 예금은 그만하자. 최소화하자. 금융투자 상품에 직접 투자하기 어려우면 간접투자를 하자. 간접투자가 직접투자보다 장점이 더 많다. 전문가에게 맡기면 된다. 예금만 하는 것은 현명한 노후준비의 걸림돌이다.

넷째, 연금자산을 계속 확보하자

① 절세를 위해, 즉 연말 정산을 위해, 입사할 때부터 연금저축과 IRP에 최대 금액을 꾸준히 넣자. 그리고 운용을 잘 하자. 거북이처럼 바위처럼 천천히 묵직하게 해지하지 않고 30년간 계속 돈을 넣고, 유지하자. 그렇게 해서 30년의 세월이 흐르면, 가입한 금액이 익고 또 익어서 제법 유익한 연금자산이 될 것이다.

② 인프라주식, 리츠주식도 여윳돈이 생기면 일시금으로 매수하자. 주식가격이 거의 안 움직여 답답해 할 수도 있지만, 연금에 가깝게 고배당을 아주 오랫동안 받을 수 있어 보수적인 투자자라면 마음이 편하다. 세전 연 5~7% 정도의 배당을 받을 수 있다. 1년 정기예금 금리가 1% 아닌가. 외형은 주식이지만 본질은 고배당 연금자산인 인프라, 리츠 이런 상품을 주식 시장에서 합리적인 가격에 사자.

③ 오피스텔이나 구분상가 같은 수익성 부동산에도 관심을 가지자. 이것 또한 연금성자산이다. 조금 비싸도 조금 작아도 수익률이 조금 떨어져도 위치 좋은 곳을 사야 한다. 부동산은 입지다. 오피스텔, 구분상가 모두 최근 기피 상품이고 미래가 불투명한 상품이라 조심해야 하지만, 좋은 위치에 합리적인 가격에 사면 연금성 자산으로 그럭저럭 괜찮다. 난 돈이 없어 이런 것 못 사, 이렇게 포기해서는 안 된다. 관심을 가지면 언젠가 길이 보인다.

연금성 자산은 최소 월 5백만원을 1차 목표로 하자. 직장을 오래 다니면 3백~4백은 거의 자동으로 달성된다. 금융투자상품, 특히 연금성 자산을 열심히 공부하고 지속적으로 투자하면 월 5백만원 목표는 충분히 달성 가능하다. 그리고, 2차 목표로 월 1천만원에 도전해 보자. 1차 목표는 직장만 열심히 다니면 가능하지만, 2차 목표는 『장기 직장 생활 + 금융투자상품 투자 + 수익형 부동산 투자』를 통해 가능하다. 실천이 답이다.

금전 외적으로 건강, 가족, 취미, 친구를 챙기자.

금전 외적 측면에서 행복한 노후를 보내려면 어떻게 해야 하는가. 건강, 가족, 취미, 친구(주변 사람들과의 관계), 이 4가지를 잘 챙겨야 한다. 하늘에서 뚝 떨어지는 것은 없다. 젊었을 때부터 잘 관리하고 챙기고 노력하여야 한다. 특히, 부부간의 관계가 좋고 가정이 안정되어야 건강, 취미, 친구, 기타 모든 것들을 할 수 있고, 행복한 노후가 될 수 있다.

버킷리스트를 작성해 보자.

사소한 것부터 큰 것까지 다 적어보자. 그리고 쉬운 것부터 가능한 것부터 하나씩 실천해 보자.

1부

투자환경과 투자의 기본 자세

투자환경과 투자의 기본자세

 하늘이 무너지기도 한다.

분산투자와 일부 현금 보유가 필요한 이유는 여러가지가 있지만, 주요한 이유는 세상 사람들이 전혀 생각하지도 못한 끔찍한 일들이 5년 혹은 10년 단위로 의외로 자주 발생하기 때문이다. 하늘이 무너지는 사건들이 발생하면 투자자산이 절반 이상 날아간다. 전액 손실을 보기도 한다. 주식처럼 기다리면 회복되는 상품도 있지만 채권이나 ELS나 특정 펀드나 선물옵션 등은 바로 손실이 확정되어 버린다. 회복할 길이 없다. 상품, 시기, 만기 등을 분산투자하여야 하며, 사건 발행 시 기다려도 회복할 수 없는 상품은 비중 조절을 하여야 한다.

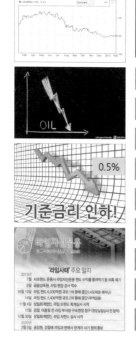

하늘이 무너진다

한국 IMF 구제금융 사태

9·11 테러

서브프라임 모기지

노키아, 소니, 코닥 몰락

코로나19 발생: 산업 초토화

독일국채금리 마이너스 ➡ DLS투자자 원금 제로

유가 WTI 선물가격 -37달러

국내기준금리 0.5%(과거에 상상 했겠나)

라임사태(사모펀드.사기성) ➡ 원금50~100% 손실

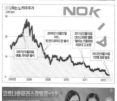

유가가 −37달러. 이게 무슨 일인가. +가 아니고 마이너스. 기름을 팔 때 돈을 받는 것이 아니라 돈을 줘야 한다고. 그것도 무려 배럴당 37달러나. 2020년에 일어난 일이다. 원유가 차고 넘쳐 팔리지는 않고 보관비용만 너무 많이 들어, 보관비용을 줄이려고 돈을 주고 원유를 파는 것이다. 국제유가는 2008년 2월 WTI가 배럴당 102달러 였다. 그때 전문가들은 하나같이 원유 공급은 부족하고 수요는 꾸준하여 수년 내 원유 150달러 시대가 열린다고 했다. 12년이 지난 2020년 지금 원유 가격은 얼마인가. 하락에 하락을 지속하다 마이너스 37달러까지 갔다. 물론, 마이너스는 일시적인 현상이었다. 국제 원유 가격은 2020년 말 현재 40~50달러 수준에서 움직이고 있다. 많이 회복한 게 이정도 수준이다.

하나 더. 독일국채금리 연계펀드의 사례를 보자.

독일국채 10년물 금리 연계 사모펀드(DLS). 우리은행을 비롯해서 하나은행, 국민은행은 2019. 3월~5월까지 거액 고객을 중심으로 PB에서 8,200억원을 판매하였다. 금리가 −0.25% 미만으로만 가지 않으면 6개월 후 연 4.0%(6개월은 2.0%)를 주는 상품이었다. 판매 당시 금리는 0.1~0.2% 수준이었다. 독일이 망하지 않는 한 독일국채가 마이너스 금리로 갈 수 없다고 은행의 PB(프라이빗뱅커)들이 거액 고객들에게 세일즈를 하였고, 고객들도 20%를 준다는 것도 아니고 연 4%를 준다고 하니 사기도 아니고 아주 편안하게 상환 받을 것으로 생각하고 투자를 하였다. 은행 프라이빗뱅커들은 저위험 중수익 상품으로 세일즈 하였고 투자자들도 그렇게 믿었다. 결과는 참담하였다. 2019.9/19일 만기 도래한 우리은행 판매 상품은 수익률이 −60.1% 였다. 역시 우리은행에서 판매해서 9/26일 만기가 도래한 'KB독일 금리 연계 전문투자형 사모증권 투자신탁 제7호(DLS-파생상품)'은 수익률이 −98.1% 였다. 10/1일 만기도래 상품은 −91.7%, 10/10일 −73.0%, 10/15일 −54.35%, 10/28일 −40.4%. 끔찍했다. 투자자들은 하늘이 무너져 내리고 땅이 꺼지는 지옥을 경험했다. 그래프와 표를 참조하기 바란다.

이런 상품은 팔면 안 된다. 수익은 시중 금리의 2~3배 수준으로(4~8% 정도) 막혀 있고, 손실은 무한대(100%)인 상품이 이런 류의 상품이다. 안전하다, 무조건 상환된다고 세일즈를 한다. 잘 팔린다. ELS도 이런 류의 상품이다.

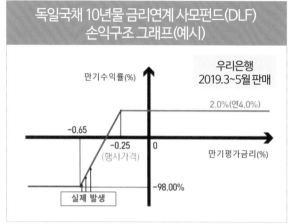

독일국채 10년물 금리연계 사모펀드(DLF)
손익구조 그래프(예시)

우리은행
2019.3~5월 판매

만기수익률(%)

2.0%(연4.0%)

-0.65
-0.25
(행사가격)
0
만기평가금리(%)

-98.00%

실제 발생

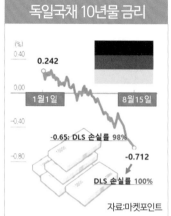

독일국채 10년물 금리

(%)
0.40

0.242

0.00

1월1일   8월15일

-0.40

-0.65: DLS 손실률 98%

-0.712

-0.80

DLS 손실률 100%

자료:마켓포인트

해외금리연계 파생결합상품(DLF) 판매현황(2019. 8. 7. 잔액 기준, 단위 억원)
우리은행 4,012/ 하나은행 3,876/ 국민은행 262/ 유안타증권 50/ 미래대우증권 13/ NH증권 11
합계 8,224억원

아는 고객 한 분이 어느 은행에서 황당한 상품에 투자하고 손실이 너무 커지니까 상담을 하러 온 적
이 있었다. 투자시기는 2018년 5월이었다. 당시 서울 외곽에 소형 아파트 한 채를 살 수 있는 굉장히
큰 금액이었다. 수익률이 1%만 나면 자동 상환되는 상품이었고, 기초상품은 코스피레버리지였다.
레버리지니까 수익률이 기초상품의 2배만큼 움직이는 구조였다. 주가지수(코스피)가 0.5%만 오르
면 자동 상환되는 상품이었다. 신탁으로 상품을 포장하였다. 고객은 은행 직원의 강권에 못 이겨 투
자를 했다고 한다. 레버리지라는 상품이라는 것도 몰랐고, 1%만 오르면 자동 상환된다 이것만 알고
있었고 위험이 거의 없는 것으로 투자권유를 받았다고 한다. 2018년 1월 코스피가 사상 최고치인
2,598p를 찍었고, 상품 투자시기인 2018년 5월은 상투 뒤 주가가 내려가던 시기였다. 하지만, 시장
은 대단한 활황이었다. 다들, 다시 주가가 올라 3,000포인트는 금방 갈 거라고 믿었고 대부분의 애
널리스트들도 그렇게 얘기했다. 3번 정도 샀다 팔아서(매도는 자동상환) 3% 정도의 수익을 거두었
다. 물론 고객이 샀다 팔았다 한 것이 아니고 은행 직원이 매수 시기를 정해 줬다. 그런데, 4번째 산
순간 덜커닝 물렸다. 2,500p 정도에서 매수했다. 당시는 물린 줄도 몰랐다. 은행PB는 시장이 좋으
니까 곧 회복될 거라 했다. 산 가격기준으로 0.5%만 오르면 자동상환이 되니까 괜찮을 거라 했다.

은행 담당 직원은 연말에 인사이동을 해서 지점에서 사라졌다. 투자한 지 거의 2년이 지난 2020. 3월 코로나19로 코스피는 1,450p까지 떨어졌다. 지수로는 산 가격대비 42%, 투자 상품의 평가액은 84% 마이너스였다. 그때 나에게 찾아왔다. 어떻게 해야 되냐고. 기다리라 했다. 이미 은행은 상담 불가였다. 바뀐 직원은 이 상품에 대해서 아무 말이 없었다고 한다. 주가지수가 2,300p가 되니까 은행에서 팔자고 전화가 자주 온다고 했다. 고객도 팔고 싶어 했다. 코로나19로 경기도 안 좋은데 주가는 너무 많이 올라 불안하고, 손실률도 16% 정도여서 감내할 수준이라고 했다. 또 떨어지면 어쩌나 노심초사했다. 나는 계속 기다리라고 했다. 상승추세가 유지될 가능성이 높으니, 노심초사하지 마시고 느긋하게 기다리면 상당한 이익을 보고 팔 수 있다고 말씀을 드렸다. 매도 타이밍은 내가 잡아드리겠으니 주가에 신경 쓰지 말고, 하고 계신 일에 집중하시라 말씀드렸다. 은행 직원이 연락이 와 팔자 하면 무조건 무시하라고 조언해 드렸다.

그런데 황당한 일이 벌어졌다. 2020. 11. 16일(투자한지 2년 6개월 정도 되는 시점) 오전 코스피가 2,510p쯤 할 때 은행에서 연락이 왔다고 한다. 투자 상품이 다 팔렸고 1% 이익이 났다고 했다. 고객은 내 말을 믿고, 주가 상승으로 이익이 꽤 날 수 있겠구나 기대를 하고 있었는데 지수가 산 가격대비 0.5%, 수익률로는 1%에 투자 상품이 다 팔렸다는 것이다. 그 후에도 2020년 연말까지 주가는 폭등을 했으나 고객은 그 어떤 이익도 취할 수 없었다. 고객은 1% 이익이 나면 자동 상환된다는 사실을 새까맣게 잊어버리고 있었다. 은행 담당자는 당연한 듯, 1% 자동상환 상품이라서 팔렸다고 통보를 했다. 물론 고객에게 곧 자동상환 될 수도 있다는 얘기를 사전에 해주지 않았다. 정말로 화가 나고 어처구니없는 일이다. 이런 상품(고위험저수익), 이런 판매 방식(설명도 제대로 안 함), 이런 사후 관리(손실 커지니까 방치), 이런 최후 매도(사전에 알리지도 않음), 안 된다.

장황하게 이런 실제 스토리를 말하는 것은, 이런 상품에 투자를 해서는 안 된다는 것이다. 『위는 막혀 있고, 아래는 뚫려 있는데, 위는 이익실현이 아주 높을 것 같은 상품』, 금지 상품이다. 하늘이 가끔 무너져 투자 상품이 회복 불능 상태에 빠질 수 있다. 이런 구조이면서 만기가 있는 상품은 더욱 위험하다.

1970~80년대 10%를 상회하던 경제성장률이 2019년, 2020년 현재 2.0% 내외로 하락하였다. 2012년부터 2019년까지 2.3%, 2.9%, 3.3%, 2.8%, 2.9%, 3.1%, 2.9%, 2.0%, 완연한 저성장 시대다. 급격한 하락 이후 기저 효과로 급반등을 제외한다면 앞으로 3% 성장도 어려울 것이다. 한국경제가 선진국형 성숙단계로 접어들어 저성장이 자연스러운 현상인지도 모른다.

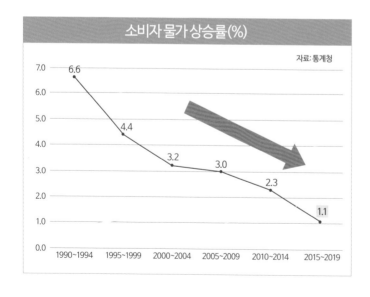

물가도 경제성장률 하락과 함께 하락을 거듭하고 있다. 물가의 안정은 명암이 있다. 일본이나 유럽처럼 초 저물가가 경제 침체와 함께 한다면 국민들은 고통을 겪게 된다. 『소득 정체, 고실업』은 저성장, 저물가의 친구들이다. 미국은 한 때 골디락스라 하여 적당한 인플레이션에 적당한 성장을 구가하였다. 실업률은 하락하고, 소비는 성장하고, GDP도 꾸준히 성장하고 주가도 상승하였다. 경제가차갑지도 뜨겁지도 않으면서 장기호황을 누렸던 것이다.

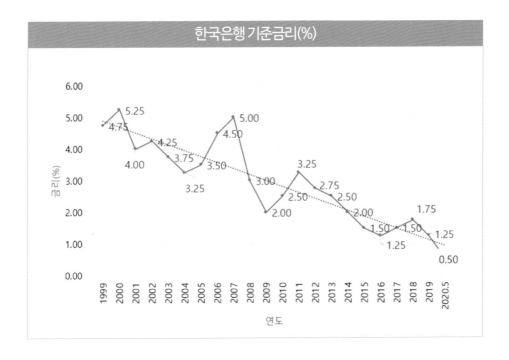

경제성장률, 소비자물가 상승률과 세 쌍둥이인 금리도 추세적으로 하락하여 어느새 0%대 금리에 이르렀다. 1980년대 예금금리 10%대는 이미 전설이 되었고, 1% 금리만 줘도 감사해하는 시절이 되어버렸다. 저금리는 한국만의 현상은 아니며 대부분의 선진국들도 초저금리 상태이다. 특히, 일본과 유럽 국가들은 국채가 플러스와 마이너스 상태를 왔다 갔다 할 정도로 극 초저금리를 보이고있다.

선진국 국채금리 추이

영국, 호주, 일본, 스위스, 프랑스, 미국 국채 평균

Chart 2: Lowest bond yields in 120 years

Source: BofA Global Investment Strategy, Datastream

예금금리

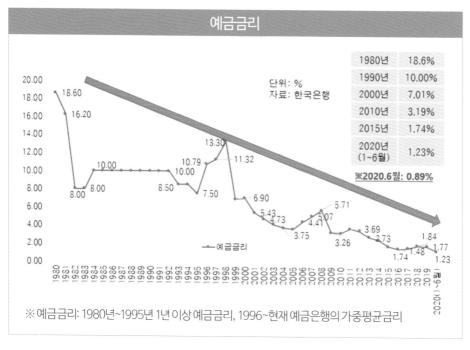

1980년	18.6%
1990년	10.00%
2000년	7.01%
2010년	3.19%
2015년	1.74%
2020년 (1~6월)	1.23%

단위 : %
자료 : 한국은행

※2020.6월 : 0.89%

※ 예금금리 : 1980년~1995년 1년 이상 예금금리, 1996~현재 예금은행의 가중평균금리

1980년대 10% 수준이었던 은행 1년 정기예금 금리가 2020. 6월 말 1%에도 못 미치는 0.89%가 되었다. 은행 말고는 불안한데 은행은 돈을 보관하는 장소가 되어 버렸다. 어디에 투자하라는 말인가? 아직도 은행예금에는 돈이 넘쳐난다. 주식 등으로 일부 자금이 이동했지만 국민들은 여전히 보수적이다. 사고의 대전환을 하자. 은행을 멀리하고 증권회사와 가까워지자. 예금을 멀리하고 금융 투자와 가까워지자. 필패, 악몽, 패가망신 이런 신화에서 깨어나 적절한 금융 투자활동을 해야 하는 시기가 왔다. 부동산에만 자산의 75%를 묻어 두고, 25% 정도 되는 금융자산도 예금 비중이 90%에 이르는 이런 자산 비중으로는 은퇴 후 자금 준비가 어렵다.

대출금리와 예금금리(단위: %)

※ 신규 취급액 기준   자료: 한국은행

구분	2020. 1월	2월	3월	4월	5월	6월
대출금리	3.19	3.08	2.91	2.80	2.82	2.72
저축성 예금금리	1.54	1.43	1.27	1.20	1.07	0.89

** 대출금리, 저축성 예금금리 모두 사상 최저치 행진 진행 중.
   예금금리의 하락에 맞춰 대출금리도 급격히 하락하였다. 2%대에 대출을 받을 수 있는 시대가 왔다.
   적절한 대출 활용도 필요하다.

세상은 계속 변한다. 세상을 지배하는 기업들도 계속 변한다. 뒤에 '주식' 부문에서 살펴보겠지만, 미국의 다우존스지수 편입 종목을 보면, 100여 년 전에 편입된 종목이 지금 현재는 단 한 개도 없다. 100년이 아니라, 10년 단위로 시가총액 상위 기업들을 봐도 한국이나 미국이나 계속 급격히 변한다. 성공 투자란 '세상의 변화를 읽어 새롭게 떠오르는 기업에 남들보다 한발 앞서 투자하는 것'이다.

한국의 기업들과 주식시장 주도주의 큰 추세적 변화를 겪었다. 70~80년대 금융, 건설, 무역이 주식시장의 주력업종(트로이카라 불리움) 이었다. 세계 최고의 경쟁력을 갖춘 한국의 제조업 조선, 철강, 화학이 한 시대를 풍미했다. 개별 업체별로 큰 차이가 있으나 전통적 제조업체는 중국, 동남아 등에 밀려 사양화하고 있다. 반면, 메모리 반도체 업종은 장기 베스트셀러로 자리매김하고 있다. IT 수요의 폭발적 증가와 독과점에 의한 공급 제한으로 승자독식을 보이고 있는 산업이다. 2020년 말 현재 과거에 듣지도 보지도 못했던(현재는 아주 익숙한) 삼성바이오로직스, 셀트리온, 카카오, 네이버 같은 종목이 주식시장 톱 10을 점령하고 있고, 한때 시가총액 1위였던 한전, 부동의 세계 1위 조선업체 한국조선해양(구 현대중공업), 세계 최고 경쟁력과 강력한 기업문화를 가진 POSCO, 보험업계 압도적 최강자 삼성생명, 이런 기업들은 모두 다 쓰레기 취급을 받고 있다. 주식시장에서는 그렇다. 주가가 1/3토막, 1/5토막 나 있다. 상상도 못했던 일이 10년도 안 돼서 벌어진 것이다.

2005년 미국 주식시장의 시가총액 1위는 GE였다. 2위는 엑손모빌, 3위 애플, 4위 시티그룹, 5위 BP, 6위 로얄더치, 7위 P&G, 8위 월마트, 9위 도요타, 10위 BOA. 2020년 12월 현재 애플 이외에 다 10위 이내에서 사라졌다. 대신, 아마존, 마이크로소프트, 페이스북, 구글 이런 업체가 점령을 했다. GE와 엑손모빌이 시가총액 10위에서 사라지리라고는 아무도 예상하지 못했다. 우리는 항상 현재에 머물러 있고, 현재의 것이 미래에도 영원할 것이라 믿지만 현실은 그렇지 않다.

다시 강조하지만, 주식시장에서 돈을 버는 방법은 세상의 변화를 정확히 인식하는 것이다. 과거에 집착하는 것은 투자의 실패로 귀결된다. 선도적 기업을 일찍 발견해야 하며, 다들 좋은 기업이라 얘기할 시점이 되면 이미 투자가치가 없어지고 위험한 시기가 된다.

2020년 말 현재 기업 창업에서 돈과 땅은 그리 중요하지 않다. 아이디어가 부가가치를 창조하는 시대다. 좋은 아이디어만 있으면 저금리로 또는 제로금리로 돈을 유치할 수 있다. 창업으로 최고의 부자가 될 수 있다. 후진국일수록 재벌, 인력, 자본, 자산 이런 것이 중요시되지만, 미국은 이미 아이디어로 젊은 창업자가 최고 부자의 반열에 올랐다. 아마존, 페이스북, 애플, 넷플릭스, 구글, 테슬라다 그렇다. 위워크, 에어비앤비, 우버 같은 업체도 부상하고 있다. 한국의 경우도 쿠팡, 카카오, 넷마블, 배달의 민족, 마켓컬리, 직방 이런 업체들의 상장, 비상장 시가총액이 엄청나다. 물론 지금 부상하는 기업체 중에서도 옥석이 가려질 것이고 소수만이 살아남을 것이다.
세상의 변화, 새로운 트랜드를 읽는 것은 굉장히 어려운 일이지만, 공부하고 전문가에게 듣고, 찾아보고 깨어 있으면 남들보다 한 발 더 앞설 수 있는 확률은 높아진다.

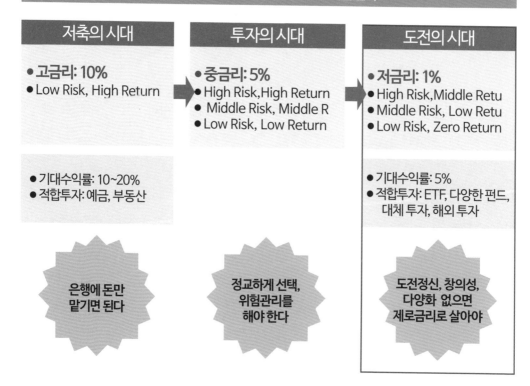

고, 중, 저금리 시대별 금융 투자 기본전략

저축의 시대	투자의 시대	도전의 시대
• **고금리: 10%** • Low Risk, High Return	• **중금리: 5%** • High Risk, High Return • Middle Risk, Middle R • Low Risk, Low Return	• **저금리: 1%** • High Risk, Middle Retu • Middle Risk, Low Retu • Low Risk, Zero Return
• 기대수익률: 10~20% • 적합투자: 예금, 부동산		• 기대수익률: 5% • 적합투자: ETF, 다양한 펀드, 대체 투자, 해외 투자
은행에 돈만 맡기면 된다	정교하게 선택, 위험관리를 해야 한다	도전정신, 창의성, 다양화 없으면 제로금리로 살아야

1% 금리시대에 어떻게 하면 돈을 벌 수 있을까?

기업을 창업해 성공하고, 유료회원이 많은 유튜버가 되면 돈을 많이 벌 수 있다. 그러나, 리스크도 많고 쉬운 일이 아니다. 좋은 기업(주식), 좋은 상품(금융투자 상품)을 선택해서 돈을 버는 게 현실적이다. 1% 금리시대에 5% 투자 상품을 찾는 것, 참 어렵다. 하지만, 그냥 머물면 은행예금 1%다. 위험을 감수해야만 수익이 발생한다. 도전적이고 창의적인 생각으로 금융투자상품을 찾는 노력, 원론적이지만 해야만 하는 일이다.

투자에는 답이 없다. 그럼 어쩌란 말이냐? 확률을 높일 수 있는 방법을 스스로 계속 찾아보아야 한다. 추상적인 얘기이지만, 나름대로의 원칙을 세우고 투자해야 확률이 올라가고, 최소한 큰 손실을 피할 수 있다. 시행착오, 실패도 적은 비용으로 겪어 보아야 한다. 많은 시도, 도전을 해 보고, 축적된 자신만의 경험으로 투자 상품을 골라야 한다. 그러면, 큰 실수는 없고, 가끔씩 큰 기회가 찾아왔을 때 돈을 벌 수 있다.

관심을 갖지 않고, 시도해 보지 않고, 너무 보수적이고, 대중에 휩쓸려서는 돈을 벌 수 없다. 반대로 얘기하면 관심을 갖고, 시도해 보고, 극단적으로 보수적이지 말고, 대중에 휩쓸리지 말아야 저성장 저금리 시대에 투자에 성공할 수 있다. 변화하자.

금융 투자의 원칙

자신에 맞는 투자	■ **본인의 성향과 자금 성격에 맞게 투자해야 한다.** 주식 직접 투자하면 스트레스를 너무 많이 받고 잠도 잘 못 자고 일상생활에 장애를 받는다면 하면 안 된다. 증권사에서 사전에 투자성향을 조사하지만 서명만 하면 이에 상관없이 고위험상품 투자 가능하다. 실제 본인 성향은 본인이 잘 안다. 성향에 맞게 투자하자. 성향보다 고위험인데 꼭 하고싶다면 간접투자도 좋은 방법이다.
역발상 투자	■ **군중심리에 휘둘리면 망하고 군중과 반대로 하면 흥한다.** ♣ 모두가 팔 때 같이 팔고, 모두가 살 때 같이 사면 망한다. 투자의 세계에서 크게 성공하려면 군중들과 반대로 행동해야 한다. 인내, 냉정함이 필요하다 ♣ 군중심리 매수 실패사례) 바이코리아펀드, 중국펀드, BRICs펀드, 닷컴버블(엄청났다), 브라질국채, 동양그룹CP, 사모해외투자펀드(라임사태), 각종 테마주식(숱하게 많다. 신라젠 등. 끝 비참)
분산 투자	■ **돈은 뭉치면 죽고 흩어지면 산다.** ● 몰빵으로 많이 벌면 좋으나 위험이 너무 크다. 망할 수 있다 ● 주식, 부동산, 현금 분산. 주식도 국내, 해외, 종목, 펀드 분산 ● 분산투자 3원칙: 상품(상관관계 낮은 상품들), 지역(상관관계 낮은 지역들), 시점(일정 간격)

정확히 알고 투자	**■ 이해 못하는 상품에 투자하지 말라.** 복잡하고 어렵고 불분명한 상품, 특히 해외상품 중에 그런 상품이 있으면 투자하지 말라. 가급적 쉬운 상품, 단순한 상품에 투자하자.
자신을 믿고 투자	**■ 금융회사, 전문가 맹신 마라.** 대부분 당시 인기 있는 상품(나중에 폭락, 문제 발생), 금융회사 수수료가 많은 상품 추천 ● 스스로 공부하고 경험하면서 사신의 원칙을 세우고 투자하자 ● 애널리스트 보고서, 증권사 정보도 참조 정도만 하자 ● 다른 사람에게 일임해서는 절대 안된다. 전문가라도 개인에게 일임 안 된다. 펀드, 랩 등 공식적인 간접투자는 적극 권유
정기 중간 점검하자	**■ 상품에 따라 다르지만 분기 1회 정도는 점검해야 한다.** 만기가 있든 없든 정기점검 해야 한다. 너무 자주하는 것은 오히려 바람직하지 않다. 물론 방치하면 안 된다.
절세 투자	**■ 세금은 합법적인 범위내에서 최대한 줄여야 한다.** 세무사 상담을 자주 할 필요가 있다.
변화하자	**■ '경제 환경의 변화, 산업의 변화'에 따라 투자도 변화하자** ● 경제환경의 뉴노멀: 저성장, 저금리, 저물가, 저소비, 저고용, 저투자, 양극화 ● 산업의 변화: 4차 산업혁명(인공지능, 사물인터넷, 로봇, 드론, 자율주행차, 가상현실, 빅데이터, 핀테크, 뇌와 컴퓨터 인터페이스, 양자 컴퓨터, 블록체인, 클라우드 컴퓨터, 언택, 생명공학, 나노기술 등) **■ 투자의 변화를 시도:** 참 어렵다 ♣ 은행 예금 위주 → 금융투자 비중 크게 증대(주식, 채권, 원유, 금, 리츠 등) ♣ 부동산 위주 → 부동산과 금융상품 균형. 부동산 필승, 주식 필패 신화를 버리자 ♣ 국내 금융상품 투자 위주 → 국내 투자, 해외 투자 균형. 미국, 중국 등 ♣ 구경제에 익숙한 투자 → 신산업(4차 혁명) 관련 상품 투자 비중 확대. 공부 하고(책, 강연, 교육, 유튜브, 정보) 조금씩 늘려 보자

6 어떤 상품에 투자할 것인가(포괄적)

구체적 상품은 뒤에서 공부하기로 하고, 포괄적으로 어떤 상품에 투자할 것인지 검토해 보자. 모바일로 전세계 해외 주식을 직접 살 수 있는 시대다. 펀드나 리츠로 국내외 수익형 부동산을 골라 서 살 수 있는 시대다. 매매하기가 편해졌고, 상품이 엄청나게 다양해졌다. 어쩌다 아파트 한 채만 으로 은퇴를 맞는 일은 없어야 하겠다. 물론, 서울에 고가 아파트 1채를 가지고 있으면 은퇴 후 자금 설계에 선택의 폭이 넓어지기는 한다.

항상 수익성 있는 금융투자상품에 어느 정도 자산 배분을 해야 하고, 나이가 들수록 정기적으로 현 금을 창출할 수 있는 자산이 있어야 하고 유동화(현금화)할 수 있는 자산이 어느 정도 있어야 한다. 여윳돈을 은행예금에만 맡기는 것은 게으른 것이다. 금리 0.1%, 0.3%, 0.5% 더 준다고 그런 것을 찾아 예금을 가입해 봤자 이자가 몇 푼 안된다. 정기예금은 최대한 줄이거나 제로를 만들고, 아무 때나 찾을 수 있는 여윳돈, 비상금 용도로 보통예금이나 MMF에 일부 자금을 남겨 놓고, 나머지는 금융 투자를 하는 것이 바람직하다.

금융 투자도 이제 국내 투자에 머무를 필요가 없다. 우리가 미국인들처럼 투자할 수 있는 환경이다. 대한민국은 이미 저성장, 선진국이 되어 각종 투자 상품 수익률의 기대수익률이 높지 않다. 상품도 다양하지 않다. 글로벌 투자자산에 분산투자 하자. 미국, 중국, 일본, 유럽, 아시아 등 세계 거의 모 든 국가의 투자 상품을 쉽게 매매할 수 있다. 미국 주식시장에서 거의 다 매매할 수 있다. 미국에 상 장된 ETF를 이용하면 된다. 달러 자산도 어느 정도 가지고 있어야 한다. 대한민국에 살고 있지만 대한민국이 세계의 중심이 아니다. 투자는 글로벌하게 해야 한다. 눈을 넓히면 기회는 있다.

어떤 상품에 투자할 것인가

| 국내자산만 | 글로벌 자산으로(미국, 중국, 일본 등) |

원화만

달러 자산도

중위험 중수익 전략

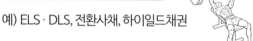

바벨 전략(저위험 + 고위험)

예) ELS · DLS, 전환사채, 하이일드채권

■ 저위험: 예금, 국채, 연금성 자산
■ 고위험: 주식   ※중위험 중수익 상품 없음

지수인덱스로 분산

인덱스투자의 다양화: ETF활용

나아갈 방향 →

예) 미국S&P500ETF, 2차전지산업ETF, 글로벌
4차산업ETF, 코스피고배당ETF, 미국FANG
ETF, 미국나스닥기술주ETF, 싱가포르리츠

은행 예금만

돈은 젊어져야 한다

극단적 보수투자 = 궁핍화

증권사를 가까이. 여러 상품에 관심: 주식,채권,
공모주,CB,ETF,리츠,원유,금 등. '자산배분'하자
예) 국내주식 : 국내채권 : 해외주식 : 해외채권 :
해외대체투자= 20 : 40 : 20 : 5 : 15

부동산 필승, 주식 필패

부동산, 주식 균형 필요

7 자산 배분의 원칙

부동산과 금융자산, 금융자산 중 원금 보존형 자산과 금융투자 자산, 국내와 해외 비중은 어느 정도가 적절한가? 개인의 투자성향, 나이, 자산상태 등에 따라 다 달라져야 하겠지만, 일단 평균적으로 5,5,5를 권유하고 싶다. 금융자산 50%, 금융투자자산 50%, 해외자산 50% 정도. 이 정도를 기준으로, 개인 성향을 감안해 본인이 조절하여 정하면 된다. TDF는 자산 배분과 관련된 상품이다.

자산 배분의 원칙	
금융자산을 늘려라	부동산 : 금융자산 = 5 : 5
투자자산을 늘려라	금융자산 중 비금융 투자자산(원금 보존형) : 금융투자자산 = 5 : 5
해외자산을 늘려라	금융자산 중 국내자산 : 해외자산 = 5 : 5
연금자산을 늘려라	65세에 월 500만원 연금 확보 목표

4가지를 늘려라!
금융자산, 투자자산,
해외자산, 연금자산!
5, 5, 5, 500!!

8 분산/집중, 장기/단기, 직접/간접

분산/집중, 장기/단기, 직접/간접, 모두 정답은 없다. 금융 투자나 인문학은 수학이나 물리학과 달리 대부분 정답이 없다. 하지만, 우리는 선택을 해야 한다. 통상 어떤 게 나을까? 분산, 중기, 간접이 나아 보인다.

앞에서도 언급했지만, 몰빵은 큰 화를 자초하는 경우가 많다. 물론, 몰빵을 해야 큰 돈을 벌수는 있다. 하지만, 확률이 떨어진다. 정말 이 상품은 몰빵을 해야 한다, 큰 돈 벌 수 있는 기회다 라고 얘기할 수 있지만, 어쩌면 정말 큰 돈을 잃을 수 있는 경우가 될 수도 있다. 애매할 때, 초기일 때 몰빵을 해야 큰돈을 버는데 이럴 때 하지 않는다. 보통의 사람들은 확실할 때, 말기일 때, 상투일 때 몰빵을 하는 경향이 있다. 더디고 약간은 답답하더라도 분산을 해야 한다. 위험관리를 해야 한다. 지속 가능해야 한다.

장기투자가 좋은 상품이 있고 단기투자가 좋은 상품이 있다. 주식의 경우 통상 우량종목에 장기투자하면 좋은 수익률, 큰 수익률을 올릴 수 있다고 얘기한다. 그런데 우량종목은 어떤 종목이고, 장기투자는 몇 년인가? 우량종목 장기투자는 다소 헛소리이고 애매모호하고 실천이 불가능한 말이다. 예를 들어, 90년대 한일은행, 상업은행에 10년 이상 투자했으면 다 제로가 됐다. 대우그룹, 해태그룹, 우성그룹, 삼미그룹 주식에 10년 이상 투자했으면 다 제로가 됐다. 장기투자가 오히려 위험할 수 있다. POSCO주식은 최고 70만원까지 갔는데 10년 이상 장기투자를 한 결과 20만원대다. POSCO는 우량 기업이고 10년은 장기투자다. 삼성전자는 장기투자를 했으면 큰 돈을 벌었다. 반짝 1년 동안 10배 오르다가 부도난 업체들도 수두룩하다. 장기간 꾸준히 올라가는 주식이 생각보다 많지 않으며, 테마를 형성해서 6개월, 1년, 2년 정도 반짝 오르다 크게 하락하는 종목이 많다. 2년 정도의 투자가 적당하다. 테마, 시대의 변화를 잘 보고 2년 정도 후에 종목 교체를 하는게 대체로 현명하다.

주식은 직접투자보다 간접투자가 더 낫다. 수익률 측면, 정신건강 측면 모두 간접투자를 권유하고 싶다. 금융투자의 세계에서는, 직접투자의 경우 소수 승리의 게임이 철저히 적용되고 있다. Winner takes it all. 아바의 노래. 주식시장이 좋은 시기에도 10명이 투자를 하면 결국 1명이 큰 돈을 벌고 2명 정도가 약간 벌고, 3명 정도가 본전을 하고, 4명이 돈을 많이 잃는다. 1, 2, 3, 4라고나 할까. 주식시장이 나쁘면 20명 중 1명이 큰 돈을 벌고 나머지는 본전, 소폭손실, 큰손실을 본다. 장기간 주변을 보니 대충 이렇다.

간접투자는 직접투자보다 훨씬 안정적이다. 전문가들이 운용한다. 직접투자보다 신경을 덜 써도 된다. 물론, 수많은 간접투자 상품 중에서 선택을 잘 해야 한다. 결국 사람이 운용을 하기 때문이다. 직접투자이면서 본질은 펀드이고 간접투자에 가까운 ETF를 활용하는 것도 좋은 방법이다.

투자를 하면서 어떤 선택을 할까?

주식 vs 부동산 vs 채권 vs 예금	■ 정답: 없음. 단, 너무 보수적인 투자는 지양하자 ■ 시장의 쏠림에 주의하자. 즉, 남들이 가는 길 가지 말자 ■ 자산배분 추천 ※ 주식 : 부동산 : 채권 : 예금 = 2 : 5 : 2 : 1 ※ 젊을수록 위험자산 투자비중(주식 등) 높이자 *"Right Answer"*
분산투자 vs 몰빵투자	■ 정답: 분산투자 ■ 상품, 종목, 지역(국내, 해외), 시기 분산 ■ 몰빵투자를 해야 단기간 큰 돈을 벌 수 있지만, 세상에 확실한 건 없다. 2월 23일 진짜가 나타났다 자동분산투자 OPEN
주식장기투자 vs 단기투자	■ 정답: 중기투자 ■ 장기투자는 장기하락으로 가는 경우 많고, 단기투자는 계속하면 대부분 수익률 마이너스. 1~2년 정도를 보고 투자 하는게 수익률 높다 2 Year
직접투자 vs 간접투자	■ 정답: 간접투자 ■ 펀드, 랩 등 간접투자로 큰 손실을 본 경우도 많지만, 그래도 보통의 직접투자자보다는 전문운용기관에 맡기는 간접투자가 더 낫다 ■ 직접투자의 경우 ETF를 활용하자. ETF는 펀드투자, 분산투자 FUND ETF Exchange Traded Fund

금융기관에서는 금융투자상품을 투자하기 전에 개인별 투자성향을 설문으로 조사한다. 점수에 따라 5가지 성향(공격투자형, 적극투자형, 위험중립형, 안정추구형, 안정형)으로 분류하고, 해당 성향별로 적합한 상품에 투자하도록 권유한다. 단, 본인의 투자성향보다 더 위험한 상품에 투자하기를 원하는 경우, 동의서에 서명을 하고 투자할 수 있다.

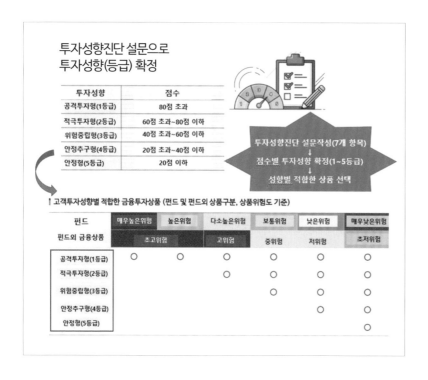

투자성향진단 설문으로
투자성향(등급) 확정

투자성향	점수
공격투자형(1등급)	80점 초과
적극투자형(2등급)	60점 초과~80점 이하
위험중립형(3등급)	40점 초과~60점 이하
안정추구형(4등급)	20점 초과~40점 이하
안정형(5등급)	20점 이하

투자성향진단 설문작성(7개 항목)
↓
점수별 투자성향 확정(1~5등급)
↓
성향별 적합한 상품 선택

┃ 고객투자성향별 적합한 금융투자상품 (펀드 및 펀드외 상품구분, 상품위험도 기준)

펀드	매우높은위험	높은위험	다소높은위험	보통위험	낮은위험	매우낮은위험
펀드외 금융상품	초고위험		고위험	중위험	저위험	초저위험
공격투자형(1등급)	○	○	○	○	○	○
적극투자형(2등급)			○	○	○	○
위험중립형(3등급)				○	○	○
안정추구형(4등급)					○	○
안정형(5등급)						○

투자 등급별 적합한 상품 예시(증권사마다 다소 상의)

구분	1등급 (초고위험)	2등급 (고위험)	3등급 (중위험)	4등급 (저위험)	5등급 (초저위험)
국내채권	회사채 등급 불문	회사채 BBB- 이상	회사채 BBB0 이상	회사채 A- 이상 금융채	회사채 불가 국고, 통안, 지방채, 특수채
해외채권 (S&P, 피치)	모든 등급	BB 이상	BBB 이상	A 이상	AA 이상
CP, 전단채	모든 등급	A3- 이상	A30~A3+	A2- 이상	불가
ELS, DLS	모든 형태(원금 비보장 포함)		원금80%이상 지급형	불가	불가
ELB, DLB	가능	가능	가능	가능	불가
ELW, ETN	가능	불가	불가	불가	불가
주식	가능(신용거래, 관 리종목, 경고종목, 위험종목 포함)	가능(신용거래, 관 리종목, 경고종목, 위험종목 제외)	불가	불가	불가
선물, 옵션	가능	불가	불가	불가	불가
EFT	파생형	주식형, 통화형, 상품형	혼합형, 주식인덱스형	채권형	불가
펀드	1등급	2, 3등급	4등급	5등급	6등급
예금, CMA, RP	가능	가능	가능	가능	가능

금수저와 전문직 고소득자를 제외하고 20대 사회 초년생, 30대 결혼 초년생들은 금전적으로 힘들다. 그런데, 20~30대에 절약하고 투자하고 절제하지 않으면 40대 이후는 더 힘들어진다. 직장 다닐 날은 얼마 안 남았고, 자녀 교육 때문에 지출은 더 늘어나고, 모아둔 것은 얼마되지 않은 베짱이 신세가 된다.

대기업, 공기업을 다니면 좋다. 하지만, 중소기업을 다녀도 하기 나름이다. 내 젊음의 빈 노트에 무엇을 채워야 하나? 대학생 시절에는 꿈을 채워야 하지만, 직장에 들어가고 결혼을 하게 되면 돈을 채워야 한다. 60세가 넘어 돈이 없으면 참 초라해진다. 부부관계도 나빠진다.

20~30대에 현재를 어느 정도 즐기고 어느 정도 미래를 위해 인내해야 할지, 이 비율은 다 개인의 몫이지만, 은퇴 후의 재무 준비는 반드시 하면서 즐겨야 한다. 무관심, 무절제, 무계획은 적이다.

20~30대는 집 마련에 우선 순위를 두되, 여유자금이 생기면 예금보다는 주식 및 공격적인 금융투자상품에 투자하는 것이 바람직하다. 직장은 언제 관둘까 이런 생각을 하지 말고, 정년까지 다닌다는 기본자세를 가져야 할 것이다.

20대, 30대 직장인의 돈 모으기 전략, 자세	
관심, 공부, 실행	부동산, 금융상품에 무관심함은 돈 모으기의 적이다. 관심을 가지고 공부하고 실행하자.
주식을 하자	예금 위주의 저축으로 자산 증대 어렵다. 여유자금의 50% 정도는 주식 직간접투자, 국내 및 해외투자를 하자.
남을 믿지 말자	주식을 하면 소문이나 정보, 증권사 직원의 조언, 애널리스트의 리포트 믿지 마라. 공부하고 경험하고 자신을 믿자.
절약하자	절약은 미래를 위해 현재를 포기하는 것. 적절한 조화 필요. 자동차, 명품백 멀리하고 해외여행은 연 1~2회
집마련 우선	작은 평수라도 대출을 받아 서울에 아파트를 마련하자. 나중에 넓힐 수 있고, 좋은 지역으로 갈 수도 있다.
직장 오래 다니자	직장 오래 다니자. 유명 의사, 유명 변호사, 유명 연예인, 유명 선수, 금수저가 아니면, 적응해 최소 55세까지는 다녀야 한다.

본인 금융자산 현황 파악 사이트

자신의 금융자산을 한눈에 자세히 파악할 수 있는 사이트가 있다. 재미있고, 신기하지만 무섭기도 하다. 금융감독원에서 제공하는 '파인'이라는 사이트다. 인터넷에서 파인 또는 fine.fss.or.kr을 치면 된다. 금융기관에 있는 내 돈을 계좌별로 다 파악할 수 있다. 연말정산할 때 국세청에서 제공하는 의료비, 카드 사용내역, 보험료 납부내역, 기부금 내역 등 온갖 정보들이 유용하기도 하지만 한편 무섭기도 하다. '파인'도 마찬가지다. 정부에서 나의 자산 내역을 다 알고 있는 것이다. 그렇다고 저축을 안하고 금고에 침대 밑에 돈을 숨겨둘 수도 없고, 병원에 가서 카드를 안 쓰고 현금만 낼 수도 없다.

파인에 들어가면 '공통'이라는 메뉴에 서브메뉴로 '잠자는 내돈 찾기', '내 계좌 한눈에'가 있다. 들어가서 보시라. 은행, 증권사, 보험사에 있는 내 금융상품에 관한 정보를 다 볼 수 있다. 보험사 연금은 납입금, 받을 시기, 받을 금액도 나와 있는데 보통 잘 모르고 그냥 불입하는 경우가 많다.

이미 알고 있는 본인에 관한 정보들이지만, 재무계획에 꽤 도움이 된다.

본인 금융자산 현황 파악 인터넷 사이트		
파인 하나면 끝 ★	파인 또는 fine.fss.or.kr	금융감독원제공
주메뉴	**서브메뉴 (주요사항만)**	
공통	잠자는 내 돈 찾기, 내 계좌 한눈에, 금융상품 한눈에, 신용정보 조회	
금융 꿀팁	금융 꿀팁 200선, 금융 주소 한번에	
은행 · 카드	자동이체 통합관리, 카드포인트 조회	
보험 · 증권	내 보험 다 보여, 내 보험 찾아 줌	
연금저축	통합 연금 포탈	

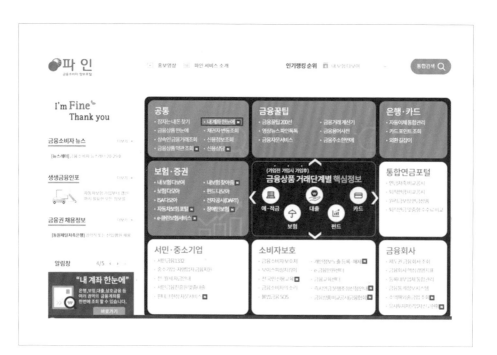

2부
금융상품의 분류 및 상품별 개요

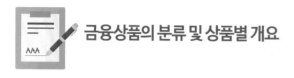

금융상품의 분류 및 상품별 개요

1 금융상품의 분류

다양한 방식으로 금융상품을 분류한다. 아주 간단한 방법을 하나 보자.

원금 보장을 하는 상품을 통상 예금과 보험이라 부르고, 보장하지 않은 상품을 금융투자상품이라 부른다. 몇몇 증권회사들이 회사명을 증권사에서 금융투자라고 변경을 했는데 원금 보장을 하지 않는 상품을 주로 취급하는 금융기관이라는 의미다. 금융투자상품은 원금 초과 손실이 가능한 상품을 파생상품, 원금 범위 내에서만 손실이 가능한 상품을 증권이라고 분류한다.

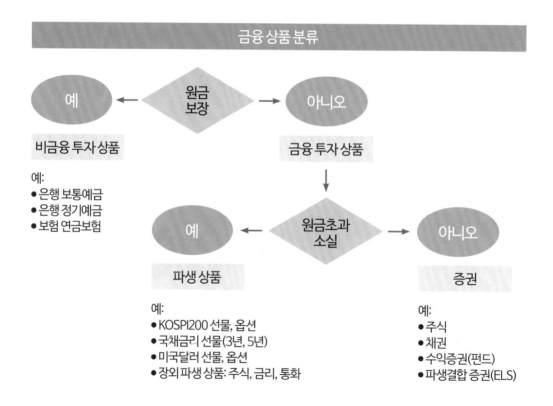

투자자 입장에서 많이 들어 보고, 투자가 가능한 상품을 임의로 나열해 보고 특징을 간단히 알아보자. 전체를 일괄적으로 보면 상품에 대한 감이 온다. 상품별 자세한 내용은 뒤에서 별도로 다룬다.

투자자 입장에서 쉽게 투자 가능한 투자상품: 임의로 나열

상품	소분류	거래처	특징
부동산	아파트	중개업소	안정적. 서울 불패신화, 지역별 차별화 지속. 국민 재산의 75%가 부동산(주로 아파트)
	구분상가	중개업소	위험 증가 추세. 공실 위험, 수익률 하락 위험, 가격 하락 위험
	오피스텔	중개업소	소액투자 가능. 장기 가치 하락 우려
	토지	중개업소	단기 현금화 어려움. 위험 높으나 장기투자시 높은 수익 기대
	리츠	증권사	부동산을 간접, 공동 취득. 배당 및 매각차익 기대. 기초자산이 상가, 사무실, 임대주택, 주유소, 물류센터, 데이터센터, 요양시설 등 다양. 본질은 부동산, 포장은 주식. 부동산을 담는 그릇, 도구(Tool)
금융 상품	MMF, MMDA, CMA, RP (초단기 자금)	증권사, 은행	■ Money Market Fund. 수시입출금식 초단기 금융상품. 실적배당. 증권사, 은행, 보험사에서 판매 ■ Money Market Deposit Account. 수시입출금식 초단기 금융상품 (보통예금보다 이자 높다). 확정금리. 은행에서 판매 ■ Cash Management Account. 수시입출금식 초단기 금융상품. 확정금리. 증권사에서 판매. 종류: MMF형, RP형, MMW형. 3개 수익률 비슷함 ■ Repurchase Agreement: 만기확정 금융상품. 환매조건부 채권. 채권발행자가 일정 기간 후에 금리를 더해 다시 사는 것을 조건으로 파는 채권. 금융기관이 보유한 국공채, 특수채 등 초우량채권을 담보로 발행. 투자자 입장에서는 확정금리상품. 1일, 1개월, 3개월 등. 증권사, 은행에서판매
	보통예금	은행	수시입출금. 초저금리
	정기예금, 정기적금	은행	국민들이 가장 많이 가입하는 상품. 원금보장. 저금리 정기예금: 일정금액, 일정기간 예치 후 만기 원리금 지급 정기적금: 매월 특정일에 일정액을 불입. 6~60개월. 푼돈 모아 목돈만들기
	저축은행 예금	저축은행	저축은행별로 1인당 5천만원까지 원금보장. 은행 예금에 비해 금리 높다. 비대면도 가능. 저축은행 중앙회 사이트에서 금리 조회 가능
	청약저축	은행	매월 일정 금액을 일정 기간 납입하면 국민주택이나 전용 60㎡~85㎡의 민영국민주택을 분양, 임대 받을 청약권 부여
	주택청약 예금	은행	분양 받을 주택규모에 맞춰 목돈을 예치한 후 일정기간이 경과되면 민영주택의 청약권이 부여되는 예금
	주택청약 부금	은행	매달 저축. 기간과 저축실적에 따라 지역별 청약가능 예치금액 이상이 되면 전용 85㎡ 이하 민영주택 청약권 부여

국내주식	증권사	대표적인 고위험 고수익 상품. 아쉽게 국내에는 '부동산 필승, 주식 필패" 신화. 시장: 코스피, 코스닥, 코넥스, K-OTC
해외주식	증권사	미국, 중국, 일본, 베트남 등 전세계 주식 직접투자. 증권사에 계좌만 있으면 가능
국내채권	증권사	국채, 지방채, 특수채, 회사채 등/ 보증채, 무보증채 / 할인채, 이표채 등 회사채: 통상 3년만기.회사 신용등급별로 금리 상이. 등급 낮으면 금리 높다
해외채권	증권사	예) 브라질국채. 금리 높은 수준이나 환율 위험이 크다
전자단기 사채	증권사	3~6개월 만기. 초단기회사채로 신용등급별로 금리 상이. CP(Commercial Paper)를 종이 없이 전자식으로 발행. STB(Short-Term Bond). 전단채
신종자본 증권	증권사	만기 영구채권. 후후순위채. 자본과 채권중간 성격. 금리 높은 편. 통상 5년후 원금회수 (5년후 발행사 콜옵션 행사).5년만기 은행채에 가까움. 은행이나 지주사에서 자본건전 성, BIS 비율 향상 위해 발행. 하이브리드채권
파생상품	증권사	■ 장내파생상품: 선물, 옵션 ■ 장외파생상품: 선도, 스왑, 옵션 ※ 기초자산: 금리, 통화, 주식, 상품, 신용
ELW	증권사	Equity Linked Warrant. 주식워런트증권. 콜 ELW, 풋 ELW 정해진 가격에 주식이나 주가지수를 사거나 팔 수 있는 권리
CB	증권사	Convertible Bond. 전환사채. 주식+채권. 주가 상승 시 주식으로 전환하여 차익. 하락시 만기원리금 수령.CB 발행 목적을 잘 검토하여 투자하여야 한다
BW	증권사	Bond with Warrant. 신주인수권부사채. 주식+채권. 일정 가격에 신주를 인수할 권리 부여. 신주인수권 행사 후에도 채권은 존속. Warrant와 Bond 분리할 수 있는지에 따라 분리형,비분리형으로 구분. 투자자는 분리형이 유리
EB	증권사	Exchangeable Bond. 교환사채. 발행회사 보유 다른 회사의 주식으로 정해진 가격에 교환할 수 있는 권리가 부여된 채권. CB처럼 교환권 행사되면 사채권은 소멸
ELS, ELD, ELF	증권사, 은행	Equity Linked Securities(Deposit, Funds). 주가연계증권(예금, 펀드). 지수나 개별 종목 주가와 연계하여 조건 충족, 불충족에 따라 이익 또는 손실. 증권사에서 많이 판매. 대표적인 중위험, 중수익 상품으로 알려져 있으나 실상 그런지는 의문. 위험 크다. ELS, ELF: 증권사 판매/ ELD: 은행 판매
ABS	증권사	Asset Backed Securities. 자산유동화증권. 기초자산에서 발생하는 현금흐름으로 원리금을 상환하는 상품. 다소 복잡한 구조
금	증권사, 은행	현물 구입 또는 선물 형태로 시세차익에 투자
원유	증권사	선물 형태로 시세 차익에 투자
펀드	증권사, 은행	자산운용사에서 운용하는 간접투자상품. 상품의 성격(주식, 채권 등)과 운용사 능력이 중요. 모든 상품을 다 담을 수 있는 도구. 예) 국내 주식형펀드, 국내 인덱스펀드, 국내 배 당주펀드, 공모주펀드, 코스닥벤처펀드, 헷지펀드, 부동산펀드, 차이나주식펀드, 브릭 스주식펀드, 미국주식펀드, 채권형펀드, 혼합형펀드, 금펀드, TDF, 재간접펀드 등. 공모펀드, 사모펀드(가입자 49인 이하). Tool
ETF	증권사, 은행	Exchanged Traded Fund. 상장지수펀드. 특정한 주가지수 추종. 상장되어 주식처 럼 쉽게 거래. 예) KOSPI200ETF, 철강업종ETF, 삼성그룹ETF, 배당주ETF, 미국리츠 ETF, 미국S&P500ETF. 레버리지ETF(2배), 인버스ETF(~1배). 거래량 많고 지수 추종을 잘하는 ETF를 골라야. 예) KODEX200(삼성자산운용의 KOSPI200 추종 ETF)
증권사형 랩	증권사	증권사에서 일임해서 운용하는 간접투자상품.상품의 내용과운용능력 중요 ■ 본사일임형랩: 증권사 본사의 전문운용역이 일임하여 운용함 ■ 지점일임형랩: 지점 영업사원이 일임하여 운용. 흔치 않다. Tool

(왼쪽 세로 병합 셀: 금융 상품)

금융 상품	자문사형 랩	증권사	자문사에서 일임해서 운용하는 간접투자상품. 주로 주식형. 자문사 수백개 난립. 자문 형랩이라고도 함. Tool

	IRP	증권사	■ 용도1: 퇴직시 또는 직장이동시 퇴직금을 일시 보관
			■ 용도2: 노후 준비를 위한 세제혜택용 저축(연금저축펀드와 유사). 소득있는 사람
			   (근로자, 자영업자, 공무원, 교직원 등)이 연말정산혜택(한도 700만원, 13.2%, 연금저축
			   과합산 한도 700만원)을 받기 위해 가입. 연 가입한도는 연금저축+IRP = 1,800만원.
			   여러금융사의 다양한 상품(교차상품) 선택 가능. 예, 원금보장형인 MMDA, 예금, 저축
			   은행 예금, 증권사ELB, 원금보장RP/ 원금비보장형인 연금용 펀드, ETF, 리츠 등.
			   5년 이상 납입, 55세 이후 10년 이상 연금 수령. 독립상품이 아니고 상품 넣는 Tool

	ISA	증권사, 은행	Individual Savings Account. 개인종합자산관리계좌. 급여소득자 비과세, 분리과세 혜택. 주식직접투자를 제외하고 거의 모든상품 투자 가능. 금융종합과세 해당자는 ISA 가입 불가. 가입조건에 따라 일반형/서민형, 운용형태에 따라 일임형/신탁형. Tool
	연금저축 펀드	증권사	장기저축성상품. 연말정산혜택(한도 400만원, 13.2%)을 받기 위해 자유적립식으로 가입. 운용은 가입기관의 주식형, 채권형, 혼합형 펀드 선택. 실적배당형. 5년 이상 납입, 55세 이후 10년 이상연금수령. Tool
보험 상품	연금저축 보험	생보사, 손보사	장기저축성상품. 연말정산혜택(한도 400만원, 13.2%)을 받기 위해 정액식으로 가입. 고정금리형, 금리연동형(공시이율). 원리금보장. 5년 이상 납입, 55세 이후 10년 이상 연금 수령. Tool
	연금보험	생보사	장기저축성 연금용 보험상품. 공시이율. 최저 보증이율 있다. 10년이상 유지시(적립식 또는 거치식) 만 55세 이후 연금 수령. 연금 비과세.
	종신보험	생보사	사망보험금이 지급되는 대표적인 보장성 보험상품. 예) 일반 종신보험, 변액 종신보험, 변액 유니버셜보험 ※ 연금보험: 저축성보험(연금지급), 종신보험: 보장성보험(사망시지급)

	건강보험	생보사,
		손보사
			질병시 정액의료비 또는 실의료비 지급. 개인 재무상황과 필요성에 따라 맞춤형 가입.
			다양한 특약.
			■ 상품 예) 건강보험(정액 또는 실의료비), CI보험(Critical Illness. 암, 심근경색,
			   뇌졸중, 신부전증, 심장수술, 대동맥수술 등. 계약에 따라 상이함),
			   실손의료보험(상해 또는 질병), 간병인보험, 치매보험 등

	장기저축 성보험	생보사	저축 기능과 보장성기능을 겸함. 최저금리보장과 위험보장기능이 있음. 장기 목돈 마련 용도. 10년 이상 유지시 비과세
	(변액보험)	생보사	상품이 아니고, 보험 납입금을 운영하는 방식. 공시이율이 아니고, 주식이나 채권 등에 투자하여 실적 배당을 함
기타 상품	국민연금	국민연금 공단	의무가입자 이 외에도 주부 등 비의무가입자 가입 가능. 수익률 높다
	주택연금	은행	역모기지론. 주택담보로 부부 사망시까지 확정 연금 매월 받음. 사망 후 잔여가치는 상속되고, 부족시는 청구 안 당함. 부부 중 1명 55세 이상일 때 가입 가능. 1가구1주택 공시지가 9억원이상(2020년현재 시가 12억정도) 주택이 대상. 대출금리는 CD금리 + 알파(1.1% 수준)

투자 상품의 위험과 수익의 상관관계

투자상품의 위험과 수익의 상관관계를 보여주는 그림을 보자.

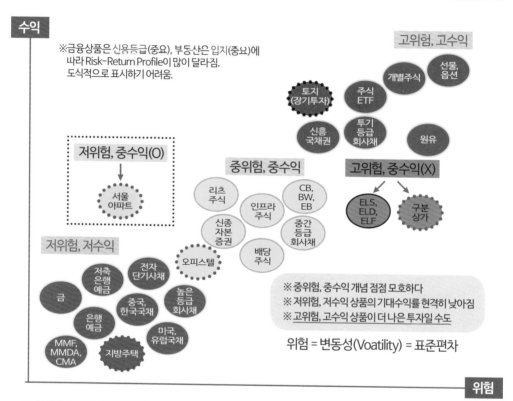

투자 상품의 위험과 수익의 상관 관계(Risk-Return Profile)

※ 청색은 저위험, 저수익 상품,
※ 노란색은 중위험, 중수익 상품,
※ 빨간색은 고위험, 고수익 상품이다.

우리는 위험은 낮으면서 수익은 높은 상품을 찾으려 하는데, 쉽지 않다.

No Free Lunch! 공짜 점심은 없다. 어떤 상품에 투자를 하든 항상 바이블처럼 기억하자.

상기 그림은 어떤 공식이 있는 게 아니고 아주 주관적으로 작성한 것이다.

3부
투자 상품

투자상품

1 부동산

부동산 상품에는 『수택으로 아파트, 연립과 다세대, 단독주택, /수익형으로 오피스텔, 상가, /기타 토지』 등이 있다. 한국인 자산의 76%(2019. 10월 말, 통계청)가 부동산이다. 수익형 부동산이나 토지를 가지고 있는 사람의 비중이 낮기 때문에 보통의 경우 집 한 채가 거의 전 재산이다.

그래서 집은 만인의 관심사이고 정치적으로도 항상 민감한 이슈이고 정치도구로 많이 이용되곤 한다. 세금과 각종 규제로 표를 얻기 위한 포퓰리즘이 판을 치고 장기적이고 합리적인 정책이 실종되는 경우도 많다. 집은 거주의 공간인 필수재이지만 투자재 상품이기도 하다. 어느 지역에 사느냐가 신분을 구분 짓기도 하고, 주택 가격에 따라 노후준비의 명암이 갈리기도 한다. 순간의 선택이 장기 부를 좌우한다. 상가 임대수익은 샐러리맨들의 꿈이다. 하지만, 투자 금액도 크고 공실 위험, 가격 하락 위험은 갈수록 증대하고 있다. 부동산으로 대박 난 사람들이 주변에 많은데 나는 왜 거기에 끼어 있지 않을까? 몇 가지 질의응답 형식으로 부동산에 대해 알아보자.

▌ 질문 1: 어느 지역에 아파트를 사야 하나?
▌ 답변 1: 서울의 핵심지역. 자금이 안되면 가격에 맞춰 서울 비핵심지역 〉 수도권 〉 광역시

고도성장의 시대는 지나갔다. 모든 게 많이 오르는 시대도 끝났다. 임금도 더디게 오르고, 경제성장률과 물가 상승률도 낮아졌다. 인구증가도 사실상 멈추고 2020년부터 사망자가 출생자를 앞지르기 시작했다. 그래서 차별화, 부분 상승으로 갈 수밖에 없다. 도시화, 집중화는 더욱 심해지고 있다. 전세계 공통 현상이다. 뉴욕, 런던, 시드니, 상해 등 전세계 대도시의 주택 가격은 자국내에서 꾸준히 차별화된 상승을 하고 있다.

어느 지역에 아파트를 사야 하나? 입지 좋은 곳을 사자. 아파트 포함 부동산의 가치는 무조건 입지다. 새 아파트도 세월이 지나면 헌 아파트가 되지만 입지는 바뀌지 않는다. 입지도 시대적 흐름에 따라 선호도와 가치가 바뀌기도 한다. 물론 베스트셀러로 좋은 위치가 거의 바뀌지 않는 곳도 있다.

어디가 좋은 입지인지, 좋은 입지가 될지 잘 판단해 보자.

오래전까지 거슬러 올라가면 강북 시대, 단독주택의 시대가 있었다. 강남시대는 그리 오래된 얘기가 아니다. 강남구, 서초구가 지금처럼 초인기 지역으로 차별화되어 고가를 형성한 것은 IMF 외환위기(1997년) 이후일 것이다. 그전까지만 해도 1995, 96년쯤 서울 외곽지역의 아파트 가격이 33평 기준으로 1억 5천~1억 8천 정도 했고, 강남구의 아파트는 33평이 비싸야 3억 정도 했다. 2배 이하, 1억 5천만 원 이하의 가격차가 났다. 20년이 지난 2020년, 서울의 중간~중하위 수준 지역의 33평 아파트가 대략 8~10억 정도 한다. 강남구는 20~30억쯤 한다. 2.5~3배, 10~20억 정도 차이가 난다. 돈 모아 이사 갈 수 없을 정도로 가격차가 벌어졌다.

가장 천지개벽을 하며 발전하고 아파트 가격이 급상승한 곳은 송파 잠실지역이다. 올림픽이 있었고, 거의 슬럼에 가까운 5층 시영 아파트들이 재건축을 통해 새 아파트로 바뀌고 교통, 편의시설, 120층 롯데월드타워 등으로 비약적 발전을 했다. 아파트 가격은 급상승했다. 반면 은평구, 서대문구, 노원구, 동대문구, 중랑구, 성북구, 강서구, 관악구, 금천구 이런 곳들은 거의 발전이 없었다. 서울과 지방의 차별화는 말할 것도 없고, 서울지역 내에서도 엄청난 차별화가 계속 진행되었다.

새로운 대체지가 없는 한 강남 3구의 인기는 계속될 것이다. 직장, 교통, 학군, 문화 4박자를 갖춘 곳이다. 특히, 최근에는 '직장(=산업=고용)'이라는 입지가 중요한데 강남 3구에는 직장도 많다. 입지면에서 여전히 최고의 지역이다.

향후 입지의 다크호스는 용산지역, 특히 남산을 뒤로하고, 한강을 남향으로 바라보는 이촌동과 한남동 지역이다. 신분당선이 2028년쯤 완공되고, 용산민족공원이 2030년쯤 1차 완공되면 그 가치는 크게 올라갈 가능성이 높다. 그동안 학군이 취약하고, 직장이 별거 없고, 낡은 건물들만 잔뜩 있는 낙후지역이었지만, 산, 강, 공원이라는 자연환경적 가치가 점점 중요시되는 시기가 도래한다면 아파트 가격이 재평가 받을 수도 있다. 특히, 용산민족공원은 100년 이상 영구불변의 좋은 입지를 제공하게 될 것이다. 결론은, 서울의 핵심지역, 입지 좋은 곳에 아파트를 사야 한다는 것이다. 누가 모르나? 문제는 가격이다. 너무 비싸다. 하지만, 미래 안정적 수입이 있다면 다소 무리를 해서라도(대출, 전세 등) 작은 평수라도 좋은 입지, 즉 서울의 핵심지역에 아파트를 사는 것이 현명하다. 그게 어렵다면 당연히 자금 사정에 맞추어 차선 지역, 차 차선 지역에 집을 마련해야 할 것이다. 단, 거기 머무르지 말고 기회를 계속 봐서 객관적으로 더 나은 지역, 즉 입지가 좋은 곳으로 옮기려는 노력을 해야 한다. 부부의 수입이 안정적이라면, 노력하면 충분히 가능하다. 대부분의 사람들은 살다

보면 자기가 거주하는 지역이 편하고 좋고 아이들이 그 지역 학교를 다니고 부모형제들이 인근에 사니까 그냥 머무르게 된다. 그리고 세월이 지나면 후회하고 부러워하고 심지어 적대심까지 갖는다. 참고로 주택 가격 차별화 현상을 실제 수치로 간단히 살펴보자. 먼저 서울 안에서의 구별 차별화다. 서울의 아파트 가격 최고치 5개구와 최저치 5개구의 전용 85㎡(통상 33평)의 가격 차이를 보자. 2020년 12월 말 현재 33평의 평균 가격이 가장 비싼 구는 강남구로 18.8억원이다. 가장 싼 구는 금천구로 6.3억원, 약 3배. 금액으로는 12.5억 원의 차이가 난다. 그나마 2020년에 하위 5개구 평균상승률이 27%로 상위 5개구 평균상승률 15%보다 많이 높아 격차가 약간 축소된 상태다.

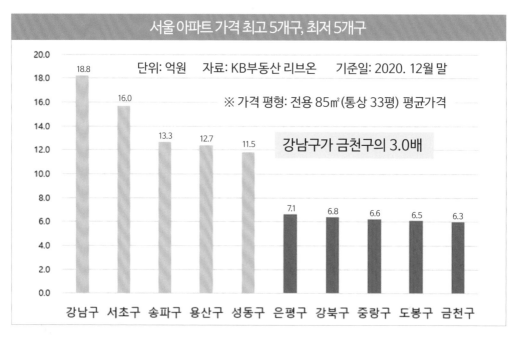

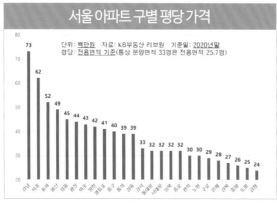

이번에는 서울과 지방을 비교해 보자.

2003년 서울, 지방, 둘 다 100으로 가정했다. 서울의 주택 가격과 지방의 주택 가격 차이는 2007~2009년 크게 벌어졌다가 2013~2015년 많이 좁혀졌다. 그러다, 2017~2019년 다시 크게 벌어졌다. 원래부터 차이가 많았는데 상승률도 계속 차이가 나니, 절대가격의 차이는 어마어마 해졌다. 여기서 주택은 '아파트 + 연립과 다세대 + 단독' 이며, 아파트만 따로 보면 그 차이는 훨씬 크다. 강남구나 서초구 신축 아파트 1채로 지방 소도시 아파트 10채를 살 수 있다는 말까지 나온다.

주택 가격 추이(종합, 서울, 지방)

질문 2: 언제 집을 사야 하나?

답변 2: 무주택자는 대출받아 살 수 있고, 미래 소득으로 상환이 가능한 수준이면 항상 '지금' 사야하는 것이 원칙이다. 단, 판단이 쉽지 않지만 이상 폭등의 시기, 광란의 시기가 있는데, 이럴 때는 조금 기다리자. 영끌(영혼까지 끌어 모아 사는 것)은 안 된다. 뒤에 나오는 PIR(소득대비 집 가격)을 참조해 너무 높으면 조금 기다리자.

주식이든 주택이든 싸게 사야 한다. 그런데, 주식은 변동성이 심해서 참고 기다리면 싸게 살 수 있는 시기가 오곤 한다. 그러나, 주택 특히 아파트, 그것도 서울의 아파트는 그렇지 않은 특성이 있다. 과거의 역사가 그렇다. 조금 떨어지나 싶은데 다시 올라가고, 또 조금 떨어지나 싶은데 또 올라가고 그래서 세월이 지나면 너무 올라가 더 사기 어려워지는 게 서울의 아파트이고 인기지역의 아파트이다. 저가 타이밍 때 사면 좋으나 쉽지 않다. 기다리는 조정 잘 안 온다. 무주택자이면 최대한 대출을 받을 수 있는 금액 수준에서 지금 집을 사자.

서울의 아파트 가격은 80년대 중반~후반 폭등을 하였으나, 80년대 말~90년대 중반까지 200만 호 건설 후에 장기간 안정 내지는 하락하였다. IMF 외환위기 때는 많이 하락하였고, 2006~2008년 폭등 후 공급 확대와 폭등 후유증으로 2012~2013년에도 제법 하락하였다. 지난 30년간(1990년 ~2020년) 3차례 정도 하락기간이 있었는데, 서울의 경우 항상 하락폭이 무주택자가 기대했던 만큼 크지 않았다. 몇 년 만 지나면 가격을 회복하고 지난번 고점 이상으로 오르는 것이 반복되곤 했다. 아무리 비싸게 사도 5~6년 지나면 그 가격을 회복한다. 집을 못 사고 시간이 지나면 항상 후회를 한다. 앞으로도 그럴 것이다. 타이밍 잡기가 정말 어렵다. 돈이 부족하면 어쩔 수 없지만, 살 수 있는 여력이 있으면 그냥 사라. 그런데, 대출받아 살 수 있는데도 못 사는 사람들이 꽤 있다. 대체로 논리적인 사람들, 경제에 대해 많이 아는 사람들, 과거 시세에 집착하는 사람들이 그렇다. 이런 사람들 중 일부는 시기를 놓쳐 장기간 무주택자가 되기도 한다. 이 사람들의 눈에는 서울의 주택 가격이 항상 너무 비싸 보이기 때문이다. 다소 무리를 해서라도 집은 우선 사자. 주택 구입 시기는 여자들이 남자들보다 더 현명하게 선택하는 경향이 있으니 여자들 말에 귀 기울일 필요가 있다.

위의 질문 1, 2에 대한 답변 내용을 정리하면 다음과 같다.

주택 매수

어디에 집을 사나?

- 중소도시 보다는 대도시, 대도시 중에서도 수도권, 수도권보다 서울
- 서울 안에서도 가장 뜨거운 지역: 강남3구(강남, 서초, 송파), 마용성(마포, 용산, 성동)

왜 못사나?

- 너무 비싸다, 너무 많이 올랐다. 예: 옛날에 평당 1천만원 했는데 ~~
- 돈이 없다. 빚을 많이 내기에는 불안하고 부담스럽다

- 대출 받아 살 수 있으면 지금. 단, 영끌 안 된다. 광란의 시기인지 생각해 보자. PIR추이는 보자.
- 저가 타이밍 때 사면 좋으나 쉽지 않다

전세계 주요 대도시 주택 가격은 장기적으로 올랐다

- 홍콩, 상해, 뉴욕, 런던, 시드니, 밴쿠버, 서울 등 계속 올랐다
- 도쿄만 예외적으로 장기간 크게 하락

차별화는 지속된다

- 서울이 너무 비싸다고 하나, 지방과의 격차는 계속 벌어질 것
  - 『산업, 행정, 교육, 문화, 교통』서울 집중 현상 변하기 어렵다.
- 강남3구, 마용성, 노도강 간 격차 커졌다, 작아졌다 하겠지만 기본적으로 격차는 유지될 듯
- 아파트의 진화, 첨단화로 아파트와 연립·다세대, 단독과의 차별화 계속 될 듯
- 결국, 수요가 많은 곳은 오른다. 수요는 종합적인 선호도인데, 기본은 '산업(고용)'이다

※ 결론은 상식적
★ '서울 핵심 지역 아파트, 지금'
★ 적당한 대출에도 돈이 부족하면 형편에 맞게 지역을 단계별로 낮춰야
　(차선, 차 차선) → 그 후, 핵심지역으로 이동하려는 노력을 계속 해야한다.

> 질문 3: 주택보급률이 오래전에 100%를 넘었다는데 주택 가격은 왜 계속 오르기만 할까?

> 답변 3: 서울과 수도권의 아파트는 부족하다. 그래서 오른다.

전국의 주택보급율은 2010년 말에 100%를 넘기 시작해 2018년 말에는 104%에 이르렀다. 그런데, 정작 수요가 가장 많은 서울은 96%로 최하위이고, 경기도는 101%로 서울 다음으로 낮다.

총량이 104%라 하나, 주택 종류별 구성이 아파트가 62%, 단독주택과 연립·다세대가 38%로, 아직도 국민들이 선호하는 아파트는 부족하다. 특히 서울은 아파트 비중이 58%로 상대적으로 낮은 편이다.(자료: 2019년 인구 주택 총 조사, 통계청)

종합하면, 서울은 산업, 교통, 학군, 문화 등 모든 곳을 갖춘 단연 선호하는 지역인데, 양적 측면에서 주택보급률이 96%에 불과하고, 질적 측면에서 아파트 비중이 58%에 불과하다. 더구나, 아파트

들은 급속히 노후화되어 가고 있다. 그래서, 서울의 아파트는 만성 공급 부족 상태이고, 가격이 오를 수밖에 없다. 주택의 문제는 대체로 대도시, 특히 수도의 문제이고, 대한민국은 서울과 수도권의 문제이다.

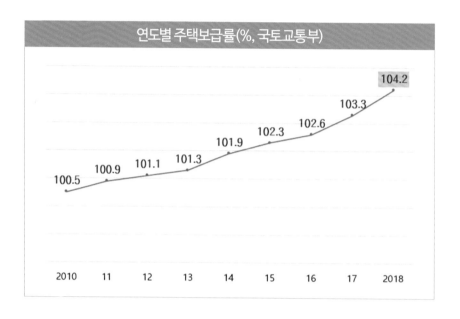

연도별 주택보급률(%, 국토교통부)

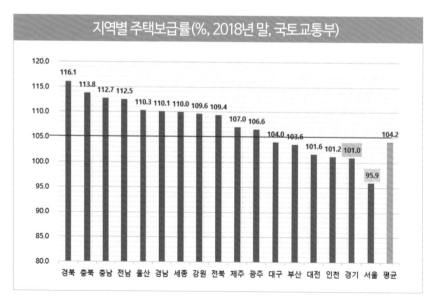

지역별 주택보급률(%, 2018년 말, 국토교통부)

주택 종류별 비중(%)

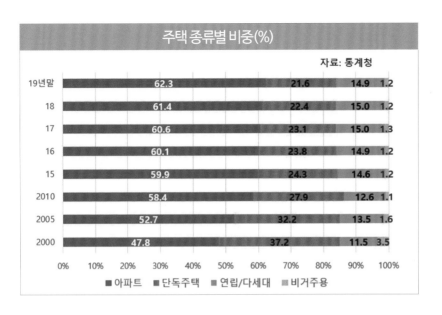

자료: 통계청

	아파트	단독주택	연립/다세대	비거주용
19년말	62.3	21.6	14.9	1.2
18	61.4	22.4	15.0	1.2
17	60.6	23.1	15.0	1.3
16	60.1	23.8	14.9	1.2
15	59.9	24.3	14.6	1.2
2010	58.4	27.9	12.6	1.1
2005	52.7	32.2	13.5	1.6
2000	47.8	37.2	11.5	3.5

시도별 주택종류별 주택 비중

기준일: 2019. 10. 31일   출처: 2019 인구주택 총조사. 통계청

	아파트	단독	연립 · 다세대	비거주용 건물내주택
전 국	62%	22%	15%	1%
서울특별시	58%	11%	30%	1%
부산광역시	67%	16%	16%	1%
대구광역시	72%	18%	8%	1%
인천광역시	64%	10%	26%	1%
광주광역시	80%	16%	3%	1%
대전광역시	73%	16%	9%	1%
울산광역시	73%	17%	8%	2%
세종특별자치시	85%	12%	2%	1%
경기도	69%	12%	18%	1%
강원도	55%	38%	5%	2%
충청북도	59%	34%	6%	2%
충청남도	55%	36%	8%	1%
전라북도	55%	39%	4%	1%
전라남도	44%	51%	3%	2%
경상북도	49%	42%	7%	2%
경상남도	61%	33%	5%	1%
제주특별자치도	32%	39%	27%	2%
서울특별시 제외	63%	24%	12%	1%

질문 4: 주택 가격의 결정요인은 무엇인가?
답변 4: 공급

주택 가격도 수요와 공급에 의해 결정된다. 수요는 큰 변화가 없기 때문에 공급이 가장 중요한 결정 요인이다. 공급만큼 확실한 집값 안정 대책은 없다. 수요가 많은 지역(산업, 교통, 학군, 문화 인프라가 뛰어난 곳)에 많은 공급을 하고, 수요가 적은 지역에 적은 공급을 해야 시장이 안정된다. 균형이 무너지면 폭등이나 폭락이 온다. 수요와 공급에 영향을 주는 구체적 요인은 거시적 측면에서는 경제성장률, 금리, 소득, 인구, 가구수, 정책, 문화, 미시적 측면에서는 산업(고용), 교통, 학군, 병원, 편의시설, 문화시설, 공원 등이 있다. 기타, 시대적 트랜드도 있다. 2020년 현재 대표적인 시대적 트랜드는 신축 아파트 선호 현상이다. 30년을 넘는 낡은 아파트들이 속출하고 소득이 올라감에 따라 새로 지은 양질의 아파트를 선호하는 현상이 과거보다 더욱 뚜렷해졌다. 반면, 2020년 현재 정부의 규제로(분양가 상한제, 재건축 초과이익 환수제 등), 재건축 아파트와 민영주택의 신규 아파트 공급이 많이 줄어 신규 아파트 가격은 희소성으로 인해 과거보다 훨씬 높은 프리미엄을 받게 되었다.

한국의 주택 가격이 1960년대~1980년대까지 강한 상승을 했으나, 1990년 이후 상승률이 크게 둔화된 것은 정부의 대규모 주택 공급정책 때문이다. 1990년대 초 주택 200만 호 건설이 대표적 사례이다. 그 후 주택 가격이 장기간 안정화 되었었다. 전세계 어느 나라나 주택 공급이 많으면 가격이 떨어졌고, 공급이 감소하면 가격이 올랐다. 미국, 영국, 호주, 프랑스 다 마찬가지다. 일본은 공급정책의 실패 사례다. 1980년대 공급 부족으로 주택 버블이 엄청난 상태였다. 그래서 공급을 확대하였다. 문제는 주택 공급을 너무 폭발적으로 확대한데다 경기마저 침체하는 바람에 주택 가격이 장기간 대폭락을 하였다.

주택 가격의 급등과 급락 모두 재앙이다. 정부에서는 세금, 세무조사, 대출 규제, 기타 여러가지 수요 억제 성책 그런 것 하지 말고, 분양가 상한제 폐지, 재건축 초과이익 환수제 완화 내지는 폐지, 도심 용적률 상향, 기타 민간부문의 인센티브 확대 등을 통해 공급을 획기적으로 그리고 지속적으로 증가시켜 가격을 관리하는 것이 가장 효율적이다.

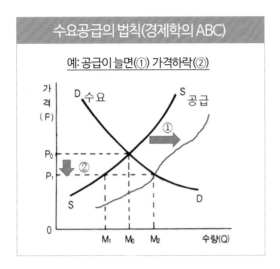

수요공급의 법칙(경제학의 ABC)

예: 공급이 늘면(①) 가격하락(②)

질문 5: 한국의 주택 가격 너무 비싸지 않은가?

답변 5: 2020년 말 현재 서울의 아파트가격 다소 비싸다. 약간 고평가되어 있다.

서울의 단독주택, 연립 및 다세대, 지방의 주택은 비싸지 않다(주택의 유형은 아파트, 단독주택, 연립 및 다세대가 있다). 적정평가 되어 있다.

국제적으로 특정 도시의 주택 가격 또는 아파트 가격이 비싼 지 싼 지는 비교하기가 상당히 어렵다. IMF, BIS, 넘베오, 웬델콕스컨설팅(미국), 대외경제정책연구원, KB금융지주 경영연구소 등 몇 군데 자료를 산출하는 기관이 있으나 신뢰도나 현실감이 떨어지는 곳들이 있고, 기관별로 차이도 크다. 주택 가격이 비싸다, 고평가 되어 있다의 문제는 어느 나라나 대도시의 문제이다.

한국의 주택 가격 상승률에 대한 지난 30여년간의(1986년~2019년) 결론은,

1. 전국의 주택 가격은 지난 30여년간 세계적 관점에서 보면 대단히 안정적이었고,

   가격수준도 소비자물가지수를 약간 하회하는 정도의 상승률을 보였다.

2. 서울의 주택 가격도 지방의 주택 가격보다는 약간 높은 상승률을 보였지만,

   소비자물가지수를 약간 상회하는 정도의 상승률을 보였다.

3. 전국의 아파트 가격은 물가수준보다는 아주 높지만, 경제성장률보다는 약간 낮은 정도의

   안정적 상승률을 보였다.

4. 서울의 아파트 가격은 물가수준보다는 아주 높지만, 경제성장률을 약간 상회하는 정도의
   상승률을 보였다.

1986년 ~ 2019년 34년간 주택 가격의 대략적 수준		
구분	소비자 물가지수	경제성장률
전국 주택 가격	약간 하회	상당히 하회
서울 주택 가격	약간 상회	상당히 하회
전국 아파트 가격	상당히 상회	약간 하회
서울 아파트 가격	상당히 상회	약간 상회

※ 지난 30년간 소비자 물가지수 〈 경제성장률

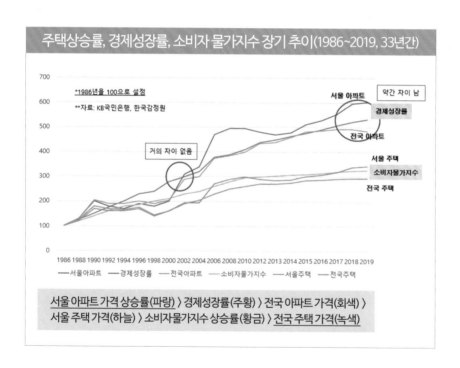

위 그래프에서 보는 것처럼, 장기적으로 보면 대체로 전국의 주택 가격 상승률(아파트+ 단독 + 연립 및 다세대)은 소비자 물가지수 상승률과 비슷하고, 전국의 아파트 가격 상승률은 경제성장률과 비슷하다. 아파트 가격이 다른 주택(단독, 연립 및 다세대)보다 월등히 많이 올랐다.

구체적 수치로 보아도 주택 전체 또는 아파트가격은 우리가 상식적, 직관적으로 생각하는 것보다 덜 올랐고 안정적이다. 의외다. 1986년~2016년까지 30년간 전국의 주택 가격은 연 3.73%, 서울의 주택 가격은 연 3.89% 올랐고, 아파트 가격만 따로 보면 전국은 연 5.54%, 서울은 5.95%이다.

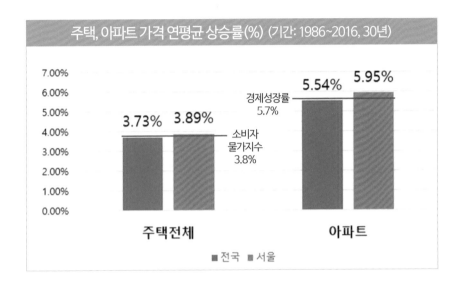

그런데, 2017년~2020년까지 약간의 변화가 발생했다. 서울의 아파트 가격이 2017년~2020년 사이에 너무 많이 올랐다. 2016년까지는 대체로 비싸지 않다는 느낌인데, 4년간 폭등을 했다. 한국감정원의 통계로는 16% 밖에 오르지 않았으나(한국감정원의 지수 2003년 100, 2016년 말 157.4, 2020. 7월 말 182.8, 4년간 상승률 16%), KB부동산 리브온의 서울 아파트 중위 가격으로는 73%가 상승했다(2016년 말 6.0억, 2020년 12월 말 10.4억, 상승률 73%). 난감하다. 공식기관의 차이가 이렇게 클 수가 있나. 체감으로는 대략 70% 정도 상승한 것 같다. 반면, 경제성장률은 2017년 3.2%, 2018년 2.9%, 2019년 2.0%, 2020년 -1%(추정) 정도로 4년간 단순 7.1%, 누적 7.3% 정도 성장했다. 대략 7% 정도라 보자.

2017~2020년 4년간 서울 아파트 가격: 경제성장률 = 70%: 7%. 무언가 불균형, 불안정 상태이다. 장기간의 그래프 추이에서 상당히 벗어난 느낌이다. 4년간 서울 아파트 가격은 경제성장률보다 63% 정도 더 올랐다. 이는 상당부분 정책의 실패로 보여 진다. 매물 잠김 현상의 극단적 심화 때문이다. 부동산 가격 결정의 핵심 요인은 공급이다. 그런데, 『분양가 상한제, 재건축 초과이익 환수제,

주택공급이 충분하다는 정부의 잘못된 인식₁ 등으로 주택 공급이 축소되었고, 『다주택자 양도세 중과세, 재건축조합원 매도 금지(예외만 인정)』 등으로 기존 주택 보유자들도 아파트를 팔 수 없게 만들어 기존주택의 공급(매물)도 크게 줄었다. 여기에 2017년 주택임대 사업자 등록자에 대한 세제 혜택 확대와 정부의 적극 권유로 주택임대 사업자가 급격히 증가해 4~8년 간 다주택자의 기존주택 매물도 완전히 사라져 버렸다. 다주택자에게 보유세를 중과해서 고통을 주어 매물이 나오게 하겠다고 하더니, 갑자기 임대를 하면 종부세, 양도세 등 세제 혜택을 주겠다고 피난처를 제공했다. 완전 서로 반대되는 정책을 펴서 다주택자에게 주택을 보유하면서도 세금을 크게 감면 받을 수 있는 큰 피난처를 만들어 주었다. 정부는 뒤늦게 이를 인지하고, 주택임대 사업자 제도를 일부만 남기고 없애 버렸다. 어처구니없는 일이다. 그런데, 너무 늦었다. 소급 적용할 수 없는 일이니, 주택임대 사업자 제도로 인해 아파트의 매물 잠김 현상은 상당기간 지속될 수밖에 없다.

서울의 아파트 가격이 단기 급등하여 매수세가 약해 떨어지고 싶어하는데, 시장은 신규 공급이 부족하고, 기존 매물도 씨가 말라, 가격이 떨어지지 않는다. 불안한 30~40대가 가끔씩 질러 대는 영끌 매수에 가격은 계속 올라간다. 아파트의 펀더멘탈이 통하지 않고 매물 잠김과 대출 규제로 가격이 왜곡되게 형성되는 경우가 많아지고 있다. 분양가상한제로 아파트 청약경쟁률은 500:1, 심지어 1,000:1 까지 올라가 로또나 다름없다. 공급은 별로 없고, 기존 아파트 가격은 너무 비싸고, 청약은 당첨되면 5억~10억은 앉아서 벌 수 있으니 무주택자는 전부 청약시장으로 몰린다. 희망고문을 한다.

불안하다. 당분간 하향 안정화하는게 모두에게 좋은데 매물 잠김 현상으로 쉽지 않다. 무주택자, 특히 신혼부부는 서울에서 주택 마련하는 것이 거의 불가능 해졌고, 주택 보유자도 보유세가 급증해서 고통을 받고 있다. 특히, 다주택자는 보유세가 생활을 위협할 수준으로 계속 올라가 주택을 팔고 싶은데 양도소득세가 너무 비싸 이러지도 저러지도 못하면서 정권이 바뀌어 제도가 바뀌기만을 기대하고 있다. 하지만 제도는 바뀌기 어렵다. 여러 면에서 2017~2020년의 주택 가격 급등은 후유증이 있을 것이다. 3기 신도시 건설, 서울의 정부 유휴부지 활용 주택 개발, 공공 재개발 재건축 추진 등으로 공공부문 건설을 활성화하는 것은 매우 바람직한 정책이고 효과가 있을 것이나, 민영부문의 공급 없이는 지속적 안정적 공급이 불가능하다. 질적 양적 공급이 모두 지속적으로 가능한 재건축 규제를 완화하고(재건축 억제 정책, 분양가 상한제, 재건축 초과이익 환수제, 실거주 2년 제도, 과다한 기부채납, 과다한 임대주택 의무제공 등), 민영 주택 건설 활성화도 추진해야 장기적으로 주택가격이 하향 안정될 것이다. 입지가 좋은 곳에 공급이 많이 이루어져야 한다. 2020. 12월 말 현재 서울의 아파트 중위 가격이 10.4억인데, 소득대비, 경제성장률 대비 다소 고평가 상태라 보여 진다.

국제적으로 보면, 한국의 주택가격, 아니 서울의 주택가격은 어떤 수준일까?

비쌀까? 쌀까? 보통일까?

결론은 위의 물가, 경제성장률로 분석한 것과 마찬가지다. '서울의 집값이 2012~2016년 까지는 중위권이었으나, 2020. 12월 말 현재 상위권으로 추정된다'. 국제적 관점에서도 다소 고평가되어 있다. 앞에서 언급한 것처럼 세계 주요 도시의 집값을 비교하는 것은 쉽지 않다. 어느 나라나 대도시의 집값은 비싸다. 한 설문조사에 의하면 우리나라 국민의 92%가 우리나라의 집값이 비싸다고 생각한다. 다른 나라 국민들도 크게 다르지 않을 것이다. 집값 비교의 객관적 지표로 PIR(Price to Income Ratio, 소득 대비 집값)이 있다. PIR을 산출한 3군데 기관의 자료를 복합해서 구성해 보았다. 살펴보자.

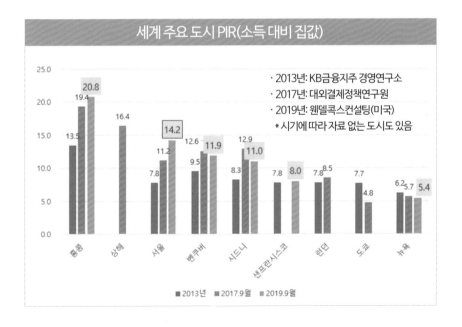

일부 자료가 누락되어 있으나, 2019. 9월 현재 서울의 PIR이 상당히 높다는 것을 알 수 있다.

2019년 9월 말만 별도로 보자.

세계 주요도시 PIR

(2019. 9월말 기준. 일부는 2017년 말)

단위: 배(년)

홍콩	상해	서울	밴쿠버	시드니	런던	샌프란	뉴욕	도쿄
20.8	16.4	14.2	11.9	11.0	8.5	8.0	5.4	4.8

2017년 수치를 보면, 서울은 11.2배로 밴쿠버의 12.6배, 시드니의 12.9배보다 낮았고, 런던, 도쿄보다 다소 높은 수준으로, 중위권 정도였다. 그런데, 2018년, 2019년 서울은 주택 가격의 폭등과 소득의 정체로 PIR이 급격히 상승하여 최상위권이 되었다. 홍콩, 상해 뿐 아니라 다른 아시아권의 대도시들의 PIR도 선진국 대도시에 비해 대체로 높은 편이다.

또 다른 각도에서, 국내 자료인 KB국민은행의 소득 분위별 PIR을 통해 주택 가격이 싼 지 비싼 지 살펴보자.

주택 매매 가격 및 소득분위별 PIR(2020. 03월 기준)

Price to Income Ratio

(단위: 만원, 배)

	평균매매가격		1분위	2분위	3분위	4분위	5분위
	가구연소득(전국)		11,256	19,536	28,974	45,035	84,435
전국	1분위	1,798	6.3	10.9	16.1	25.0	47.0
	2분위	3,804	3.0	5.1	7.6	11.8	22.2
	3분위	5,544	2.0	3.5	5.2	8.1	15.2
	4분위	7,611	1.5	2.6	3.8	5.9	11.1
	5분위	13,389	0.8	1.5	2.2	3.4	6.3
	평균매매가격		1분위	2분위	3분위	4분위	5분위
	가구연소득(도시)		34,754	61,998	80,541	109,899	184,999
서울	1분위	1,887	18.4	32.8	42.7	58.2	98.0
	2분위	3,900	8.9	15.9	20.6	28.2	47.4
	3분위	5,655	6.1	11.0	14.2	19.4	32.7
	4분위	7,758	4.5	8.0	10.4	14.2	23.8
	5분위	13,766	2.5	4.5	5.9	8.0	13.4

주) 소득은 해당월의 분기 기준 통계청 가계동향조사 자료이며, 전국은 전가구 기준 소득, 서울은 도시가구 기준 소득임.
주택전세가격은 해당 월 기준 KB주택가격동향 5분위 평균 주택전세가격 자료임 ☞ 아파트, 단독, 연립 포함
☞ PIR: 연소득을 한 푼도 안 쓰고 주택 구매 하기 위해 걸리는 기간(년). 주택 평균 매매 가격 ÷ 가구평균소득
주택매매가격 및 소득 분위별 PIR(2020. 03월 기준) (출처: KB국민은행)

2020. 3월 현재, 전국적으로 보았을 때, 3분위 소득 가구(평균적인 소득 가구)가 3분위의 주택(평균적인 가격의 주택)을 매수하는데 PIR이 5.2배 나온다. 연 소득을 한 푼도 안 쓰고 주택을 구매하기 위해 걸리는 기간이 5.2년이다. 주택 가격은 아파트, 단독주택, 연립 다 포함한 평균이다.

서울만을 따로 보면 14.2배(년)가 나온다. 서울의 3분위 주택 평균 가격이 8억 541만원이고, 도시 가구의 3분위 평균 소득이 5,655만원이니까, 『8억 541만원/5,655만원 = 14.2년』이 나온다.

2020. 9월 말에는 15.6배(년)까지 올라간다. 전국은 보통~약간 낮은 수준인데, 서울은 굉장히 높다.

서울 주택과 전국 주택의 3분위(전체 평균수준) PIR을 별도로 보면 아래와 같다. 격차가 크다. 특히, 서울은 2010년~2016년까지 안정세를 보이다가 2017년부터 급등해서 2020. 3월 현재 14.2년이다. 최근 10년래 최고치이다. 차별화 측면이 있으나, 다소 과하다.

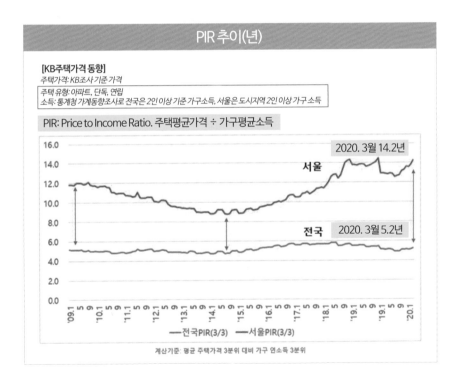

아파트만 별도로 보자

전국 아파트 지역별 PIR 추이

* 단독, 연립은 제외
* 소득은 가구별 근로소득
* 소득: 국세청 원천세(연말정산) 기준. 총급여, 세전
* 국세청, KB부동산 자료를 기초로 작성
* PIR = 아파트 평균 가격/가구별 연근로소득 평균(소득 전부를 저축해서 아파트 살 수 있는 기간) 단위: 배(년)
* 표 순서: 2020년 PIR이 큰 지역 순서대로

연도	전국	서울	경기	대구	부산	인천	대전	세종	광주	울산	경남	전북	전남	강원	충남	경북	충북
2009	9.9	18.3	11.5														
2010	9.7	17.9	10.8														
2011	9.4	16.8	10.2	6.4	8.0	8.7	6.9		4.8	4.4	6.5	5.3	3.8	4.4	4.9	4.2	5.3
2012	9.0	15.7	9.3	6.4	7.7	7.8	6.5		4.8	4.7	6.2	5.3	3.9	4.5	4.9	4.3	5.3
2013	8.6	14.2	8.9	6.8	7.6	7.4	6.5	6.1	5.1	4.9	6.0	5.2	3.8	4.7	5.2	4.7	5.3
2014	8.4	13.9	8.6	7.3	7.4	7.2	6.3	5.5	5.2	5.0	6.1	4.9	3.6	4.6	5.3	5.1	5.3
2015	8.6	14.0	8.8	8.4	7.6	7.4	6.2	5.3	5.7	5.3	6.2	4.8	3.5	4.6	5.3	5.4	5.5
2016	9.2	15.1	9.3	9.1	8.4	8.5	6.6	6.6	6.9	6.3	6.7	5.7	4.4	5.3	5.7	5.5	5.5
2017	9.2	15.6	9.2	8.7	9.0	8.4	6.5	6.6	6.9	6.1	6.4	5.5	4.5	5.4	5.2	5.2	5.1
2018	9.7	18.1	9.4	8.8	8.7	8.2	6.5	6.9	7.2	5.8	5.8	5.3	4.6	5.3	5.0	4.8	4.7
2019	9.7	19.2	9.3	8.8	8.1	8.0	6.8	6.7	7.8	5.3	5.3	5.0	4.7	4.9	4.6	4.3	4.2
2020	10.0	20.3	9.7	8.6	8.0	8.0	7.8	7.6	7.6	5.3	5.1	4.8	4.7	4.6	4.5	4.1	4.0
평균	9.3	16.6	9.6	7.9	8.1	8.0	6.7	6.4	6.2	5.3	6.0	5.2	4.2	4.8	5.1	4.8	5.0

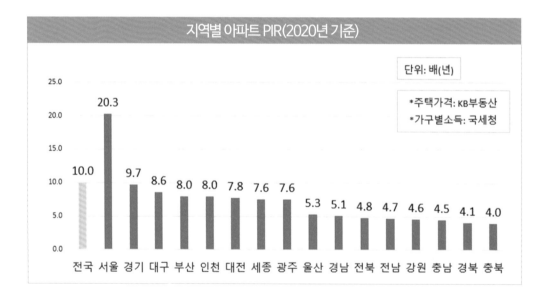

지역별 아파트 PIR(2020년 기준)

단위: 배(년)

* 주택가격: KB부동산
* 가구별소득: 국세청

전국 10.0, 서울 20.3, 경기 9.7, 대구 8.6, 부산 8.0, 인천 8.0, 대전 7.8, 세종 7.6, 광주 7.6, 울산 5.3, 경남 5.1, 전북 4.8, 전남 4.7, 강원 4.6, 충남 4.5, 경북 4.1, 충북 4.0

아래 그래프 '지역별 아파트 PIR(2020년 기준)'를 보자. 2020년 말 현재 전국의 PIR은 10.0배(년), 서울은 20.3배(년)다. 즉, 서울의 중위 아파트를 사기 위해서는 도시가구의 평균 소득을 한 푼도 쓰지 않고 20.3년을 저축해야 한다는 얘기다. 20.3년!! 초고소득자이면 몰라도, 부모의 도움 없이 서울의 중위 아파트를 사는 것은 쉽지 않다.

아파트의 PIR은 경기도 9.7배(년), 대구 8.6, 부산 8.0, 인천 8.0으로 수도권과 광역시는 높은(비싼) 편이긴 하나, 매수 가능한 수준이다. 전북, 전남, 강원, 충남, 경북, 충북은 4배 수준이다. 싸다. 위의 표 '전국 아파트 지역별 PIR 추이'는 흐름을 볼 수 있다. 서울의 경우, 아파트가격이 폭등했던 2009년이 18.3배였고, 그 후 가격 하락으로 2014년 13.9배까지 하락했으나, 2020년 말 20.3배(년) 로 사상 최고치이다. PIR이 소득 대비 가격이니까 20.3배(년)는 『절대적으로나 과거 수치 대비로나』 과한 수준이다. 특별한 기준이 있는 것은 아니나 서울의 경우 15배(년) 내외가 적당해 보인다.

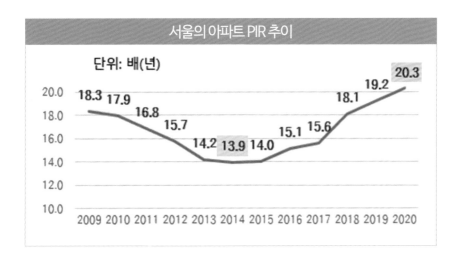

위에서 주택 매수 타이밍을 '대출을 받아 살 수 있고, 미래의 소득으로 상환이 가능하면 지금'이라 고 하였으나, 대중들의 심리 상태가 '패닉 바이(공황상태의 구매)'이거나 PIR이 과거 대비 너무 높으 면 타이밍을 조금 늦추는게 필요하다.

서울의 아파트 가격이 너무 비싸서 수도권이나 지방 주민들은 상당한 소외감을 느낄 것이다. 서울 의 아파트 소유자는 생각보다 소수인데, 이걸로 다소나마 위안을 삼아야 할 것 같다. 2019년 10월 말 현재(통계청, 인구 주택 총 조사) 서울의 아파트 수는 1,720,691개로 전국의 주택수 18,126,954 개의 9.5%밖에 되지 않는다. 전국가구의 9.5%만이 서울의 아파트를 가지고 있다. 다주택자를 감안 하면 서울에 아파트를 가지고 있는 가구는 전국민의 7~8%에 불과할 것이다.

전국적으로 무주택자가 43%, 1주택자 40%, 다주택자 17%로, 무주택자(가구) 비율도 굉장히 높다. 미국, 독일 등 세계 주요국의 무주택자 비율도 40% 내외로 알려져 있다. 다주택자 비율을 줄이고, 무주택자 비율을 줄일 수 있는 공급, 세제, 소득격차 해소 정책이 지속적으로 실시되어야 할 것이다. 정부의 주택정책이 대한민국 전체의 1~2%에 불과한 서울 강남 3구에 과도하게 예민한 반응을 보이지 말고, 무주택 문제에 집중해야 할 것이다.

시도별 주택종류별 주택 수

기준일: 2019. 10. 31일　　　　(단위: 호)　　　　　　　　　　　출처: 2019 인구주택 총조사, 통계청

	주택	일반 단독	다가구 단독	영업겸용 단독	아파트	연립주택	다세대 주택	비거주용 건물내주택
전 국	18,126,954	2,651,613	820,408	445,662	11,287,048	514,337	2,194,943	212,943
서울특별시	2,953,964	68,114	195,448	52,004	1,720,691	110,968	777,205	29,534
부산광역시	1,249,757	78,212	92,151	31,738	831,294	31,073	171,485	13,804
대구광역시	800,340	47,782	70,356	29,427	579,777	9,438	52,880	10,680
인천광역시	1,019,365	55,935	23,567	17,800	648,403	26,309	238,301	9,050
광주광역시	526,161	38,361	30,370	13,964	419,567	9,383	8,649	5,867
대전광역시	492,797	33,071	27,797	19,238	362,190	10,470	34,727	5,304
울산광역시	391,596	26,886	28,125	11,096	286,234	7,900	24,809	6,546
세종특별자치시	132,257	13,793	1,345	1,030	112,722	1,113	1,547	707
경기도	4,354,776	288,556	137,584	78,087	3,021,258	128,890	665,613	34,788
강원도	627,376	188,773	23,872	23,752	346,389	20,977	12,336	11,277
충청북도	625,957	168,452	21,161	20,140	369,668	16,203	20,539	9,794
충청남도	850,525	269,331	17,186	20,680	467,790	23,186	41,242	11,110
전라북도	724,524	240,871	18,568	21,832	401,005	16,556	14,999	10,693
전라남도	787,816	362,499	15,375	23,843	346,990	15,651	10,787	12,671
경상북도	1,081,216	387,888	38,866	29,759	529,133	30,223	47,074	18,273
경상남도	1,266,739	313,551	64,103	40,658	767,442	26,476	37,378	17,131
제주특별자치도	241,788	69,538	14,534	10,614	76,495	29,521	35,372	5,714
서울특별시 제외	15,172,990	2,583,499	624,960	393,658	9,566,357	403,369	1,417,738	183,409

■ 질문 6: 일본처럼 우리나라도 집값이 붕괴되지 않을까?

■ 답변 6: 그렇지 않을 것이다.

표를 보자.

구분	일본	한국
한국 부동산이 일본과 다른 이유(버블 붕괴 반론)		
당시 일본과 현재 한국의 공통점 (버블론자들의 주장!)	① 부동산 가격 너무 올랐고, 세계적 기준으로도 비싸다 ② 가계 부동산 대출이 너무 많다 ③ 고령화 속도가 빠르고 인구감소가 이미 시작되었다 ④ 저성장으로 경제가 추락하고 있다	**그러나 다소 우려!**
가격	■1980년대 엄청난 버블 형성. 80년대 355% 상승 ■ 1991년부터 붕괴. 30년간 ■ 2019.6월 말 주택 가격: 1991년 말 대비 -37%. 최저치는 -80%(이렇게까지 하락!) 일본: 가격버블, 무분별한 대출, 인구감소, 초저성장!	■ 버블형성 증거 불명확 물론, 버블은 사후에야 안다 ■ 단, 2017년~2020년 서울의 아파트 가격이 약 70% 상승. 다소 우려되는 수준 ■ 2020년 3월 말 서울 PIR 14배 수준(2016년말 10.8배) 세계 주요 도시 중 홍콩, 상해 다음. 17~20년 급등 때문
대출	무분별한 대출(담보LTV 100% 초과 대출이 흔한 일)	금감원에서 대출 철저 관리 LTV 비율 아주 보수(20~40%)
인구	고령화로 생산 가능 인구 급감. 인구는 2010년부터 소폭감소	2017년부터 생산가능 인구감소. 2020년부터 인구 감소하나 아주 더뎌 2043년까지 5천만명유지
경제성장	지난 30년간(1990~2020년) 일본의 GDP는 불과 40% 성장 향후에도 비관적	지난 30년간 한국의 GDP는 7배 성장 향후에도 저성장이지만 2% 내외 성장 예상. 4차산업, 빅테크, 바이오 산업 투자도 활발

현재 도쿄의 주택 가격은 서울의 주택 가격과 비슷한 수준이다. 경제성장률, 소득, 물가 등을 감안할 때 서울의 주택 가격, 특히 아파트 가격은 약간 고평가되어 있으나, 엄청난 버블이 형성되어 있고 붕괴할 수준은 아니다.

2020년 3월 말 현재 서울 주택의 PIR이 14.2배, 아파트는 20.0배로 사상 최고치이고, PIR 기준으로 도쿄(4.8배), 뉴욕(5.4배), 런던(8.5배), 시드니(11.0배) 등에 비해 고평가되어 있다. 단기 조정 가능성은 있다. 하지만, 과거 일본과 같은 상황은 아니다.

일본은 『①1991년 엄청난 버블이 형성되었고, ②대출도 담보비율을 100% 초과해서 해 주었고, ③인구도 소폭이나마 감소를 시작했고 ④경제도 마이너스 성장 등 침체일로를 걸었다.』

우리의 상황은 일본과 많이 다르다. 단, 2020년 말 현 상태에서 서울의 아파트 가격이 상당 기간 횡보~소폭 하락 조정을 받는 것이 경제 전체를 위해 바람직해 보인다. 혹자는 서울의 아파트 가격이 최소 30%는 하락해야 한다. 현 정권이 출범한 2017. 5월 이전의 가격으로 돌려놓아야 한다는(70% 정도 하락) 얘기를 하지만 무책임하고 위험하고 대중 선동적인 얘기다. 주택 가격은 물가 또는 경제성장률 정도만큼 상승하는 것이 바람직하나, 특정 기간 급상승했다면 소프트 랜딩(점진적 하락 내지는 보합)하도록 유도해야 한다. 급락은 무주택자와 서민들에게 통쾌감을 줄 수 있을지 몰라도, 가계와 금융기관을 붕괴시키고 국민경제 전체를 파괴시킬 수 있다. 일본의 1991년 이후 부동산 버블 붕괴 사례와 미국의 2008년 서브프라임모기지 사례는 부동산 급락이 전 국민에게 얼마나 고통스럽고 경제를 얼마나 파괴시키는지 극명하게 보여준다. 물론 급등도 재앙이다. 안정화, 즉 물가나 경제성장률 수준의 장기적 상승이 국민이나 국민경제를 위해 좋다.

『가격, 경제현상』 중에 모 아니면 도, 예스 아니면 노, 영원히 끝, 이런 거 거의 없다. 2014~2016년을 돌이켜보면 대부분의 전문가들이 "집 값은 장기적으로 안정될 것이고, 주거의 개념으로 집을 생각하는 시기가 도래했고, 1가구 1주택이 바람직하고, 은퇴자는 비싼 서울의 아파트를 팔아 수도권으로 이사해서 차액으로 노후를 준비하는 것이 좋다. 집으로 돈 버는 시대는 끝났다."고 했다. 『전국주택보급률이 100%가 넘어섰고, 인구가 정체되고, 베이비부머가 집을 대거 팔 것이고, 서성장을 할 것』이기 때문에 집값이 안정될 것이라 했다. 불과 6년이 지난 2020년 말 현재 전문가들의 얘기는 대부분 틀렸다. 앞으로도 그럴 것이다. 전문가의 전망을 믿지 마라. 틀리는 정도가 아니라, 굉장히 반대로 가는 경우가 많다. 주식시장 예측도 마찬가지다. 논리는 그럴 싸 한데, 현실은 다르다.

기회는 또 온다. '집을 사서 돈 버는 시대는 끝났다' 이런 거 없다.

2017~2020년까지의 단기 폭등, 단기 오버슈팅으로 서울의 아파트 가격이 단기 조정을 받을 가능성이 있다. 시기나 폭은 알 수 없다. 조정의 대략적인 이유는 이런 것이 아닐까 한다.

『①단기 급등(이것이 가장 큰 악재다),

②보유세 인상으로 매물 증가(공시가 시가 반영율 인상 및 세율 인상, 특히 다주택자 보유세 중과세),

③주택임대 사업자 등록기간 만료시 매물 증가

④금리 인상,

⑤가계부채 과다,

⑥공급물량 확대(시기는 불분명 하지만 확대하는 방향으로 갈 것이다)

⑦양도세 인하 가능성(매물 증가)』 등이다.

너무 많이 떨어지는 것을 기대하지는 마라. 좋은 입지의 주택은 장기적으로 물가 상승률 내지는 경제성장률 수준에서 꾸준히 상승하므로, 자금이 허락하는 범위내에서 적당한 타이밍에 입지 좋은 곳을 사는게 좋다. 『서울과 지방, 서울 내 구별』 양극화가 완화되었다 심화되었다 하겠지만 그 격차가 현저히 축소되기는 어려울 것이다. 남들이 시기적으로 안 좋다고 할 때(가격이 떨어졌을 때), 전문가들마저 비관적이거나 안정화되었다고 할 때 사면 나중에 결과는 좋을 것이다. 기회는 계속 온다.

질문 8: 수익형 부동산은 무엇을 사야 하나?
답변 8: 자신의 자금 규모에 맞게, 시장 조사를 통해 사라.

수익형 부동산에 대한 과거의 고정관념은 버려야 한다. 공부하고, 발품 팔아 시장조사 많이 하고, 유익한 정보도 얻어야 한다. 구분 상가, 오피스텔, 소형 아파트를 매입해 임대하는 것에 대해서는 잘 생각해야 한다. 나쁘다는 게 아니다. 부동산은 주식과 달리 표준화되어 있는 것이 아니니까 이것이 좋은 상품이고 저것이 나쁜 상품이라 얘기하기 어렵다. 입지와 가격에 따라 같은 구분상가라도 좋은 선택일 수 있고 나쁜 선택일 수 있다. 당연한 얘기다. 싸게 위치 좋은 곳을 사서 높고 안정적인 임대료를 받으면, 통상적으로 구분상가가 위험하다 해도 그건 남의 이야기가 된다.

2020년 현시점에서 일반적으로는 구분 상가는 위험이 아주 높은 상품이다. 자영업의 수익성이 크게 떨어져 임대료도 낮고, 공실 위험도 있다. 실제, 코로나19로 임대료 연체, 경감, 공실이 엄청나게 발생하기도 했다. 그러나, 매매가는 초저금리 때문에 굉장히 높다. 임대수익률이 낮아도 은행금리보다는 상당히 높기 때문이다. 오피스텔은 역세권, 사무실 밀집 지역, 대학교 인근 등 위치만 좋으면 안정적 수익을 올릴 수 있지만, 향후 가치 측면에서 위험요인이 있다. 소형 아파트는 가장 안정적이고 미래가치 측면에서도 무난하지만 수익률이 낮다.

만약 5억원으로 수익형 부동산을 산다면 어떤 선택을 할까. 아래 참고할 만한 제안을 해본다.

수익형 부동산 무엇이 좋은가	
제약 조건	**돈이 5억 있다** ※ 돈이 50억 있으면 좋은 위치에 좋은 임차인이 있는 상가를 사면 된다. 스타벅스, 맥도날드, 금융기관에 임대
샐러리맨의 꿈	월 200만원 정도 나오는 구분 상가

수익형 부동산 선호	오피스텔, 소형 아파트, 연립빌라, 구분 상가
	문제점: ① 수익률이 너무 낮거나(소형 아파트), 공실 위험이 크거나(상가), 향후 부동산의 가치가 하락할 위험이 있다(오피스텔, 연립빌라, 상가) ※ 물론, 좋은 위치에 싸게 살 수 있다면 선택 ② 세금, 수리, 세입자 교체 등 관리가 골치 아프다

사고 전환	※ 생각을 바꾸자. 부동산 직접 보유.
	  폼 나고 뿌듯해 보이지만 현실은 골치 덩어리다.
	  공실 위험, 임대료 연체 및 임차인과의 분쟁 위험, 수리 문제, 세금 문제, 부동산 가격 하락에 대한 걱정 등 문제점이 한두 가지가 아니다.
	  주변에 보유하고 있는 사람들의 현실을 보라. 천재지변도 있다.(코로나19 등)

선택	부동산 간접 투자 하자
	부동산도 분산 투자 하자(위험 관리)
	선택: 국내 리츠 40%, 해외 리츠 40%, 맥쿼리인프라 20%
	5억이 있다면 2억, 2억, 1억 투자 → 세후 월 200만원 정도 수익(세전 6%, 세후 5% 수준)
참고: 리츠 (별도 상품으로 뒤에 상세히 소개)	♣ 간접투자해도 내가 주인이다. 수천, 수만 명이 공동 투자했을 뿐이다. ♣ 자산관리회사에서 관리를 다 해 준다. ♣ 대체로 크고 좋은 상가(리테일, 사무실, 임대주택, 데이터센터, 주유소 등등)여서 공실 위험도 적다. ♣ 장기 안정적으로 5~6% 내외의 괜찮은 배당을 해준다. ♣ 세금도 15.4% 원천 징수로 신경 쓸 일이 거의 없다(종합과세는 해당 시 별도) ♣ 주식시장에서 팔아 즉시 현금화 할 수도 있다. 물론, 주가 하락 위험은 있다
	● 국내 리츠: 『신한알파리츠, 이리츠코크렙, 이지스밸류리츠, 이지스레지던스리츠』 등에 분산투자하면 세전 연6% 안정적수익
	● 해외 리츠: 미국, 일본, 호주, 싱가포르 상장 리츠 수백개. 미국리츠ETF 1개 매수로 충분. VNQ US(뱅가드에서 운용. 189개 미국 상장 리츠에 분산투자. 시가배당률 연 3.5~4.0% 수준. 분기 배당)
	※ 맥쿼리인프라: 리츠는 아니고 도로, 항만 등에 투자하는 인프라펀드다. 시가배당률이 연 6.5% 수준이나, 20~30년 후 기부채납으로 원금을 약 50% 내외 밖에 회수 못하므로 원금유지 환산 기준 실질 배당률은 4.0~4.5% 정도 수준이다. 이 정도면 괜찮다. 배당 아주 안정적으로 지급한다.

▌ 질문 9: 자산 중 부동산 비중이 너무 높은데 줄여야 하나?
▌ 답변 9: 줄여야 한다. 50% 정도 수준으로.

한국가구의 자산 비중은
부동산 : 금융상품 = 76% : 24%다(2019. 10월 말, 통계청).
부동산 비중이 과하다.

2017년 현재 주요국의 부동산 비중은 호주 74%, 프랑스 69%, 독일 67%, 영국 58%, 캐나다 57%, 일본 43%, 미국 35%이다. 나라별 편차도 크다. 한국이 제일 높다. 한국인은 대부분 집 1채가 전 재산이다. 돈을 벌고 있을 때야 그래도 나은 편이지만, 은퇴 후 노후가 문제다. 60대 이상의 부동산 비중은 81%다. 연금소득도 많지 않아 생활이 어려운 경우가 많은데, 주택 보유세, 건강보험료 등 세금을 많이 내면 생활이 더 어려워진다. 호주, 프랑스, 독일, 영국 등도 부동산 비중이 상당히 높은데, 이런 나라들은 보험, 연금 수입이 많아 노후생활에 큰 문제가 없다.

우리나라의 경우 금융자산이 겨우 24% 밖에 안되는데, 그나마 금융자산의 90% 이상이 예금, 현금이다. 먹고살게 부족하다. 노후에 고가 주택 1채가 재산의 거의 전부이고 월 수입이 별로 없다면, 부동산 비중을 크게 줄여야 한다. 부동산은 보유세만 엄청 내는 고통스러운 괴물이 될 수 있다. 가격은 올라가는데 쓸 수가 없다. 비중을 줄여 수익창출형 자산 또는 연금형 자산으로 바꿔야 한다. 자식에게 물려주려고 생활이 어렵더라도 집 한 채를 꼭 쥐고 죽는 이런 의식과 문화는 개인적으로나 사회적으로나 개선되어야 한다.

2 주식

주식을 모르는 사람은 별로 없다. 물론, 잘 아는 사람도 거의 없다.
질문과 대답을 통해 주식이라는 투자 상품에 대해 알아보자.

질문 1: 주식을 해야 하는가?
대답 1: 해야 한다.

복잡한 파생상품을 제외하고 투자상품 중 가장 위험한 상품이다.
그러나, 3가지 이유 때문에 해야 한다.

1) 초 저금리 시대

2020. 8월 은행의 저축성 상품의 금리는 0.81%(세전)이다. 1억원을 1년 정기예금에 가입하면 1년 이자가 세전 810,000원, 세후 685,260원이다. 월평균 세후 57,105원이다. 은행 예금은 돈을 증식하는 수단이 아니고, 그냥 보관해 놓는 상품이다. 더구나, 저축성 상품의 대부분이 정기예금이나 적금인데 1~2년 자금이 묶여있기까지 한다. 0.81% 이자로 언제 집을 사고, 노후 준비를 하겠는가?

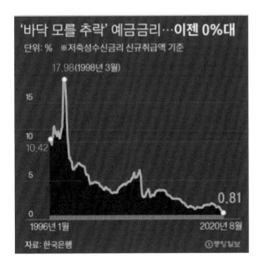

2) 자산 중 주식투자 비중 너무 낮다

총 자산 중 주식비중이 1.1%이다. 간접투자(펀드 등)까지 다 합해서다. 10%쯤 될 것 같지만 전혀 그렇지 않다. 객관적인 근거가 있다. 2019. 10월 말 통계청 자료에 의하면, 부동산: 금융자산의 비중이 76%: 24%이다.

금융자산 내에서 상품별 투자 비중은 예금:주식:개인연금:기타 = 91.5%:4.4%:2.5%:1.6%이다. 즉, 주식투자 비중은 24%*4.4%= 1.1%이다.

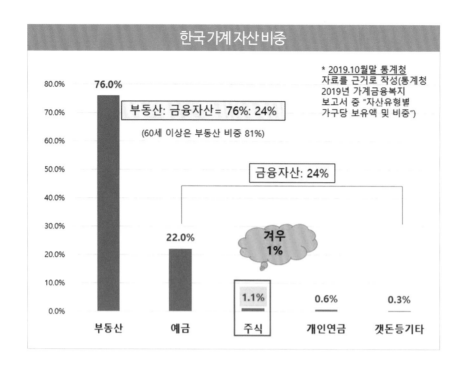

한국 가계 자산 비중

* 2019.10월말 통계청
자료를 근거로 작성(통계청
2019년 가계금융복지
보고서 중 "자산유형별
가구당 보유액 및 비중")

부동산: 금융자산 = 76%: 24%

(60세 이상은 부동산 비중 81%)

금융자산: 24%

겨우
1%

부동산	예금	주식	개인연금	갯돈등기타
76.0%	22.0%	1.1%	0.6%	0.3%

3) 해외주식투자가 쉽게 가능하다

해외 주식투자가 국내 주식투자보다 덜 위험한 것도 아닌데, 주식투자를 해야 할 이유로 해외 주식투자를 넣었다는 게 이해가 안 갈 수도 있다. 하지만, 분산투자와 다양한 투자를 통해 투자위험을 많이 감소시킬 수 있다. 특히, 미국 주식시장과 중국 주식시장에 쉽게 접근할 수 있는 것은 매력적이다. 물론, 과거나 지금이나 펀드를 통해 해외 주식시장에 투자할 수 있고, 위험 분산을 시킬 수 있다. 안 했을 뿐이다. 미국은 130년이라는 긴 주식의 역사를 가지고 있고, 추세적으로 우상향을 했다. 주식뿐 아니라, 리츠, 배당주, 다양한 ETF 등 중위험 중수익에 가까운 주식들도 있다. 중국은 성장하는 시장이므로 아직 기회가 있다.

질문 2: 그러면 자산 중 몇% 정도를 주식에 투자해야 하나?
대답 2: 20~30대 40%, 40대 30%, 50대 20%, 60대 이상 10%

비중이 너무 높지 않나 생각할 수 있는데, 그동안 우리가 너무 주식투자를 하지 않아서 생긴 고정관념, 습관, 문화 때문이다. 나이와 성향, 자산 보유 규모에 따라 다 달라져야 하나 대략적으로 이런 정도 수준이 적합하겠다. 40대는 총자산이 10억이면, 그 중 3억원은 주식투자(간접투자 포함)를 하는게 적절하다. 젊을수록, 공격적 성향일수록, 자산이 적을수록 비중을 높이고, 반대의 경우 비중을 낮추는 게 바람직하다.

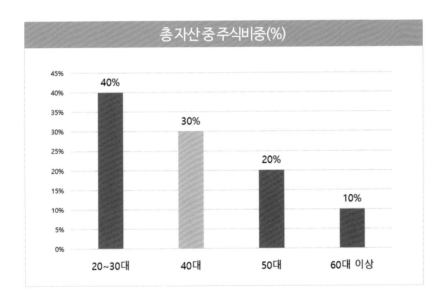

질문 3: 겁이 많은 사람도 주식투자를 하는게 나은가?
대답 3: 아니다. 안 하는 편이 낫다.

뚝 잘라 얘기하기는 어렵다. 하지만, 돈 벌려고 하는 일이고, 행복하자고 하는 일인데 본인 성향에 너무 안 맞으면 하지 않는 게 맞다. 스트레스도 너무 많이 받고 투자도 실패한다. 이런 류의 사람들은 하지 말아야 한다.

1) 손실 날까 봐 안절부절 못하는 사람

2) 너무 보수적인 사람: 실패 확률 높다

3) 너무 논리적인 사람: 실패 확률 높다

4) 나이 50세 넘었는데 평생 주식투자 안 해본 사람

단, 주식형 인덱스(지수)펀드 소액 투자 정도는 어떨까?

질문 4: 주식과 부동산 중 어느 것이 수익률이 높은가?
대답 4: 모르겠다.

경험적으로는 '부동산 필승, 주식 필패'였다. 주변을 돌아봐도 땅, 아파트 사서 손해 본 사람은 없고 엄청난 이익을 본 사람이 대부분이다. 주식은 완전 반대다. 망하는 길이라고 생각한다. 주식투자는 다 만류한다. 하지만 수치상으로 꼭 필승, 필패는 아니다. 3가지 사유로 우열을 가리기 어렵다.

① 수익률 설정 기간(어느 시기 인지)에 따라 서로의 우위가 완전히 다르다. 장기, 단기 다 마찬가지.
② 구체적 상품 종류에 따라 수익률 천차만별이다.

국내 주식은 종목이 2천 개도 넘는다. 각 종목에 따라 수익률이 천차만별이다. 부동산도 마찬가지다. 서울/대도시, 지방/농촌이냐 아파트/연립과 다세대/단독주택/토지/오피스텔/상가 등에 따라 수익률 천차만별이다. 해외 주식, 해외부동산 투자도 가능하다. 주식과 부동산 무엇을 비교한단 말인가? 단순히 지수를 비교하는 것이 개인들의 수익률에서 무슨 의미가 있는가? 아무 의미가 없다. 삼성전자를 사서 30년간 100배(1억 투자 시 100억) 오를 수도 있고, 닷컴 버블 주식, 부실 건설사, 대우그룹, 단자사, 리스사, 퇴출 바이오, 작전주 주식을 사서 수익률 −100%(원금 전부 손실)가 될 수도 있다. 30년간 서울 압구정동, 개포동 아파트를 사서 10배, 20배 오를 수도 있고, 지방 중소도시 단독주택을 사서 수익률 0%가 될 수도 있다.

단, 서울의 아파트는 가격이 장기적으로 많이 올랐고 변동성도 작아 상당히 우수한 상품이라 얘기할 수 있다. 맞다. 희소성도 있다. 전국민의 90% 이상이 서울 아파트를 가지고 있지 않다. 수요는 항상 많은데 공급은 제한적이다.

③ 주식의 경우 코스피와 코스닥 투자에 따라 수익률 크게 달라진다.

코스피는 기관투자가, 외국인이 매매에 많이 참여하고, 지분도 대주주, 기관, 외국인이 거의 60~70%를 차지하고 있다. 코스닥은 거의 개인의 시장. 거래대금 비중은 개인이 80~90%, 지분도 개인이 60~70% 이상. 그런데, 코스닥은 수익률 아주 저조하다. 20년간 거의 박스권이었다. 개인투자자들은 코스닥에서 장기간 손실을 많이 보았다. 평균적으로, 서울 아파트와 비교하면 수익률이 엄청나게 차이가 날 것이다.

주요국의 과거 주가지수 추이를 그래프로 보면 주식 수익률에 대한 직관적인 감이 조금 올 것이다. 투자시기, 종목(지수 포함)이 중요하다. 부동산도 마찬가지다. 자기 주식, 자기 부동산이 올라야지, 객관적으로 지수가 어떻고 부동산이 고평가 되어 있고 다 쓸데없는 이야기다.

KOSPI 1980년부터 2020년 말까지 그래프. 어느 시기에 무슨 종목을 사고 파느냐에 따라 수익률 천차만별. 지수(인덱스)를 고가에 샀으면 수익률은 낮은 수준이고, 저가에 샀으면 수익률 상당히 좋았을 것이다. 지수를 초장기간 보유했다면 수익률은 무난했을 것이다.

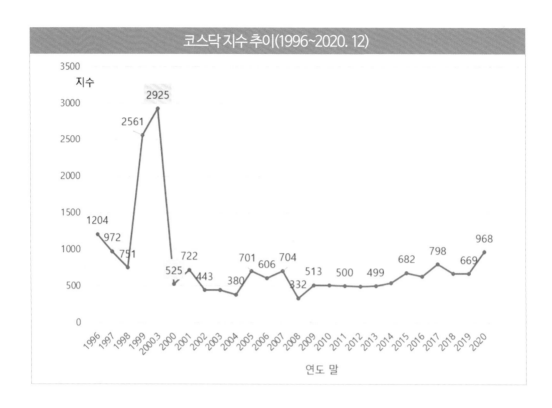

코스닥 지수 추이(1996~2020. 12)

코스닥은 필패에 가깝다. 부동산, 특히 아파트의 수익률 보다는 확실히 열세일 확률이 높다. 99년
에 최고치에 사고 보유한 투자자는 거의 영원히 회복 불능이다. 물론, 상당수 종목이 부도나서 투자
대상 자체가 없어진 경우도 많다. 그러나, 중간중간에 IT나 바이오, 특정 섹터나 재료의 종목들이
어마어마한 수익을 내기도 했다. 전형적인 고위험 고수익 시장이다.

코스피와 전국 아파트 매매 지수

1986년부터 2018년까지 코스피지수와 전국 아파트 매매가격을 같이 그린 그래프다. 상승률은 비슷하다. 아파트 가격이 훨씬 많이 올라갔을 것 같지만 수치상으로는 그렇지 않다. 우리는 전국을 생각하지 않고 서울만, 특히 강남만 생각하니까 그래프가 너무 덜 오른 것처럼 보인다. 서울, 그리고 강남의 비중은 굉장히 낮다. 2019년, 2020년 전국 아파트 가격, 특히 서울의 아파트 가격이 많이 올라 코스피와 전국 아파트 매매지수는 약간 차이가 날 것이다. 다 아는 대로, 아파트 가격은 안정적으로 상승했고, 코스피는 변동성이 아주 심했다. 아파트 가격 상승은 많은 사람이 혜택을 보지만, 코스피의 상승은 소수의 사람들에게만 이익을 준다. 주식은 극소수 승리, 다수 패배, 그런 속성이 있다.

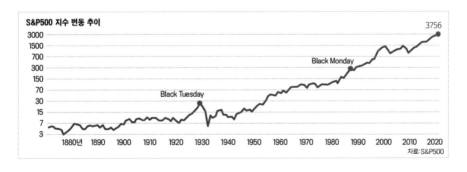

S&P500지수 140년간의 그래프이다. 다우존스지수 그래프도 거의 유사하다.

1929년 대공황, 1989년 Black Monday, 2008년 서브프라임모기지도 있었지만, 미국 S&P, 다우존스지수는 장기적으로 필승이다. 실제 초장기로 인덱스펀드(간접투자)에 투자한 투자자들은 엄청나게 큰 수익을 거두었다.

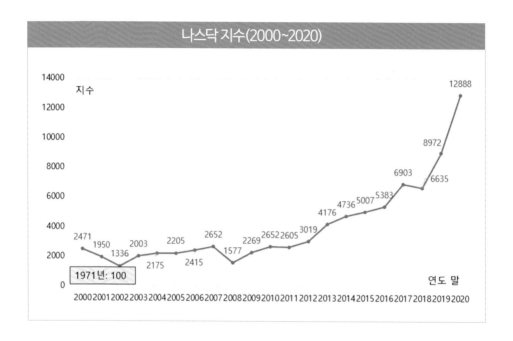

지난 20년간, 아니 더 긴 기간을 보아도 엄청나게 올랐다. 2000년~2001년 닷컴 버블 때 폭등 후 폭락. 2008년 서브프라임 모기지 사태 때 또 한 번 폭락했다. 닷컴 버블 때 시세를 회복하는데 10년 넘게 걸렸다(1999년~2009년). 그러나, 2009년부터 2020년까지 12년간 400% 폭등했다. 나스닥 수익률은 부동산과는 비교가 안 될 정도로 장기 수익률이 좋다. S&P500, 다우존스보다 훨씬 더 수익률이 좋다.

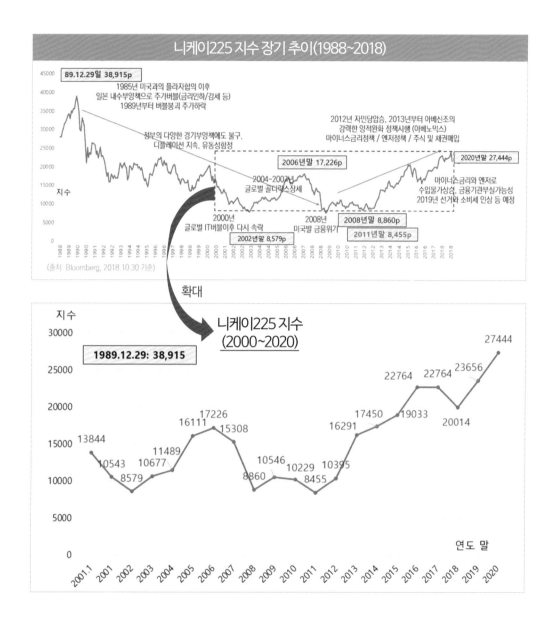

니케이225 지수 장기 추이(1988~2018)

니케이225지수는 타이밍의 중요성을 설명해 주는 좋은 예이다. 위 그래프는 1988년~2018년까지 30년간의 그래프이고, 아래는2000년~2020년까지 최근 20년간 그래프다. 위 그래프를 보면, 1989년 38,915포인트를 찍고 29년이 지난 2018년(아니 31년이 지난 2020년)에도 회복 못하고 있다. 하지만, 아래 그래프를 보면 완전히 다르다. 2011년 말 8,455포인트, 2020년 말 27,444포인트, 9년간 225% 상승했다. 주가는 타이밍이다. 싸게 사야 한다.

중국 상해종합지수. 2007년 폭등, 5,262포인트. 대폭락, 2008년 말 1,821로 1년 65% 하락했다. 그 후 2009년부터 2020년까지 12년간 박스권. 주가가 폭락 후 박스권인 반면, 중국 대도시 상해, 베이징 등의 집값은 그 기간에 엄청나게 올랐다.

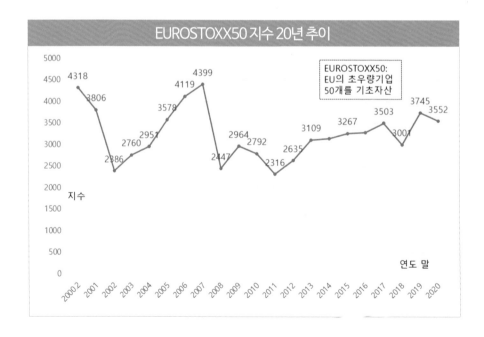

유럽의 대표적인 초우량 기업 50개를 지수화한 유로스탁50. 최근 20년간 완전 박스권. 20년간 수익률 제로 수준. 반면 유럽의 주요 대도시의 주택 가격은 크게 올랐다.

질문 5: 어떤 주식을 사야 하는가?
답변 5: 시대의 트랜드에 맞는 주식을 사야 한다. 아니면 인덱스를 사라.

핵심은 어떤 주식을 사야 돈을 버느냐이다. 예수님도 모르고 알라신도 석가모니도 모른다. 펀드매니저보다 원숭이가 더 주식투자를 잘한다는 진실에 가까운 농담도 있다. 답답하니 틀린 줄 알면서도 점보는 심정으로 애널리스트 레포트를 본다. 증권사 지점 직원들 말 들으면 실패하기 십상이다. 국내 주식시장만 해도 종목이 2천 개가 넘는다. 이름조차 모르는 주식이 태반이다. 미국, 중국, 일본, 유럽, 홍콩 주식들 다 합하면 2만 개도 넘는다.

시대의 트랜드에 맞는 주식을 사야 하고, 싸게 사서 비싸게 팔아야 한다. 무릎 근처에 사서 어깨 근처에서 판다는 느낌을 가지는 게 현실적이다. 시대의 트랜드 파악은 공부를 열심히 해야 하고, 다른 사람들보다 한발 앞서야 한다. 통찰력, 인내, 결단력이 있어야 한다. 쉽지 않다. 다수의 투자자들은 시대의 트랜드를 이끌었던 주식을 상투에 사기 십상이다. 아니면, 시대의 트랜드와 동떨어진 주식을 가지고 교체매매를 못 하면서 좋은 시절을 그냥 성과 없이 보내곤 한다. 우리 일반투자자들은 워런버핏처럼 평범한 것 같으면서도 위대하게 투자하기가 어렵다.

어떤 주식을 사야 할지 골치 아프면 인덱스를 ETF나 펀드로 매수하자. 코스피200, S&P500, 나스닥, 니케이, 중국 상해종합지수 등을 시장이 과열이 아닐 때 분산해서 사면 된다. 장기적으로 예금은 물론이고, 주택가격보다 수익률이 좋을 가능성이 높다.

2020년 말 현재 시대의 트랜드는 무엇이고, 주식시장이 어떻게 움직였는지 그래프와 표 몇 개를 보면서 생각해보자. 물론 몇 년 만 지나면 이 트랜드는 많이 바뀌어 있을 것이다. 힌트, 시사점을 얻기 위해 2020년 현재의 사례를 든 것 뿐이다.

글로벌 시가총액 Top 10 기업 변화

* 2020년 현재 4차산업으로 무게중심 이동 중 　　　　** 빨간색 음영: 4차산업

순위	1990년	1995년	2000년	2005년	2010년	2015년	2020.10월
1	EXXON	ESCOM	ITAUTEC	GE	EXXON	APPLE	APPLE
2	WALMART	NTT	GE	EXXON	PETROCHINA	GOOGLE	ARAMCO
3	GE	ABN AMRO	CAEMI	MICROSOFT	APPLE	MICROSOFT	AMAZON
4	NTT	GE	EXXON	CITIGROUP	BHP GROUP	BERKSHIRE	MICROSOFT
5	ALTRIA	AT&T	PFIZER	BP	MICROSOFT	EXXON	ALPHABET
6	AT&T	EXXON	CISCO	ROYAL D	IND& COMM	AMAZON	FACEBOOK
7	COCA-COLA	COCA-COLA	CITIGROUP	P&G	PETROBRAS	FACEBOOK	ALIBABA
8	PARIBAS	MERCK	WALMART	WALMART	CCB	GE	TENCENT
9	MUFG BANK	TOYOTA	VODAFONE	TOYOTA	ROYAL D	J&J	BERKSHIRE
10	MERCK	ROCHE	MICROSOFT	BOA	NESTLE	WELLS FARGO	VISA

시간이 흐르면서 Top10에 잔존한 기업체 수익 추이(위 표를 분석)

	1990	1995	2000	2005	2010	2015	2020.10
1990	10	6	2	3	1	2	0
1995		10	1	3	1	2	0
2000			10	3	2	3	1
2005				10	3	3	1
2010					10	3	2
2015						10	5
2020.10							10

* 표 보는 법: 1990년 Top10 기업 10개가 5년후(1995년), 10년후(2000년), 15년후(2005년), 20년후(2010년),
25년후(2015년), 30년후(2020년)에 몇 개 잔존해 있는지. 6개, 2개, 3개, 1개, 2개, 0개

5년 단위로 글로벌 시가총액 Top10 기업을 보여주는 표이다.

위 표의 의미는 주도업종, 시대의 트랜드는 끊임없이 변화한다는 것이다. 30년 전인 1990년 시가총액 10위 내 기업이 2020년에는 단 한 곳도 없다. 미국이나 한국이나 큰 차이가 없다. 세상은 계속 변한다. 기업들도 존망을 거듭한다. 계속 1등을 할 것 같은 기업도, 10년 20년 지나면 많이 처져 있고, 심지어는 추락하기도 한다.

1990년에는 석유기업 엑손모빌이 부동의 1위, 소매기업 월마트, 전기 GE, 통신NTT, AT&T, 음료 코카콜라, 금융 빠리바은행, 헬스케어 머크 등으로 구성되었다.

2020년에는 애플, 아마존, 마이크로소프트, 알파벳, 페이스북, 알리바바, 텐센트 등 IT관련 기업이 7개나 차지하고 있다. 20, 30년 후에는 지금과는 많이 나른 업체들로 바뀌어 있을 것이다.

국내 기업의 시가총액 상위 10개 종목 최근 변동을 보자. 마찬가지다.

한국 2010년 말, 2020년 말 시가총액 상위 10개 종목 (10년간 변동)			
순위	2010년 말	2020년 말	시가총액
1	삼성전자	삼성전자	483조
2	POSCO	SK하이닉스	86조
3	현대차	LG화학	58조
4	현대모비스	삼성 바이오로직스	54조
5	LG화학	셀트리온	48조
6	신한지주	NAVER	47조
7	KB금융	삼성SDI	43조
8	삼성생명	현대차	41조
9	기아차	카카오	34조
10	한전	삼성물산	26조

국내 기업 10년간 시가총액 변동(2010년 말과 2020년 말 비교)도 마찬가지로 큰 변화가 있었다. 삼성전자, 현대차, LG화학을 제외한 7개 종목이 바뀌었다. 더구나, 삼성전자, LG화학 2종목만 10년간 주가가 올랐을 뿐 나머지 8개 종목은 전부 하락하였다. POSCO −58%, 삼성생명 −55%, 신한지주 −36%, 한전 −33% 등이다.

반면, 2020년에는 미국과 마찬가지로 IT, 플랫폼, 제약바이오 업체들이 대거 톱10에 진입했고 주가도 상상을 초월하게 폭등을 했다. 삼성바이오로직스, 셀트리온, NAVER, 카카오 등이다. 10년 전에 삼성 바이오로직스, 셀트리온, 카카오 같은 종목은 상장을 하지 않았거나 존재감조차 희박했다. 세상은 이렇게 변하는 것이고 우리는 적응해야, 한발 앞서야 돈을 벌 수 있다.

■ 2020년 말 시대의 트랜드 및 이와 관련된 기업들

우량주란 무엇인가? 주가에 대한 평가는 어떻게 하는 것인가? 이런 질문을 항상 하면서 투자를

해야 한다. POSCO, 삼성생명, 신한지주, 한전이 우량주가 아니라서 10년간의 주가수익률이 −58%, −55%, −36%, −33%인가? NAVER, 셀트리온, 카카오는 10년 후 주가가 어떻게 될까? 추세적인 상승인가, 일시적 상승인가, 지금이 꼭대기인가, 아직 한참 멀었는가? 열심히 공부해야 한다. 너무 많이 올랐는데 미래 주가에 대해 자신이 없으면 투자하지 말거나 비중을 작게 해야 한다. 2020년 말에 철강, 화학, 조선, 자동차, 금융, 건설 이런 주식을 얘기하면 바보 소리 듣는다. 『5G, AI, 4차 산업혁명, 가상현실, IoT, 반도체, 자율주행, 네트워크, 플랫폼, 핀테크, 언택드와 온라인, 전기차와 배터리, 바이오헬스케어, 게임, 엔터테인먼트, 신재생, 온라인쇼핑 및 신 유통, 무형자산, 융합』, 시대를 지배하는 산업과 용어는 이런 것들이다.

시대의 트랜드, 다시 말해 주도주는 계속 바뀌었다. 앞으로도 바뀔 것이다.

80년대 후반부터 돌이켜 보면, 트로이카(금융, 건설, 무역), 저PBR(자산주, 탄광업, 땅 부자기업, 우량 계열사 가진 주식 등), 저PER혁명(성장성 떨어지나 수익성 좋은 기업), 수시로 중소형 테마주, M&A주(대주주 지분이 낮고, 자산이 많고, 저평가), 블루칩(대형주이면서 실적 우수, 안정적인 기업), 인터넷 닷컴, 조선 철강 화학 등 중후장대주, 7공주(OCI 등), 제약바이오, 4차 산업혁명에 이르기까지 끝없이 계속되고 있다. 개미투자자들은 대개 막바지에 큰 규모로 들어가서 엄청난 손실을 보곤 했다. 트랜드를 따라가되, 들어가고 나오고 타이밍이 중요하다.

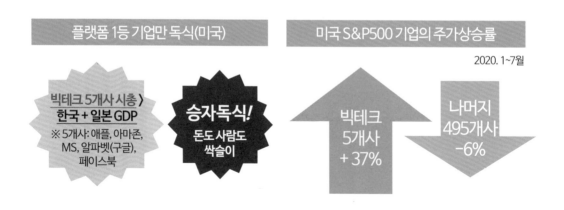

2020년 현재의 트랜드를 그림으로 대략 이해해 보자.

빅테크가 트렌드: 2019년~2020년 주가 폭등. 아마존, 애플, 알파벳(구글의 모기업), 마이크로소프트, 페이스북, 넷플릭스 등(소위 FAANG 또는 MAGA).

시대의 화두는 『QR코드, 검색엔진, 온라인 뱅킹, 이커머스, SNS, 앱스토어, 스마트폰, 이 북, 클라우드, 로보틱스, 가상현실, 4차 산업혁명, 3D 프린팅, 스마트카(자율 주행), 퀀텀 컴퓨팅, 스마트시티, AI』등등이다.

2020년 1월~7월, 애플 등 빅5 주가가 37% 오를 때, S&P500의 나머지 495개 기업의 주가는 6% 하락했다. 엄청난 슬림화, 양극화다.

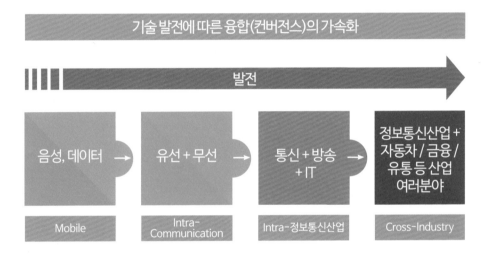

정보통신산업과 자동차, 금융, 유통 등이 빠르게 융합하는 시대로 변해가고 있다. 자동차, 금융, 유통 등이 IT와 결합하지 않으면 경쟁력을 상실하게 되는 시대가 되었다.

자동차는 이제 더 이상 기계, 장치만의 산업이 아니며, 자율 주행, 네트워크, 통신, 음악영상 콘텐츠, 내비게이션, 원격 서비스 산업이 돼 가고 있다.

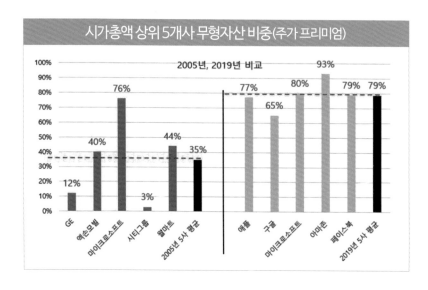

이동통신의 진화 과정					
	이동통신 시작 (1984~)	이동통신 대중화 (1996~)	영상통화, 인터넷 시작 (2003~)	스마트폰 대중화 (2011~)	5G 총연결 사회 (2020~)
단말기	벽돌폰	피처폰	스마트폰	스마트폰 태블릿 노트북	VR/AR IoT 스마트시티 자율주행
기술	1G 아날로그	2G CDMA	3G WCDMA	4G LTE	5G
서비스	음성	음성, 문자	멀티미디어, 음성, 문자	실시간 동영상, 멀티미디어, 음성, 문자	가상현실, 홀로그램, 사물인터넷
속도 (bps)		14.4~64K	144~2M	100M~1G	1G~20G

이동통신이 5G로 진화하면서 자율 주행, 스마트시티, IoT, VR/AR을 구현하는데 핵심 수단이 되어 가고 있다. 그런데, 이동통신 기업의 주가는 정체~하락이고, 이동통신을 거의 공짜로 이용하는 거대 공룡기업들의 주가는 폭등이다. 망 중립, 망을 사회적 공공재로 인식하는 정부의 정책 등으로 이동통신 기업은 엄청난 투자비용에 비해 수익성이 낮다.

AI, 4차 산업혁명시대에 주가에 대한 가치 평가는 주관적이면서 혼란한 상황이나, 핵심에 무형자산이 있다. FAANG, MAGA 기업의 무형자산 비중(측정이 어려우므로 사실상 주가 프리미엄에 가깝다)은 65%~93%에 이른다. 아마존이 93%, 마이크로소프트가 80%, 페이스북이 79%, 애플이 77%에 이른다. 반면 GE는 12%, CitiGroup은 3%에 불과하다. 무형자산의 가치(주관적, 시장의 프리미엄)에 따라 주가가 엄청나게 차별화되었다. 과도한 무형자산의 가치는 주가에 버블 논쟁을 일으켰다. 같은 규모의 이익을 내도 주식 시가 총액이 5배~10배 차이가 나고(PER로 측정), 같은 규모의 자산을 가지고 있어도 주식 시가 총액이 5배~10배 차이가 난다(PBR로 측정). 신성장산업에 엄청난 프리미엄을 주고 있는 것이다.

글로벌 브랜드 가치 순위(2019년 말)

순위	브랜드(회사)	산업	순위	브랜드(회사)	산업
1	애플	Technology	11	도요타	Automotive
2	구글	Technology	12	인텔	Technology
3	MS	Technology	13	나이키	Apparel
4	아마존	Technology	14	AT&T	Telecom
5	페이스북	Technology	15	시스코	Technology
6	코카콜라	Beverages	16	오라클	Technology
7	디즈니	Leisure	17	Verizon	Telecom
8	삼성	Technology	18	비자	Financial
9	루이뷔통	Luxury	19	월마트	Retail
10	맥도날드	Restaurant	20	GE	Diversified

글로벌 브랜드 가치 순위도 FAANG(페이스북, 애플, 아마존, 넷플릭스, 구글), MAGA(마이크로소프트, 애플, 구글, 아마존)가 점령하고 있다.

한국의 대표적 플랫폼 기업인 네이버와 카카오도 그림을 통해 살펴보자.

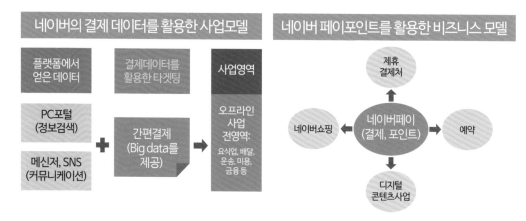

네이버는 네이버의 '메신저, 정보검색, 간편결제' 데이터를 이용하여 요식업, 배달, 운송, 미용, 금융 등 오프라인 사업에 진출했다. 네이버 페이 포인트를 통해 제휴 결제 처, 쇼핑, 예약 등 각종 사업에 진출하고 있다. 결국, 네이버라는 독점적 플랫폼을 통해서 온 국민의 활동 정보를 데이터 할 수 있고, 이를 통해 각종 사업을 할 수 있다. 제휴 결제, 쇼핑, 배달, 예약, 디지털 콘텐츠 등 무궁무진하다. PER 55배의 가치가 있다고(2020년 말 현재) 시장에서는 보는 것이다. 네이버의 경쟁자는 롯데쇼핑, 이마트, 신용카드회사, 광고회사, 은행, 증권사 등 거의 모든 분야의 기업체들이다.

카카오도 다르지 않다.

카카오톡이라는 거대한 플랫폼을 기반으로 기프트, 게임, 프랜즈, 페이지, 페이, 택시, 뮤직, 유료 콘텐츠, 뱅크, 광고 등 셀 수 없는 사업모델을 가지고 있다. 카카오가 할 수 있는 사업이 50여개라는 얘기도 있다. 향후 어떤 경쟁자가 나타날지, 수익성은 어떨지, 정부의 규제에서 자유로울지 카카오의 미래가 궁금하다. 사업이 커갈수록 리스크는 커질 것이다.

주식시장에서는 PER 79배로(2020년 말) 성장성을 아주 높게 보고 있다. 그런데, 이런 주가가 과연 적절한 것인지, 저평가 되어 있는 것인지, 버블인지, 알 수가 없다.

■ 시대의 트랜드에 뒤처지는 기업들

위의 사례들과는 반대로 최근 5년~10년 사이에 주가가 크게 떨어진 사례는 너무나 많다. 플랫폼, 4차 산업혁명, 무형자산, 바이오, 게임산업 등의 그늘이다. 철강, 화학, 조선 등 세계적인 제조업체, 소위 경기민감주가 대표적이다. 백화점, 도매업도 마찬가지로 시대의 흐름에서 도태되어 주가가 크게 하락하였고 여전히 하락이 진행 중이다. 표와 그림을 통해 이런 산업과 기업을 살펴보자.

유통산업의 발전		
	매체	특징
유통 1.0	화폐	직접 거래 활성화(시장, 수퍼마켓)
유통 2.0	유통기관	도소매 채널 확대로 거래비용 절감 (대형마트, 할인점)
유통 3.0 (현 단계)	인터넷, PC, 모바일	온라인 쇼핑, 모바일 쇼핑 활성화
유통 4.0	4차 산업혁명 기반 기술(AI, IoT, D&A, VR, AR 등)	초지능, 초실감, 초연결 유통 서비스 도입. 리테일테크 기반 유통환경 구현

정보 대칭화

거래비용 절감

롯데쇼핑, 이마트 등 오프라인 도소매업체는 경쟁자인 온라인쇼핑에 밀려 매출이 줄고, 수익성도 크게 하락하였다. 유통 2.0시대에 머물러 있다. 그래서, 주가도 크게 떨어졌다. 백화점과 마트에 가서 물건을 사고, 식료품을 사는 시대는 점점 저물고 있다. 휴대폰만 누르면 밤 11시에 식료품을 주문하고 새벽에 배송을 받는다. 유통 3.0시대다. 배송비도 무료이고 물건의 품질도 좋고 제품도 다양하다. 쿠팡, 마켓컬리, TV 홈쇼핑, 해외직구 이제 다 보편화된 시대이다. 누구나 집에서 무엇이든 주문만 하면 된다.

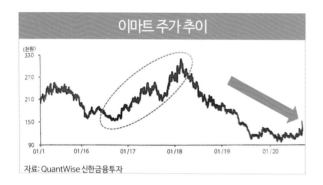

롯데마트, 롯데슈퍼는 적자 점포가 증가하여 대규모 구조조정에 들어갔다. 오프라인의 온라인으로의 대체는 산업 전분야에서 추세적으로 나타나고 있다. 오프라인 쇼핑 기업은 존폐의 기로에 서 있다. 졸면 죽는다. 참고로 전자상거래(온라인) 매출 비중, 중국이 압도적으로 1위이고, 한국도 3위로 굉장히 높은 수준이다.

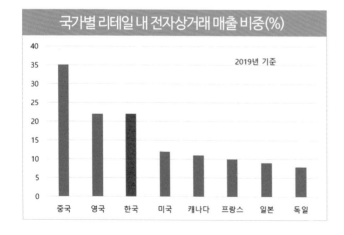

양이 있으면 음이 있다. 『미국 주식, 4차 산업 주식, 온라인화 관련 주식, 바이오 주식, 성장 주식』의 그늘에는 『신흥국 주식, 전통적인 경기 민감 주식(자동차, 철강, 조선, 화학 건설 등), 오프라인 산업 주식(호텔, 여행, 관광레저 등), 가치주 주식(은행, 소매, 에너지 등)의 철저한 소외, 철저한 양극화가 있었다. 이런 군에 속해 있는 주식들을 총괄하여 가치주로 부르기도 하는데, 실적이 안 좋아 떨어지기도 하지만, 실적이 좋아도 주가는 전혀 올라가지 못하고 있다. 2017년~2020년, 미국 성장주는 폭등을 했고, 가치주는 거북이 걸음을 했다. 한국도 마찬가지다.

■ 어떤 주식을 사야 하는가?

가치 투자의 시대는 끝났는가?

가치 투자 시대가 끝난 게 아니라 가치 투자의 기준이 변한 것인가?

가치 투자란 무엇인가?

통상 가치 투자란 '수익성, 자산 가치에 비해 저평가 되어 있는 주식을 기업을 싼 값에 사는 것', '고품질 상품에 할인표가 붙은 것을 사는 것(워런 버핏)'으로 말하여 왔다. 하지만, 2017~2020년까지 전세계적인 성장주의 폭등으로 PER, PBR 투자는 거의 무용지물이 되어 버렸다. PER, PBR이 낮은 기업은 저평가 기업이 아니라, 성장성이 없고 시대정신에 뒤떨어진 기업, 그냥 계속 주가가 지지부진한 기업이 되어버렸다.

그렇다면, 브랜드가치, 시장 지배력, 소프트웨어 기술 역량, ESG(환경, 사회, 지배구조)등급 등 가치를 계산하기 어려운 무형자산의 가치가 진정한 가치인가? 무형자산을 어떻게 수치화 할 수 있는가? 수치화가 어렵다면 어떤 기준으로 투자를 해야 하는가? 아마존, 테슬라, 네이버, 카카오는 어디까지 올라갈 것인가? Citi그룹, 신한지주, POSCO는 계속 하락만 할 것인가? LG화학, 삼성SDI는 전기차 시대에 초고성장을 지속할 것인가? 삼성전자는 영원히 한국의 1등 기업으로 남을 것인가?

세상은 변하고 산업도 변하고 기업들도 떠오르고 진다.

주식은 항상 어렵다. 위험하지만 보상이 있다. 종목 선정이 어려우면, 분산하고,

인덱스(지수)에 투자하고, 과거 성과가 좋았고 펀드매니저가 우수한 펀드에 투자하면 된다.

돈이 은행에서 잠들게 해서는 안 된다.

질문 6: 시대에 따라 유행하는 주식들은 초기에 안 사면 사기가 두렵다. 과거 10배~20배 오른 테마주, 유행주, 트랜드 주식들 폭락해서 1/10이 되거나, 부도나서 상장폐지 되는 경우도 많았다. 그래도 그런 주식들 사야 하나?

답변 6: 과감한 결단, 유연함 이외 방법이 없다. 적당한 때 사서(싸게 사서), 적당한 때 빠져나와라 (비싸게 팔아라). 그리고 쳐다보지도 말아라. 계속 오르는 주식도 있고, 버블 붕괴로 박살나는 주식도 있을 것이다.

닷컴 버블 시기인 2000년, 2002년 사이에 나스닥 주가 78% 하락(5,048p →1,114p), 코스닥 주가 83% 하락했다(2,834p → 486p). 상상을 초월한 어마어마한 상승이 있었고, 상상을 초월한 하락, 붕괴가 있었다. 손을 털고 나니, 사기꾼, 창업 대주주, 일부 큰손들만 큰 부자가 되었고, 개인 투자자들은 엄청난 손실을 보았다.

2020년 말 현재, 빅테크 버블에 대한 치열한 논쟁이 있다. 정답은 없다. 논쟁은 대충 다음과 같다.

● 버블이 아니라는 근거(다수 의견): 2019~2020년 주가 상승을 주도하는 빅테크 기업들은 우량한 기업이다. 미국의 FAANG, MAGA 기업인 페이스북, 아마존, 애플, 넷플릭스, 구글, 마이크로소프트가 대표적인 기업들이다. 한국도 BBIG(바이오, 밧데리, 인터넷, 게임) 기업인 삼성바이오로직스, LG화학, 네이버, 카카오, 엔씨소프트가 대표적 빅테크 기업들이다. 시장 지배력과 수익이 장기간 입증되었다. 조정은 있어도 붕괴는 없다. 경제구조가 근본적으로 빅테크 중심으로 변화하고 있다.

● 버블이라는 근거(소수 의견): 2000년 닷컴 버블도 2020년 빅테크 버블도 온라인 개미가 주도했다. 주가가 PER, PBR을 보면 말도 못하게 고평가되어 있다. 미국GDP 대비 미국 증시 시가총액이 사상 최고치로 닷컴 버블 때 수치보다 높다. 6대 IT기업의 시가총액 비중도 사상 최고치다. 주가가 도저히 설명이 안 되는 개별 종목들도 많다.

질문 7: 장기 투자하면 수익률이 좋은가?
답변 7: 아니다.

주식은 역시 타이밍이다. 비싸게 사서 장기투자해도 손실이 날 수 있다. 망가져 가거나, 시대의 트랜드에 뒤처지는 기업에 장기투자 하면 거덜난다. 제로가 되는 경우도 많다. 계속 성장하는 기업, 주가가 올라가는 기업은 생각보다 많지 않다. 심지어는 IMF 금융위기 같은 충격적인 이벤트가 발생하면 20~30%의 기업체가 부도가 나거나 99% 감자를 해서 원금이 사실상 제로가 되는 일도 발생한다.

개별 종목이 아니고 지수(인덱스)에 장기투자 하는 것은 맞기도 하고 틀리기도 한다. 이 역시 저가에 사는 타이밍이 중요하고, 어느 나라 주가지수를 사느냐가 중요하다.
미국의 S&P500, 다우, 나스닥을 20년 투자했으면 대박이 났다. 어떤 시기에 샀더라도, 즉 조금 비싸게 샀더라도 20년 이상 투자했으면 다 큰 수익이 났다. 어느 시기를 끊어서 봐도 큰 수익이 났다.
반면, 한국, 일본, 중국, 유럽 주가지수 인덱스에 장기 투자했다면 큰 수익이 나지 않았고, 투자시기에 따라 이익도 나고 손실도 났다.
장기적으로 보면 인덱스 투자가 개별 종목을 사고 팔고 하는 것보다 수익률이 훨씬 낫다. 간접투자인 펀드도 장기적으로는 인덱스 펀드가 일반 펀드보다 수익률이 훨씬 낫다. 한국이나 미국이나 증명이 되었다.

주식투자는 종목에 따라, 상황에 따라 천차만별이겠지만, 군이 얘기하자면 장기투자로 5년, 10년 가지고 있는 것보다 2~3년 정도를 1번의 주기로 보고 교체매매를 검토하고 일부 실행하는 것이 좋을 것 같다. 매일 사고 팔고, 1주일에 한 번 정도 사고 파는 매매는 백전백패다. 국내 일부 투자자들이 코스닥 시장에 불나방처럼 들어가 한 달에도 수차례 매매를 하는데 그 끝은 거의 다 좋지 않다. 너무 민감해도 망하고(단타), 너무 둔감하거나 무관심해도 망한다.(10년간 방치 또는 무작정 장기투자)

질문 8: 해외 주식 비중은 어느 정도가 좋은가?
답변 8: 50%가 좋다.

해외는 미국, 중국, 일본, 유럽, 신흥국 등 수십 개의 나라가 있지만, 주로 미국에 중점을 두고 달러도 오픈 하는게 바람직하다. 미국은 140여 년의 증권시장 역사가 있고, 우 상향이며, 세계 제1의 초경제 대국이고, 주식 종목이 다양하고, 달러는 기축통화다. 코로나19 이후 미국이 너무나 많은 돈을 찍어내 달러화의 가치에 대한 우려가 있으나 달러화가 기축통화의 위치를 상실할 가능성은 극히 낮아 보인다.

질문 9: 직접투자, 간접투자 어떤 것이 좋은가?
답변 9: ETF 직접투자를 추천한다. 인덱스나 특정 섹터에 투자하자.
ETF에 대한 자세한 설명은 뒤에 하겠다.

개별 종목 직접투자는 가장 빨리 돈을 벌 수 있는 방법이나, 가장 빨리 돈을 잃을 수도 있는 방법이며, 스트레스 또한 가장 크다. 평범한 사람에게는 추천하고 싶지 않다.

펀드나 랩 등 간접투자 방식도 괜찮다. 사모보다는 공모가 더 투명하고 안정적이다. 상품이 수백 가지가 있어 고르는 것이 어렵다. 간접투자의 성과는 전적으로 운용역의 능력에 좌우된다. 소위 전문가에게 일임하는 것이기 때문이다. 운용역의 과거 운용 실적과 명성과 운용철학, 해당 펀드의 운용성과(Track-Record)와 운용 계획, 운용사와 판매사의 규모, 신뢰도 등 검토할 것이 많다. 조금 공격적이라면 랩 투자도 괜찮다. 실시간으로 투자종목을 알 수 있고, 적은 비용으로 해지도 자유롭게 할 수 있다. 증권사에서 운용하는 랩이 있고, 자문사에서 운용하는 랩이 있다. 통상 자문사들이 훨씬 공격적이다.

1억을 주식투자 한다면, 5천만원은 직접운용 하되 ETF를 인덱스(코스피, S&P500, 상해종합지수 등)와 섹터(4차 신업주, 바이오주 등)에 투자하고, 나머지 5천만원은 간접투자를 하면 어떨까?

■ 질문 10 : 주식이지만 은행 금리 2배 정도 나올 가능성이 높으면서 위험은 거의 없는 주식은 있는가?

■ 답변 10 : 없다. 비슷한 것은 찾을 수 있으나 주식의 본질 상 가격 하락 위험에 노출되어 있다.

『리츠(뒤에 별도로 상세 언급), 인프라펀드, 고배당주, 이런 종류의 ETF』가 배당 자체로는 은행 금리의 2배 이상 나온다. 세후 4% 정도 수준이다. 은퇴 후 노후자금 투자로 적당하다. 그러나, 주식가격 하락 위험에 노출되어 있다. 상기 상품들도 개별 종목보다는 ETF가 훨씬 안정적이다. 추천 상품은 주식과 채권 다 포함하여 아래 표와 같다.

상품	MLP	미국 우선주	이머징 채권	하이 일드	미국 REITs	글로벌 REITs	회사채	미국 배당주
ETF 코드	AMLP	PFF	EMB	HYG	VNQ	VNQI	LQD	VYM

*MLP: Master Limited Partnerships. 미국의 에너지 운송 인프라 기업에 투자하는 펀드.
주로 셰일가스, 원유 파이프라인 사업에 투자하며 정부에서 세제 혜택 부여. 배당 수익이 높고 안정적.

국내 상장기업 중에서도 연 시가배당 3% 이상을 주는(2020. 10월 현재) 대형주들이 여럿 있다. 주식 차익까지 가능하다. 하지만, 주가 하락 위험에 많이 노출되어 있어서 안정적으로 금리 2배를 추구하는 목적에는 맞지 않다. 또한, 실적에 따라 배당이 축소될 수도 있고, 주식 상승기에 잘 오르지 않는 경향도 있다. 종목을 몇 개 예시하면.

SK텔레콤, 현대차, POSCO, 신한지주, KB금융, 하나금융지주, BNK금융지주, JB금융지주, DGB 금융지주, 다수의 증권주, 삼성화재, 삼성카드, 현대해상, GS홈쇼핑, 오리온홀딩스, 휴켐스, 롯데 하이마트, 한국토지신탁, 효성, 한전KPS, 롯데캐피탈, 웅진코웨이, 롯데쇼핑, KCC, 한국쉘석유, 현대중공업지주 등이다.

주식투자 시 유의할 점

확실한 주식투자 성공원칙 없다	인내? 통찰력? PER? 매출액증가율? 정보? 인덱스 장기투자? 나스닥? 버핏?
우량주 장기투자, 거짓에 가깝다	우량주가 어떤 주식이냐? 삼성전자, POSCO, KT, SK텔레콤, 네이버, 카카오?
분산투자가 꼭 좋은 것은 아니다	몰빵투자가 필요할 때도 있다. 통상 제대로 된 분산투자가 더 낫긴 하다.
과거의 데이터를 맹신 마라	과거 데이터는 투자의 힌트만 얻는데 활용하라. 주식의 역사는 반복되지 않는다.
사적으로 일임하지 마라	잘한다는 사람에게 일임하면 거의 다 실패한다. 펀드, 랩 등 간접투자는 괜찮다.
High Risk High Return	High Risk High Return, Low Risk Low Return. No Free Lunch!

상기 사항에 유의하면서, 그래도 주식투자는 해야 한다. 질문 1이 '주식을 해야 하는가?'였다. 초 저금리 시대에 기대수익률이 높은 주식에 자산의 일정 비중을 투자해야 자산이 증식되고, 노후 준비를 현명하게 할 수 있다.

늦기 전에 돈 공부좀 하시죠

질문 12: 주식 차익에 대해서도 과세를 한다는데 어떻게 하나?

대주주 양도 차익 과세	
개념	대주주 주식차익에 대해 과세
대주주 요건	종목별 10억원(매년 말 종가 기준)
	■ 가족 합산(배우자, 자, 손자, 부,모, 조부, 조모, 외조부, 외조모) ■ 연말 기준. 연중에는 초과해도 상관 없음 ■ 4.1일 이후 매매분부터 과세: 1.1~3.31일 처분 시 비과세 ■ 과거: 100억 → 50억 → 25억 → 15억 → 10억(현재) ■ 2021년 매매분부터 '3억, 가족 합산 배제' 예정됐으나 유보
세율	차익 3억까지 22%, 3억 초과 시 27.5%. ※ 단, 보유 1년이내 매도시 일괄 33%

♣요건: 10억원 초과!
♣세율: 이익 3억까지 22%,
　　　 3억 초과 27.5%

세율 동일
(22%, 27.5%)
5천만원 차감
과거 5년
손실차감

일반주주 양도차익과세	
개념	일반 주주들도 2023년 매매분부터 주식차익 과세 ※ 손익 계산: 계좌, 펀드 합산. 과거 5년간 손실 차감 ※ 대주주 양도차익 과세와 완전 별개
세율	차익 3억까지 22%, 3억 초과 시 27.5% 단, 차익 5천만원까지는 공제(세금 없음)

3 리츠

1) 개념

■ REITs. Real Estate Investment Trusts의 약자. 부동산투자신탁이라는 뜻.

소액투자자들의 자금을 모아 부동산에 투자, 수익을 배당하는 부동산 간접투자 상품이다. 본질은 부동산이고, 포장은 주식이다.

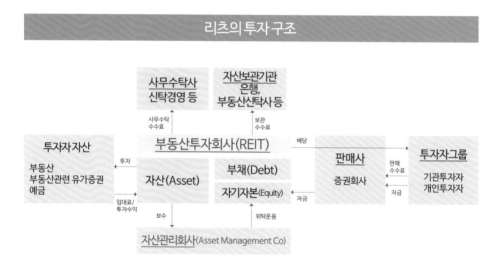

리츠의 투자 구조

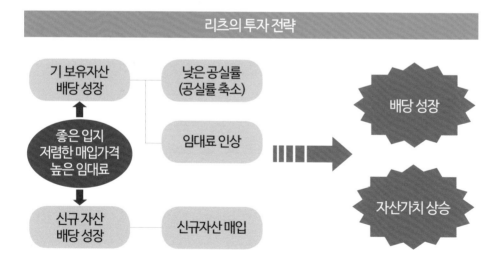

리츠의 투자 전략

■ 투자처는

① 임대(사무실, 상가, 호텔, 헬스케어, 다가구주택, 주유소, 물류센터,

　통신셀타워, 데이터센터 등 다양)

② 개발사업

③ 부동산 관련 유가증권(모기지 채권 등) 등이다

■ 장점은

① 높은 수익률: 5~7% 수준의 장기적, 안정적 수익률(중위험중수익)

② 상시 현금화 가능: 주식으로 상장되어 있어 언제든 팔아 현금화할 수 있다

③ 관리 용이: 전문기관인 자산관리회사에서 운용을 맡아 모든 관리를 전부 대신해 준다.

　개인이 계약서를 쓰고, 임차인을 찾고, 갱신하고, 수리보수하고, 세금 내고 하는 모든 것을

　자산관리회사에서 적은 비용으로 해 준다

④ 투명: 국토교통부에서 정기적으로 관리, 감독하며, 분기 및 연간 재무보고서 공시의무가 있다

⑤ 투자위험이 낮다: 자산관리회사의 전문가들이 전문성을 가지고 수익성, 안전성 등을 평가 후

　부동산을 매수한다. 따라서, 일반적으로 개인이 직접 매입하는 것보다 투자위험이 낮다

■ 단점(위험)은

① 주식가격 하락 위험: 매도 시 손실 발생할 수 있다

② 배당수익률 저하 위험: 공실, 연체, 임대료 하락 발생할 수 있다

③ 투자원금 손실 위험: 청산 시 부동산 가치 하락할 수 있다

※투자위험이 개별 주식 투자보다 낮긴 해도 확정금리 상품이 아니기 때문에 리츠를 잘 골라야 한다

■ 왜 리츠인가?

임대 상가를 소유해서 임대 소득으로 안정적 노후생활을 하는 것이 샐러리맨들의 꿈이다. 그런데,

상가를 직접 사는 것은 『너무 큰돈이 들어간다, 공실 위험도 크다, 연체 위험도 있다, 전반적 관리나

유지 보수도 힘들다, 각종 세금관리도 번거롭다, 상가 가격 하락 위험도 있다』. 즉, 고르기도 관리하

기도 수익률 내기도 어렵다. 잘못 사면 상가 때문에 경제적으로 불안한 노후가 될 수도 있다. 골치덩어리가 될 수도 있다. 생각을 바꿔보자. 리츠도 건물주다, 상가주다. 수백 명이 돈을 모아 전문가를 통해 건물을 사고 관리를 맡기고 안정적으로 세전 5~7%의 임대료를 받는다. 임대 사업자와 다를 바 없다. 편하다. 건물 가치가 오르면 주가에 반영되고, 주주총회를 통해 팔 수도 있다. 1% 초 저금리 시대, 월급을 대체할 수 있는 인컴형 은퇴 자산관리 수단이다.

■ 국내외 시장 규모

출처: 블룸버그 (단위: 조 원) 2019. 6월말(한국은 2020. 12월말)

구분	미국	캐나다	호주	일본	싱가포르	한국
시가총액	1,578조 원	70조 원	119조 원	160조 원	76조 원	4조 원
상장리츠 수	248개	42개	56개	63개	36개	10개
도입 시기	1960년	1993년	1971년	2000년	2002년	2018년

국내시장은 기업구조조정 리츠나 소규모 사모리츠를 제외하고, 실질적으로 일반공모 형태로 대중화된 리츠를 도입한 것은 2018년 8월 신한알파리츠가 처음이다. 이제 도입 초기 단계이나, 초저금리와 은퇴자의 증가로 수요가 증가하여, 시장이 크게 성장할 것으로 예상된다.

■ 좋은 리츠의 조건

부동산을 사는 것과 마찬가지로 리츠를 잘 골라야 한다. 잘못 골랐다 싶으면(매수), 팔 수도 있지만(매도) 주식이니까 손실이 날 가능성이 높다.

좋은 리츠의 조건	
수익성	우량한 임차인
	높은 임대료
	긴 임대 기간
	좋은 위치(공실 위험 낮고 매도시 차익 발생 가능)
성장성	지속적으로 새로운 자산(부동산) 편입(증자, 차입 등)
	능력 있는 리츠운용 회사(신한리츠운용, 이지스자산운용 등)
유동성	거래량이 많아야

■ 투자하는 방법

① 공모주 청약(국내 리츠): 인기가 많은 종목은 경쟁률이 높아 원하는 배정물량을 확보 못할 수 있다

② 주식시장에서 매수: 이미 상장되어 있는 국내외 리츠 주식을 매수. 개별 종목 또는 ETF

　　※ 해외 리츠: 미국, 캐나다, 싱가포르, 일본, 호주 등 투자국가도 다양. 증권회사 통해 일반 주식

　　　　처럼 쉽게 매매 가능. 위험분산을 위해 해외리츠ETF를 매수하는 것이 바람직하다. 국내상장

　　　　해외리츠ETF는 대부분 환헷지가 되어 있고, 해외상장 해외 리츠ETF는 환노출이 되어 있다.

③ 펀드 가입

■ 어떤 사람에게 적합한가?

주식투자는 불안하고 예금은 불만족스러운 투자자에게 적합하다.

특히, 고령화 시대에 부동산을 사서 전문가가 관리해 주고 매년 5~7%의 배당(임대료)을 연금처럼

받기를 원한다면, 리츠에 투자하자!!

원금 손실 위험도 있으나 분산투자하고 잘 고르면(주택이나 상가 투자할 때처럼 꼼꼼히 골라야),

원금 손실 가능성보다 오히려 원금 상승도 기대할 수 있다(주가에 일희일비 해서는 안 된다. 주식시

세차익보다는 배당 위주로 장기 투자해야 함).

■ 해외상장 리츠에 투자하는 방법

해외상장 리츠 투자 방법	
방법 1	증권사 통해 해외주식 <u>직접 매매</u>(개별종목, ETF) (모바일, HTS, 전화)
■ 주요국	미국, 캐나다, 싱가포르, 호주, 일본
■ 대표주식	• VNQ US(Ticker 명): 뱅가드에서 운용. <u>189개 미국 상장리츠에 분산투자,</u> <u>규모가 가장 크다.</u> 상업용 부동산이 약 60%. 운용보수 0.12%로 아주 낮다. 분기마다 달러로 지급. 2019. 3분기 시가배당률 3.83%
■ 검토할 사항	기초자산(임차인, 향후 자산가치 상승 가능성), 장기간 배당률, 주식시세 추이, 환율 수준
방법 2	○<u>펀드에 투자</u> ○펀드명: 삼성J-REITs펀드(설정액 2019. 10. 10일 288억 원), 　　　　하나UBS글로벌리츠펀드(316억), 한화글로벌리츠펀드(244억) ○규모가 너무 작은 것 단점

2) 리츠는 안정적인 상품인가?

그렇지 않다.

위에서 언급한 것처럼 장점과 함께 단점(위험)도 꽤 많은 상품이다.

코로나19 발생으로 호텔, 상가 등이 문을 닫거나, 열었더라도 수익성이 급격히 떨어졌는데 배당은 잘 주는가? 주가는 괜찮나? (배당 하락 위험, 주가 하락 위험) 이것을 점검해야 한다.

호텔, 상가 등을 기초자산으로 하는 미국의 리츠는 코로나19로 배당률이 축소되고 주가도 많이 떨어졌다. 미국 주가가 2020. 3월 급락할 때 리츠 주가는 지수보다 오히려 상당히 더 하락하였다. 일본도 지수보다 더 떨어졌고, 싱가포르는 지수보다 덜 떨어졌다. 한국은 상장리츠가 몇 개 안되 아직은 지수 급락 시 지수와 리츠 주식의 가격 상관관계를 알 수 없다.

아래 그래프는 미국의 리츠 주식이 코로나19로 2020. 3월 폭락 후, 2020. 10월 말 현재 리츠의 섹터(종류)별로 낙폭 회복률을 보여주는 그래프이다.

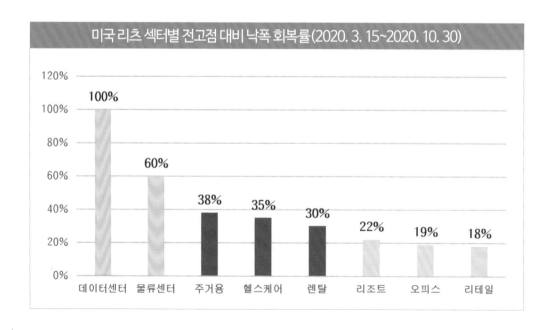

미국 리츠 섹터별 전고점 대비 낙폭 회복률(2020. 3. 15~2020. 10. 30)

주가가 많이 떨어진 상태에서, 회복을 못하고 여전히 헤매고 있다. 100% 회복된 것은 데이터 센터 리츠 뿐이다. 오피스, 리테일은 하락폭의 20%도 회복하지 못했다. 배당이 축소되고, 자산의 매도 (exit)도 잘되지 않기 때문이다. 물론, FAANG 등 빅테크 기업들의 성장 광풍에 소외된 측면도 있다. 주가가 단기간에 2배도 오르는데 연 4~5% 배당은 매력이 없다고 생각하는 것이다. 현시점에서 리츠내에서는 상대적으로 데이터 센터, 물류가 나은 편이고 리테일, 오피스는 아주 좋지 않다.

국내 상장 리츠는 조금 다르다. 코로나19 이후에도 배당은 전혀 축소되지 않고, 대부분 목표 수준의 배당을 하였다. 주로 사무실 리츠가 많고 임차인이 초 우량 기업이며, 상가(리테일)도 우량 임차인과 장기계약을 맺고 있기 때문이다. 그러나, 주가는 2020년 1년 내내 약 보합세였다. 10개 상장 리츠가 공모가 5천원 내외에서 큰 변동이 없었다. 신한알파리츠만 공모가보다 의미 있게 높게 가격이 형성되었고, NH프라임리츠는 4천원~4천 5백원 정도의 주가로 공모가 대비 10~20% 하락한 상태로 장기간 머물러 있다. 나머지 리츠는 5천원 내외다. 주가지수가 사상 최고치를 경신하며 강세를 보인 것에 비하면, 상대적으로 굉장히 저조한 수익률을 보였다. 주식시장이 강세이면, 일반투자자들은 리츠 같은 중위험 중수익 상품에 전혀 관심을 보이지 않는다. 당연하다. 30~40% 수익률을 목표로 주식투자를 하고 시장이 강세인데, 답답하게 수익률 6% 내외의 주식에 누가 장기간 묻어두려 하겠는가?

여러 번 강조하지만, 리츠는 본질이 부동산이므로 좋은 부동산인지 내용을 잘 봐야 하며, 자산 추가 매입을 통해 지속 성장을 추구하는지 또한 잘 봐야 한다.
결론적으로, 배당 축소 위험, 주가 하락 위험은 있지만, 적어도 한국의 경우 현재 상장된 리츠는 기초자산과 임차인이 우량하여 은행 예금보다는 훨씬 경쟁력이 있다. 주가 하락 위험, 다른 주식에 비해 수익률이 저조할 가능성이 있지만, 리츠는 투자 목적 자체가 다르다. 장기적으로 5~6% 정도의 배당수익률을 목적으로 하는 안정적 투자가 목적이다. 중위험 중수익이 목적이다. 뒤에서 국내 상장된 개별 리츠 종목에 대해 조금 더 자세히 살펴보겠다.

3) 해외리츠

(1) 미국리츠

- 부동산 가격과 상관관계가 0.91(아주 높다)

- 글로벌 상장 리츠 인덱스에서 미국 비중 65%. 248개 종목, 약 1,578조 시가총액(2019. 7월말)

- 2018년 배당수익률 <u>4.1%</u>. S&P 배당률 1.9%

- 분기 지급식이 많아 몇 개 잘 구성하면 월 지급식처럼 받을 수 있다

- 종류 다양: 오피스, 물류센터, 산업용, 리테일, 호텔, 주거시설, 데이터 센터, 감옥, 대학 기숙사, 헬스케어 등

- 미국 최대연기금인 캘퍼스 포트폴리오의 8~13%가 상장리츠. 8,000만 명 이상의 개인연금 (401K) 자금들도 리츠에 많이 투자

- 미국 S&P500과 NAREIT All Equity(리츠지수)의 <u>최근 15년간(2005~2019년)</u> 연도별 수익률을 보면 비슷한 수준(그래프 참조). 최근 리츠 수익률 상대적 약세

  ☞ <u>S&P500 10.5%, NAREIT(리츠) 10.2%</u>

  ☞ 최근 5년간:S&P500 12.5% 〉NAREIT 9.0%

- 리츠내 차별화 심화

  ① 이커머스(온라인화)의 발달로 리테일 리츠와 물류센터 리츠 수익률 차별화

  ② 주가 수익률:

종류	2017년	2019년
리테일 리츠	-9.07%	-9.64%
오피스 리츠		-17.36%
물류센터 리츠	+16.95%	-5.50%

  ③ COVID-19 이후 차별화 심화: <u>모기지, 호텔, 리조트, 리테일(상가, 쇼핑센터 등), 헬스케어, 오피스 리츠 순으로 하락폭이 크고 통신 셀타워, 데이터 센터, 물류센터 강세</u>

- 2020. 2. 23~3. 23일 COVID-19로 인한 미증시 급락 시 리츠주가 평균 -41%(S&P500 -34%).

회복도 S&P보다 더딤. 한국도 비슷한 현상(리츠 약세, 성장주 초강세). <u>리츠가 꼭 안전자산인 것은</u> <u>아니다.</u> 리츠는 간접투자지만 결국 부동산에 투자하는 것이다.

● 배당률, 주식시세, 환율을 검토하고 투자하자

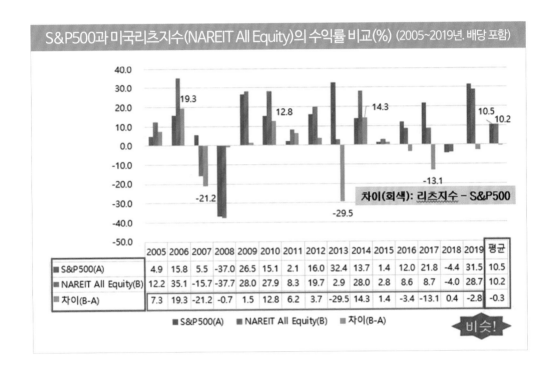

S&P500과 미국리츠지수(NAREIT All Equity)의 수익률 비교(%) (2005~2019년. 배당 포함)

차이(회색): 리츠지수 – S&P500

	2005	2006	2007	2008	2009	2010	2011	2012	2013	2014	2015	2016	2017	2018	2019	평균
■ S&P500(A)	4.9	15.8	5.5	-37.0	26.5	15.1	2.1	16.0	32.4	13.7	1.4	12.0	21.8	-4.4	31.5	10.5
■ NAREIT All Equity(B)	12.2	35.1	-15.7	-37.7	28.0	27.9	8.3	19.7	2.9	28.0	2.8	8.6	8.7	-4.0	28.7	10.2
■ 차이(B-A)	7.3	19.3	-21.2	-0.7	1.5	12.8	6.2	3.7	-29.5	14.3	1.4	-3.4	-13.1	0.4	-2.8	-0.3

■ S&P500(A) ■ NAREIT All Equity(B) ■ 차이(B-A)

비슷!

(2) 일본 리츠

● 상장 63개, 160조 원(2019. 6월 말)

● 미국은 이커머스가 빠르게 성장하면서 리테일 리츠가 고전하고 있으나, 일본은 대형 리츠 시총 2018년 4% 상승, 견조한 흐름. 외곽 쇼핑몰 매각, 도심몰 매수 전략 성공

(3) 싱가포르

● 상장 36개, 76조 원(2019. 6월 말)

● 2008~2018년까지 연평균 22% 성장

● 주식시장 내 시가총액 비중이 10%를 상회

- 리츠 자산 총액의 25%를 해외자산에 투자

- 산업용 시설(항만, 물류센터 등) 비중이 26%로 가장 높다. 오피스 24%, 리테일 23%

(4) 호주

- 상장 56개, 119조 원(2019. 6월 말)

- 호주 GDP의 11.5%가 부동산 산업

- 증시에서의 리츠 비중이 8.4%(2018년 말 기준). 퇴직연금 자산 배분도 3%가 리츠

(5) 국가별 리츠 종목 몇가지 예시: 2019. 9월 말 현재

국가	종목	시가총액	주요 투자처	2020년 연 시가배당률
미국	프로로지스 (Prologis, PLD)	79조 원	· 세계 물류센터 · 미국, 유럽, 아시아 등 · 임대율 97%	2.41% 분기 배당
미국	리얼티 인컴 (Realty Income)	24조 원	· 리테일 · 편의점, 약국, 영화관, 음식점 등 5,800여 개 · 임대율 98%	4.65% 월 배당
미국	아메리칸타워 (AMT)	112조 원	· 통신시설 · 미국 포함 전세계 17만개 통신시설에 투자. 통신 설비기기 임대	2.24% 분기 배당 · 주가상승으로 시가 배당률 크게 하락 (성장성 높게 평가)
미국	에퀴닉스 (EQIX)	69조 원	· 데이터센터 임대전문 · 미국 포함 200여 개 아마존, 마이크로소프트, 버라이즌, AT&T 등	1.51% 분기 배당 · 성장성 높게 평가
미국	글로벌 네트 리스(GNL)	2조 원	· 세일즈 엔 리스백 · 건물매도자와 바로 월세계약을 맺고 임대 · 미국, 유럽 300여 개 부동산 · 임대율 99%	9.55% 분기 배당 · 배당률 변동성이 클듯
미국	벤티스	29조 원	· 요양시설, 의료연구 시설 · 전세계 1,200여 개	4.37% 분기 배당
미국	아메리칸 캠 퍼스 커뮤니 티스(ACC)	7조 원	· 미국68개대학 기숙사 · 안정적 · 입주율 98%	4.43% 분기 배당
미국	보스턴 프로 퍼티스(BXP)	16조 원	· 오피스 빌딩 · 미국 주요도시에 193개 건물 · 임대율 93%	4.23% 분기 배당

미국	알렉산드리아 리얼 에스테이트 이쿼티(ARE)	26조 원	· 오피스 빌딩 · 보스턴, 샌프란시스코, 뉴욕 등 · 임대율 96%	2.51%
미국	이쿼티 레지 덴셜(EQR)	24조 원	· 다가구주택(아파트) · 55%가 도심. 로스앤젤레스, 샌프란시스코, 뉴욕 등	4.22%
미국	메디컬 프로 퍼티즈 트러 스트(MPW)	13조 원	· 헬스케어 · 병원 장기 임대 미국 65%, 영국 15%, 독일 7%, 호주, 스위스, 스페인 등	4.98% 분기 배당
캐나다	리오켄리츠	8조 원	· 리테일(상업용) · 교외 매도, 도심 중심가 매입(비중 88%)	5~7%
캐나다	CAPREIT	8조 원	주요도시 임대주택	2.44% 월 배당
캐나다	차트웰	3조 원	· 헬스케어(시니어임대주택) · 캐나다 25,000여 개 시설	4.07% 분기 배당
일본	니폰빌딩	13조 원	· 일본 오피스 빌딩 · 72개 건물. 90%가 도쿄 · 입주율 99%	2.52% 반기 배당
일본	케네딕스 오피스	4조 원	· 일본 중소형 오피스 빌딩 · 97개 건물 82%가 도쿄 · 입주율 99%	3.17% 반기 배당
일본	MCUBS 미드시티	2조 원	· 일본 오피스 빌딩 도쿄, 오사카, 나고야에 · 97% 보유 · 입주율 99%	4.37% 반기 배당
일본	어드벤스 레지던스	5조 원	· 주거용 임대주택 · 도쿄 71% 비중 · 오사카, 나고야, 삿포로 등 · 1인 주택 비중 57% · 92%가 역세권	3.00% 반기 배당
일본	JRF	7조 원	· 일본 리테일 · 101개 부동산 보유 · 도쿄 50%, 오사카 40% · 임대율 99%	3.86% 반기 배당
일본	재팬호텔리츠	4조 원	· 일본내 42개 호텔 · 도쿄, 칸토, 오키나와, 오사카 등	4.75% 연1회 배당
일본	JLF	3조 원	· 일본 내 49개 물류창고 · 임대율 99%	4.18% 반기 배당
싱가포르	CMT (캐피탈랜드 몰 트러스트)	8조 원	· 리테일 · 싱가포르내 15개 자산 · 래플스시티가 대표자산(호텔, 오피스, 쇼핑몰 복합) 임대율 98%	

싱가포르	CCT(캐피탈 랜드 커머셜 트러스트)		· 오피스 · 대표자산: 캐피탈타워	
싱가포르	선텍리츠		· 오피스와 리테일 · 대표자산: 선텍시티	
싱가포르	케펠 퍼시픽 오크 US리츠		· 미국 테크시티(시애틀, 새크라멘토, 덴버, 오스틴, 휴스턴, 애틀랜타, 올란드 등)에 집중 투자	
싱가포르	MLT(메이플 트리 로지스틱 스 트러스트)	5조 원	· 물류센터 · 싱가포르 52개, 홍콩 9개, 일본 20개, 호주 10개, 한국 12개, 중국 20개, 말레이시아 14개, 베트남 5개 등 물류센터 보유 · 임대율 98%	
싱가포르	아센다스 리츠		· 산업용 시설 · 비즈니스&사이언스 파크 33%, 데이터센터 20%, 물류센터 29% · 보유자산 171개 · 싱가포르 98개, 호주 35개, 영국 38개 · 임대율 92%	
싱가포르	케펠 DC 리츠		· 싱가포르 유일의 데이터센터 리츠 · 16개 자산 · 싱가포르 4개, 호주 4개, 아일랜드 2개, 네덜란드 1개, 독일 1개, 영국 2개, 이탈리아 1개, 말레이지아 1개 · 임대율 93%	
싱가포르	애스콧 레지던스 트러스트	2조 원	· 전세계 호텔에 투자 · 전세계 14개국, 37개 도시에 74개 자산 보유 싱가포르, 호주, 벨기에, 중국, 프랑스, 독일, 인도네시아, 일본, 말레이시아, 필리핀, 스페인, 영국, 미국, 베트남 등	
싱가포르	파크웨이 라이프리츠		· 헬스케어 · 메디컬센터 60%, 요양원 38%, 의약품 유통 시설 2% 50개 자산 보유 · 싱가포르 60%, 일본 40%	
호주	차터홀 그룹	5조 원	· 호주만의 특징인 스테이플드(stapled) 리츠 · 임대수익 + 자산관리 운용수익 · 퇴직연금을 고려해 상품 설계 · 오피스, 리테일, 주거, 인프라 등 다양하게 분산	
호주	아레나 리츠		· 인프라 시설 투자 · 보육시설, 헬스케어	
호주	센터그룹	46조 원	· 리테일 · 쇼핑센터. 호주에 36개, 뉴질랜드에 5개 · 임대율 99%	

호주	루랄 펀드 그룹	· 농장에 투자 · 6개 분야에 투자. 아몬드 농장, 소 목장, 가금류 농장, 포도밭, 면화밭, 기타	
호주	에일 프로퍼티 그룹	· 펍(pub)에 투자 · 86개 펍 소유	
호주	비바에너지 리츠	· 주유소와 편의점 454개 소유	

4) 국내 리츠
2021. 1. 21일 기준. 상장일 순서대로

리츠명 (상장일)	주가 시가총액	제시 배당률 (5천원기준) 배당 기준일	시가배당률 (주가대비)	리츠종류 기초자산
이리츠코크렙 (2018.6.27)	5,160원 3,268억	5년 7.1% 6월/12월	5년 6.9%	리테일 · NC백화점 야탑점 · 뉴코아아울렛 일산점 · 뉴코아아울렛 평촌점 · 2001아울렛 중계점 · 2001아울렛 분당점
신한알파리츠 (2018.8.8)	7,000원 3,663억	5년 6.0% 10년 7.0% 3월/9월	5년 4.3% 10년 5.0%	오피스 · 판교 크래프톤타워 · 용산 더프라임 · 광교 대일빌딩 · 트윈 시티남산 · 신한 L타워
롯데리츠 (2019.10.31)	5,210원 8,959억	2020년 6.4% 2021년 6.5% 6월/12월	2020 6.1% 2021 6.2%	리테일 · 백화점: 강남, 구리, 광주, 창원 · 아울렛: 청주, 대구 · 마트: 의왕, 장유
NH프라임리츠 (2019.12.5)	4,195원 782억원	7년 5.5% 5월/11월	7년 6.6%	오피스 (재간접리츠) · 서울스퀘어 · 강남N타워 · 삼성물산서초사옥(지분 5%) · 삼성SDS타워
이지스밸류리츠 (2020.7.16)	4,715원 1,131억	5년 6.2% 10년 6.4% 2월/8월	5년 6.6% 10년 6.8%	오피스 · 태평로빌딩(서울 중구)
이지스레지던스리츠 (2020.8.5)	4,860원 1,001억	5년 5.2% 10년 8.9% 6월/12월	5년 5.3% 10년 9.2%	주거용 · 임대주택(인천 십정2 구역 부평더샵 아파트)

미래에셋맵스리츠 (2020.8.5)	4,710원 946억	10년 6.2% 5월/11월	10년 6.6%	리테일 · 광교 센트럴푸르지오시티 상업시설(롯데아울렛 광교점)
제이알글로벌리츠 (2020.8.7)	5,130원 8,459억	7년 8.0% 6월/12월	7년 7.8%	오피스 (벨기에 브뤼셀) · FinanceTower Complex
코람코에너지리츠 (2020.8.31)	4,790원 3,334억	6.2% 5월/11월	6.5%	주유소 · 전국 187개 주유소
ESR켄달스퀘어리츠 (2020.12.23)	5,280원 7,564억	5.4%	5.1%	물류센터 · 고양, 부천, 용인, 이천, 평택, 안성, 김해 등 11개 물류센터

국내 상장된 리츠의 특징을 살펴보자.

(1) 이리츠코크렙

– 최종 임차인이 리테일 상가들이지만, 이랜드리테일이 리츠와 임대차계약하여
  지급하는 마스터리스이다.

– 임차 기간이 3개 점포 16년, 2개 점포 20년으로 업계 최장. 따라서, 배당 안정성이 강점이다.

– 2019년 말 자산 가치는 장부가 7천억, 감정가 9,070억, 주당 7,400원의 가치

– CR리츠(Corporate Restructuring, 기업구조조정 리츠)이다.

(2) 신한알파리츠

– 상장 리츠 중 주가가 가장 높다

– 판교 크래프톤 타워 1개로 상장했으나, 증자 및 차입으로 4개 자산을 추가 편입하여 현재 상장
  리츠 중 유일하게 탁월한 성장을 보이고 있다.

– 5개 자산 모두 오피스이며, 핵심 상업지역에 위치하여, 입지가 탁월하다.

– 임차인이 대부분 초 우량 기업체(블루홀, 네이버, 스노우, 신한생명, DGB그룹등)이다.

– 배당이 안정적이고 자산 가치 상승 가능성도 높다. 임대율은 99.8%

(3) 롯데리츠

– 마스터 리츠(롯데쇼핑이 지급). 기간이 평균 10년으로 배당의 안정성이 높다.

– 상장 리츠 회사 중 시가총액이 가장 크다.

– 담보대출 비율이 낮은 편으로 추가 대출을 통해 자산 추가 편입할 여력 높다.
   즉, 레버리지 효과로 배당수익률 상승이 가능하다.

– 롯데쇼핑 보유 84개 점포(8.5조 규모)에 대해 우선 매수협상권 보유. 추가 자산 편입이 용이하며,
   물류센터 편입도 가능하다.

– 국내 리츠 최초로 신용등급 획득했다. AA–. 평균 차입 금리 아주 낮은 편이다.

– 장기 관점에서 리테일 실적 악화, 자산 가치 하락에 대한 우려가 있다.

(4) NH프라임리츠

– 편입자산은 우량 하나 재간접리츠이다.(직접 매입하지 않고 자산을 매입한 펀드에서
   주식 일부를 매수함). 재간접리츠의 단점은,
   『① 임대차계약 지배력이 없고, ② 공모펀드와 ETF는 재간접 리츠에 투자할 수 없다.
   (운용보수 중복 발생을 막아 투자자 보호하기 위한 조치임. 수급상 주가에 악재)』

– 2020년 말 현재 상장 리츠 중 주가가 가장 낮다. 공모주 청약 경쟁률은 317.6대로 리츠 중
   압도적으로 가장 높았다. 주가가 가장 높은 신한알파리츠는 4.3:1, 롯데리츠 63.3:1,
   지스레지던스 2.6:1 이었다. 공모주경쟁률과 상장 후 주가의 상관관계, 리츠는 별로 없어 보인다.

(5) 이지스밸류리츠

– 단일 자산이다. 자산의 추가 편입을 통한 성장이 필요하다

– 펀드로 보유하고 있다(형식적으로는 재간접 리츠이나 지분 99%이고, 이지스자산운용의
   펀드에서 매수해 사실상 지배력을 확보하고 있음)

– 옛 삼성본관 옆 도심 핵심지역 빌딩으로 임차인이 우량하고(삼성생명, 삼성화재, CJ대한통운,
   중국공상은행 등), 자산 가치 상승 가능성이 높다.

(6) 이지스레지던스리츠

– 상장 리츠가 대부분 리테일, 오피스인데 주거용주택을 기초자산으로 하고 있다.

– 인천 십정2구역 주거환경 개선사업으로, 부평더샵 총 5,678세대 중 3,578세대의 임대주택을 사업자인 사모펀드 이지스151호로부터 지분을 매입했다.

– 인천시 공공지원 민간임대주택 사업이며, 8년의 의무임대 후 민영분양을 통해 매각할 예정이다.

– 일정: 2022. 4월 말 아파트 완공, 2022. 7월~2030. 6월 임대, 2030. 6월 민간분양

– 분양가: 평당 985만원에 매입. 2019.11월 현재 감정가 평당 1,309만원. 2030. 6월 평당 1,379만원에 분양 예정이다.

 ※인근 힐스테이트 부평은 2019년 평당 1,668만원에 분양하였다. 경쟁률 84:1. 따라서, 본 사업의 평당 1,379만원 분양 예정가는 상당히 보수적인 가격(위치는 힐스테이트 부평보다 다소 떨어진다).

– 수익률: 10년 연평균 수익률은, 매각차익 제외한 임대수익률은 5.2%, 매각차익 포함 시 총 8.9%

– 성장전략: 유상증자를 통해 현재 건과 유사한 공공지원 민간임대주택 사업에 추가로 투자할 예정

(7) 미래에셋맵스리츠

– 롯데쇼핑(전차인) → GS리테일(임차인) → 미래에셋맵스리츠

※임차인인 GS리테일과 책임 임대차계약을 2035. 9월까지 계약

– 최종 임차인인 롯데쇼핑은 롯데아울렛 광교점을 개점. 수원, 수지, 분당 등 160만 명의 배후수요를 가진 입지 좋은 상업지역이다.

(8) 제이알글로벌리츠

– 임차인: 벨기에 연방정부 산하 건물관리청, 재무부, 복지부 등

– 임대기간: 2034년까지

– 임대료 인상: 건강지수에 연동(한국의 소비자물가지수와 유사함)

– 위험

① 환 위험: 3년간만 원금의 100%, 이자의 80% 헷지. 그 후에는 원/유로 환노출

② 임대수익 감소 위험: 경기 침체시 건강지수 마이너스 위험

③ 원금손실 위험: 매입 시 8%의 부대비용이 발생해 원금의 92%가 투자되어 다소 부담

(9) 코람코에너지플러스리츠

- 임차인: 현대오일뱅크(임대료의 83%), SK네크웍스(임대료의 17%)
- 계약기간: 10년(2030. 5월 말)
- 임대료: 5년간 고정, 6년 차 1회에 한해 1.5% 인상. 임대료 10년간 확정(고정금리 채권과 유사함)
- 위치: 서울 20개, 인천경기 75개, 광역시 39개, 기타 53개
- 부지 개발 가능성: 편의점, 다이소, 맥Drive-Thru 등으로 개발할 계획이 있다고 하나,
  구체성이 떨어지고 쉽지도 않을 것으로 예상된다.
- 주유소 매수 가격 10,280억원, 감정가 11,274억원(2020.6월). 감정가격이 9.7% 비싸나,
  이 정도로는 별로 매력적이지 않다.
- 기초자산이 주유소로 색다르고, 주유소가 187개로 위험 분산 효과가 있으나,
  연 6.2% 고정금리 채권에 가깝고, 땅값 상승이나 추가적인 수익창출 사업도 기대하기 어려워
  그다지 매력적이지 않아 보인다.

(10) ESR켄달스퀘어리츠

- 국내 최초 물류센터 전문 리츠다. 미국에서 인기가 높은 리츠섹터이다.
  미국은 데이터 센터, 물류센터, 헬스케어 섹터가 인기가 높은 반면, 오피스, 리테일 섹터는
  인기가 낮다. 비슷한 배당을 해도 섹터별로 주가 차이가 상당히 크다.
- 11개의 대규모 물류센터 보유. 여의도 면적 규모. 평균 준공 연한이 3.1년으로
  비교적 신축 시설이다.
- 임대율 98%. 쿠팡, GS리테일이 주 임차인으로 임대 안정성이 아주 높다.
- 예상 배당률은 액면가 기준 2021년 5.4%, 2022년 5.7% 이다.

(11) 추천종목

신한알파리츠(안정성, 성장성, 자산 가치 상승 가능성), 이지스레지던스리츠(높은 장기 예상수익률)

4 CMA, MMF, MMDA

수시 입출금 가능한 초단기 자금 운용 상품을 알아보자.

은행 보통예금에 둘 수도 있으나 금리를 조금이라도 더 주는 CMA, MMF, MMDA에 넣어 두자. 이 3가지 상품 중 선택을 해야 한다면 역시 금리가 높은 상품을 고르면 된다. 금리는 상품별로 그리고 금융기관 마다 약간씩 다르다. CMA, MMDA는 확정 금리, MMF는 운용실적에 따라 배당을 준다.

초단기 자금 운용 상품(수시 입출금)			
구분	CMA	MMF	MMDA
Full Name	Cash Management Account	Money Market Fund	Money Market Deposit Account
상품명	종합자산 관리계좌	머니마켓펀드	수시입출식예금
판매기관	증권사	은행, 증권사	은행
확정금리 제공	O(이자)	X (운용에 따른 배당)	O(이자)
예금자 보호	X	X	O

CMA는 자금을 어떤 상품에 투자하느냐에 따라 4가지 종류가 있다. 일반투자자 입장에서 자세히 알 필요는 없고, 선택이 가능하다면 금리가 높은 것을 고르면 된다. 보통 발행어음형이 가장 높고, MMW형이 그 다음으로 높은 편이다.

구분	RP형	MMF형	MMW형	발행어음형
CMA의 종류				
Full Name	Repurchase Agreement	Money Market Fund	Money Market Wrap	
투자 상품	증권사가 단기국공채, 우량회사채 등	자산운용사가 단기국공채, CP, CD 등	한국증권금융에서 운용	증권사가 기업대출, 비상장기업 투자 등
예금자 보호	X	X	X	X
금리	확정 금리. 가장 많이 가입	금리는 운용실적에 따른 실적배당형	확정 금리. RP, MMF형 보다 약간 높음	확정금리. 금리 가장 높음
공통 장점	①하루만 맡겨도 이자 준다 ②수시 입출금. ∴비상금 통장 ③은행보다 금리 높다. 단, 예금자 보호 안 된다			

5 예금

정기예금, 정기적금, 저축은행 예금, 새마을금고 예금, 신협 예금, 우체국 예금 등등이 있으며 모두 다 잘 아는 상품이다. 통상 1년, 2년 만기에 정해진 금리만큼 이자를 받는다. 저축은행은 금리가 높은 대신 불안하므로, 예금자보호 한도인 금융기관별(저축은행별) 1인당 5천만원까지만(원금+이자) 가입하는 게 좋다. 저축은행이 워낙 많아 분산 예치하는데 어려움은 별로 없다

6 전자단기사채(STB)

기업에서 전자등록 형태로 발행하는 3개월, 6개월 정도의 무담보 단기 채권이다. 사채별로 신용등급이 부여되며 이에 따라 발행금리가 결정된다.

등급	신용등급의 정의	유사한 장기등급
A1(sf)	적기 상환능력 및 상환능력의 안정성 최상	AAA~AA-
A2(sf), +, −	적기 상환능력 우수, 안정성 A1보다 다소 열위	A
A3(sf), +, −	적기 상환능력 양호, 안정성도 양호하나 A2보다열위	BBB
B(sf), +, −	적기 상환능력 적정, 안정성 투기적 요소 내포	B
C	적기 상환능력, 안정성에 투기적 요소 큼	C
D	상환 불능 상태	D
※A2, A3, B등급은 +, − 부가. 자산유동화 평가의 경우 (sf)를 함께 표기		

무담보라 금리가 다소 높은 편이다. 보통 전단채라 부른다.

기존의 기업어음(CP)은 종이 실물로 발행하여 분실이나 위·변조 위험이 있었고, 정보 공유도 불투명하였다. 한계기업에서 마구 찍어대도 파악하기가 어려운 경우가 있어, 선의의 피해자가 양산되는 사례가 과거에 많았다. 이런 단점을 보완하고 단기자금시장을 활성화하고자 2013. 1. 15일 전자단기사채가 도입되었다. 종이 대신 전자로 등록되고, 한국예탁원을 통해 채권의 발행 현황(발행사, 금액, 신용등급, 금리 등)과 발행사의 과거 발행액도 쉽게 조회가 가능 해졌다. 따라서 안정성, 투명성, 유통성이 제고되었다. 요약, 비교해 보자.

전자단기 사채(STB)	
도입	2013년 1월 단기자금 활성화를 위해 도입
만기	만기 1년 이내, 원리금 전액 일시 지급, 중도 해지 불가
체크 포인트	발행사 신용도(파산 시 원금 손실), 금리
종류	일반전자단기사채(STB), 자산유동화전자단기사채(ABSTB)
	※ABSTB(Asset-Backed Short-Term Bond): 자산보유자인 기업이 특수목적법(SPC)을 세워 자산(매출채권, 리스채권, 회사채, 정기예금, 부동산프로젝트파이낸싱(PF) 등)을 양도 하고 SPC가 ABSTB를 발행하여 기업에 자금을 조달. 일종의 자산담보부 기업어음

CP와 차이점		
	STB(Short-Term Bond, 전자단기사채)	CP(Commercial Paper, 기업 어음)
발행 방식	전자방식(한국예탁원)	종이
위조, 분실위험	없음	있음
발행사 발행현황, 과거실적	조회 쉽게 가능(예탁원). 투명	조회 어려움. 불투명

ABSTB를 살펴보자.

STB는 본질적으로는 CP와 마찬가지로 무담보부 채권, 즉 기업의 신용으로만 발행되는 사채이다. 반면, ABSTB(Asset-Backed Short-Term Bond, 자산담보부 전단채. 과거 ABCP)는 담보가 제공되는 사채다. 담보물건이 양호하거나 또는 보증 제공자의 신용이 높다면 STB 발행사의 신용은 별로 중요하지 않다. ABSTB는 담보채권(기초자산)이 부동산프로젝트파이낸싱(PF)이 많으며(아파트, 주상복합, 오피스텔, 재개발사업, 연립주택 신축, 물류센터 건립 등) 아주 다양하다. 기업채의 매출채권, 펀드의 수익증권 등도 담보 채권이 될 수 있다. ABSTB는 보증을 제공한(매입약정) 금융기관의 신용도에 따라 전자단기사채의 신용등급이 결정된다. 최고등급인 A1을 받는 경우가 많다. 어느 증권회사의 일일 전자단기사채 판매 리스트다. 통상 매일 제공한다.

채권투자포인트	전자단기사채(2020. 11. 10)							(억원)
종목명	상품 종류	매매 금리	만기 일자	투자 기간	신용 등급	상품의 기초자산 /신용보강		수량
♣ 특판상품: 등급대비 높은 금리로 세일즈 진행중인 상품입니다								
현대산업개발 엠티아이에이치제일차 (휴일만기)	ABSTB	1.40%	2021-01-30	81일	A2+(SF)	목동 오피스텔 신축공사 /현대산업개발		10
♣ 고금리 종목 한정판매								
홈플러스	ABSTB	2.20%	2021-01-19	70일	A2-(SF)	홈플러스 전자단기사채		78
홈플러스	ABSTB	2.20%	2021-01-06	57일	A3-(SF)	홈플러스 전자단기사채		150
♣ 전자단기사채 판매상품 리스트								
삼성증권 마이트세운삼구역제일차	ABCP	1.20%	2021-03-08	118일	A1(SF)	세운 3-1,4,5구역 재정비촉진지구 /삼성증권		200
유안타증권 와이케이드레곤레이크	ABSTB	1.20%	2021-02-04	86일	A1(SF)	서울 장안동 오피스텔/유안타증권		53
키움증권 케이더블유디디제이이차(휴일만기)	ABSTB	1.20%	2021-01-30	81일	A1(SF)	㈜두산의 전자BG에서 발생하는 예금반환채권 수익권/키움증권		52
유안타증권 와이케이나폴리제일차	ABSTB	1.20%	2021-01-29	80일	A1(SF)	통영 죽림신도시 주상복합 신축사업 /유안타증권		47
하이투자증권 슈프림센텀	ABSTB	1.20%	2021-01-29	80일	A1(SF)	부산 해운대 센텀시티 생활형 숙박시설 신축사업/하이투자증권		3
메리츠증권 제엠뉴욕제일차	ABSTB	1.20%	2021-01-11	62일	A1(SF)	미국 뉴욕 맨하튼 Midtown 위치한 개발사업토지/메리츠증권		444
유안타증권 골드풍무제일차	ABSTB	1.20%	2020-12-08	28일	A1(SF)	김포 풍무 2지구 복합시설 개발사업		200
유안타증권 와이케이하이퍼	ABSTB	1.20%	2020-11-30	20일	A1(SF)	홈플러스, 홈플러스스토어즈 인수금융 /유안타증권		36

▶ 해당 채권의 유동성에 따라 중도매도가 불가 할 수 있으며, 매도시 원금손실 가능성이 존재합니다.
▶ 신용보강과 유동성보강을 토대로 상품의 기초자산을 분석하여 신용도 우수한 종목에 투자합니다(A2 이상)
▶ 최소 투자금액은 액면 1억원이며, 할인된 가격으로 매수하여 만기시 액면금액을 일시에 지급합니다. (만기일 오후 5시 이후 지급)

ABSTB 상품 판매 실제 사례를 금융기관에서 고객에게 제공하는 자료로 보자. 통상 3장(3개의 자료)으로 되어 있다. 『상품의 개요, 유의사항 및 용어설명, 신용등급 및 신용보강 용어 설명』.

HMC투자증권 에이치더힐제칠차㈜

상품개요

상품종류	ABSTB(자산유동화 전자단기사채)
상품개요	PF 대출채권 유동화
신용등급	A1 (sf)
신용공여	HMC투자증권 매입확약
발행일	2016.07.14
만기일	2016.10.14
프로젝트 만기	2016.10월
시행사	한스자림㈜
주관회사/자산관리자/업무수탁자	HMC투자증권

투자위험도 저위험(4등급)

Project 개요

사업명	한남더힐 공동주택 임대주택의 분양전환사업
위치	용산구 한남동810번지 외 7필지(옛 단국대)
대지면적/연면적	111,582.5m² / 211,772.1m²
공급규모	지하2층~지상12층 아파트 32개동 600세대

회사정보

HMC투자증권
√ 현대차그룹 계열사로서 안정적인 영업기반
√ 양호한 수익성 및 현금흐름 견지
√ 안정적인 재무구조 및 우수한 재무융통성 보유

Project 구조도

HMC투자증권
대출채권 매입확약 400억
↓
에이치더힐제칠차[SPC7] ─ 유동화증권발행 420억 → 투자자
400억대출
차주 한스자림㈜
20억 자산담보부 대출
20억대출 (대우건설 채무인수)
에이치더힐제칠차[SPC8]
↓ 대출채권 매입확약 20억
HMC투자증권

재무정보 — K-IFRS 별도

구분	2013.03	2013.12	2014.12	2014.09	2015.09
총자산(억원)	40,851	44,607	49,429	62,882	68,781
자기자본(억)	6,796	6,672	6,746	6,724	7,207
영업이익(억)	407	-76	146	106	630
당기순이익(억)	308	-71	72	51	465
영업용순자본(억)	6,232	6,696	6,932	6,791	7,006
총위험액(억원)	1,790	1,941	2,170	2,070	2,714
ROA(%)	0.7	-0.2	0.1	0.1	1.0
ROE(%)	4.6	-1.4	1.1	1.0	9.2
조정레버리지(배)	5.8	6.5	7.1	9.2	9.2
영업용순자본비율(%)	348.2	344.9	319.4	328.1	336.9

🅢 전자단기사채 유의사항 및 용어설명

■ 전자단기사채 유의사항

구분	내용
사업위험	본 상품의 상환가능성은 본 사업의 현금흐름 및 차주의 신용도에 의존하고 있으나, 제반사항 등을 감안할 때 불확실성이 존재합니다. 이에 본 사업의 신용공여자인 HMC투자증권 매입확약을 약정함으로써 유동화자산의 신용도를 제고하고 있습니다.
회사위험	본 상품은 발행회사 또는 신용보강자의 채무불이행 등으로 투자금액의 지급지연및 전부 또는 일부 손실이 발생할 위험이 있습니다
중도환매	본 상품은 유동성이 극히 제한되어 중도환매가 불가할 수 있습니다. 중도해지가 가능한 경우라도 소액 거래로 인한 불리한 가격조건 혹은 시장상황, 선취수수료로 인해 수익률이 하락하거나 손실이 발생할 수 있습니다
기타투자위험	상기 채권은 예금자보호법에 따라 예금보험공사가 보호하지 않으며, 당사가 채권의 원리금을 보장하지 않습니다. 본 상품은 발행사의 채무불이행 시 원금손실이 있을 수 있으며, 직접투자에 대한 귀책사유는 투자자에게 있습니다.
과세방법	이익을 지급받는 날에 소득세법 제127조에 의거하여 과세이익에 대한 세금을 원천징수하고 있습니다

■ 전자단기사채 용어설명

구분	내용
시행사	토지를 매입하고 공사의 자금 지출을 하는 사업주체
시공사	시행사와 계약을 하여 건축을 하는 건축업체
차주	돈이나 물건을 빌려 쓴 사람(보통 시행사를 말함)
대주	돈이나 물건을 빌려 준 사람(보통 투자자 또는 SPC를 말함)
SPC	특수목적법인 또는 유동화회사로 불리며 채권이나 자산을 양도받아 이를 바탕으로 증권을 발행하고 판매하는 회사
(sf)	자산유동화 평가의 경우 신용등급에 추가하여 표기

전자단기사채의 신용등급 및 신용보강 형태

■ 전자단기사채의 신용등급

등급	신용등급의 정의	정기등급과 비교
A1(sf)	적기 상환능력 및 상환능력의 안정성이 모두 최상	AAA~AA-
A2(sf)	적기 상환능력 우수, 안정성이 A에 비해 다소 열위	A
A3(sf)	적기 상환능력 양호, 안정성도 양호하나 A2에 비해 열위	BBB
B(sf)	적기 상환능력 적정, 단기적 여건 변화에 따라 안정성에 투기적 요소 내포	B
C(sf)	적기 상환능력, 안정성에 투기적 요소 큼	C
D(sf)	상환 불능 상태	D

※ 참고: A2등급부터 B등급까지는 +, - 부가하여 세부 분류. 자산유동화평가의 경우 (sf)를 함께 표기

■ 전자단기사채 신용보강 방법의 종류

가. 부동산 PF 유동화 시공사의 보증 형태

구분	내용
연대보증	시공사가 PF 채무에 연대하여 채무부담 약정
채무인수	시공사가 채무의 동일성을 유지하며 채무를 이전 받는 계약(중첩적 채무인수는 실질적으로 연대보증과 유사)
지급보증	시공사가 PF 채무의 지급을 보증
자금보증	사업기간 중 현금흐름 부족이나 원리금 상환재원이 부족한 경우 시공사가 일정 금액 또는 일정 비용의 자금을 보증할 것을 약정
책임분양	일정 수준의 분양을 달성할 때까지 책임지는 것
책임준공	채무자와 관계없이 사업 완공을 보장

나. 증권회사의 신용보강 형태

매입확약	별다른 조건 없이 담보채권에 대한 매입을 약속
매입약정	일정 조건으로 매입을 약속(발행사 등급 유지 조건 등)

다소 복잡하지만 위 자료의 내용은 이렇다.

부동산 시행사 '한스자람㈜'가 한남더힐 아파트를 임대주택에서 분양전환 하려고 하는데 자금이 필요해서 ABSTB를 발행한 건이다. 시행사는 작고 잘 알려있지 않은 회사이고, 신용등급을 받을 수 없어 자금조달이 불가능하다. 그래서, HMC투자증권이 주관사가 되어 SPC(특수목적회사, 페이퍼 컴퍼니)를 만들고, SPC가 ABSTB를 발행하여 투자자들로부터 자금을 조달한다. 그리고, SPC는 그 자금을 시행사 한스자람㈜에 대출해 준다.

만기가 되어 시행사가 분양대금 이든 무엇이든 자금을 마련하여 SPC에 상환하고, SPC는 다시 투자자자들에게 상환하면 된다. 정상적인 경우다. 하지만, 시행사 자금에 문제가 생겨 SPC에 대출 상환을 못하면 투자자들은 일단 상환을 받을 수 없다.

그런데, SPC가 시행사에 행한 이 대출(채권)에 대해 HMC투자증권이 매입을 확약했다. 즉, 시행사가 대출 상환을 못하면 HMC투자증권이 그 대출채권을 매입하고 돈을 SPC에 지급하겠다는 것이다. SPC는 대출 채권을 넘기고 HMC투자증권으로부터 받은 돈으로 투자자들에게 원리금을

상환 하게 된다. 상기 ABSTB는 'HMC투자증권의 매입확약'으로 HMC투자증권의 보증채가 되는 셈이다. 그래서 전단채의 신용등급이 A1으로 최고 등급이고 금리도 낮다. 투자위험도도 저 등급(4 등급)이다. HMC투자증권의 신용이 핵심 위험요인이므로, HMC투자증권의 회사정보, 재무정보가 제공된다.

7 발행어음

자기자본 일정액 이상(2020년 말 현재 4조원)의 초대형 투자은행(IB, 통상 증권사)이 자금 조달을
하기 위해 자기신용으로 발행하여 일반투자자들에게 판매하는 1년 미만의 상품이다. 단기상품으로
는 금리가 높은 편이다.

발행어음	
출시 배경	정부의 초대형투자은행(IB) 육성 방침. 2017년 출시
기준	자기자본 4조원 넘는 증권사 중 금감원 인가를 받은 회사. 최초: 한국투자증권
한도	자기자본의 2배
금리	고정금리. 예금금리보다 상당히 높은 수준. CMA에 편입
만기	1년 미만
상품 운용	자금의 50% 이상을 기업대출과 비상장기업에 투자
위험	증권사 신용

8 국내 채권

일반인들이 채권을 시장에서 직접 매수하는 것은 쉽지 않다. 채권 매매는 장외매매가 대부분을 차지하고 있고, 주로 기관투자가들끼리 매매를 한다. 대신 대부분의 증권사들은(특히, 대형사) 일반 소액투자자들을 위해 지점용 판매 채권 리스트를 상시 제공한다. 가끔씩은 등급에 비해 높은 금리로 특판을 하기도 한다. 관심이 있으면 증권사 영업사원에게 사전에 부탁을 해 놓거나, 증권사 홈페이지를 수시로 조회해서 찾으면 된다. 펀드로 채권을 투자하는 것이 가장 편리하고, 운용사 선택을 잘 하면 수익률도 괜찮고 전문가가 분산투자하여 안정적이다. 일반투자자들에게는 채권형 펀드를 권유하고 싶다.

주식, 예금, 채권은 금융상품의 기본이다. 대부분의 채권은 만기 확정부 금리를 주지만, 금리가 올라가면 채권 가격이 떨어지고, 금리가 떨어지면 채권 가격이 올라가, 시세차익도 발생한다. 물론 만기까지 보유하면 제시된 확정 금리를 받게 된다.

채권금리는 철저하게 발행사의 신용등급에 연계된다. 신용등급이 높으면 금리가 낮고, 신용등급이 낮으면 금리가 높다.

만기가 짧으면 금리가 낮고, 만기가 길면 금리가 높다. 가끔 역전이 일어나기도 한다.

초저금리 시대, 일본이나 유럽의 국채들은 제로금리를 넘어 마이너스 금리까지 가기도 한다. 우량 채권으로 돈을 버는 것은 아주 어려운 일이 되어 버렸다. 하지만, 등급을 낮춰 위험(리스크)을 감수하면 그에 따른 수익률 보상을 받을 수는 있다.

※ 회사채 신용등급: 18개 등급(한국신용평가, 한국신용정보, 한국기업평가)
- AAA / AA+ AA AA- / A+ A A-
- BBB+ BBB BBB- 여기까지 투자등급
- BB+ BB BB- B 여기부터(BB+) 투자부적격등급(투기등급)
- CCC CC C
- D

개인 투자자를 위한 채권투자 방법	
채권 직접 매입	증권거래소 시장에 상장되어 있는 채권을 직접 매수. 일반 소액투자자들이 접근하기 쉽지 않다
증권사 판매채권 리스트 활용	증권사들은 소액투자 일반 고객을 위해 판매 리스트를 제공. 가끔씩 특판으로 좋은 등급의 채권을 싸게 살 수도 있다
채권형 펀드 가입	증권사, 은행에서 판매하는 채권형 펀드 매수. 일반적이며 편하고 좋은 방법. 운용사, 매니저, 과거 실적, 운용전략 검토

2020. 7. 1~10. 16일까지 개인투자자가 많이 매수한 회사채를 보자. 어떤 채권이 인기가 있었나. 금리나 만기는 어떨까. 가장 많이 팔린 신종자본증권(신종)에 대해서는 뒷장에서 알아보자.

개인이 많이 매수한 회사채(2020.7.1~10.16일)			

자료: 금융투자협회 판매순서대로

종목명	판매액(억원)	잔존만기	금리(%)
KB금융조건부(신종)3-1	883	4년 9개월	3.1
하나금융조건부(신종)7-1	562	4년 10개월	3.2
대우건설46-1	497	1년 9개월	3.4
신한생명(신종)1	381	4년 10개월	3.6
엘지디스플레이41-1	291	1년 4개월	2.5
흥국화재(신종)19	279	4년 9개월	4.6
SK건설159	265	9개월	3.6
HDC현대산업개발3-1	241	1년 9개월	2.3
신한금융조건부(신종)8	241	4년 11개월	3.1
현대로템29-2	236	1년 9개월	3.6

초저금리 시대, 주요 기준금리는 몇%쯤 될까.

2020. 6월 말 현재 국고채 1년 물이 0.716%, 2년 물이 0.842%에 불과하다. 회사채 금리는 무보증채 AA- 3년물이 2.250%, 적격등급 중 가장 낮은 BBB- 3년 물 금리는 8.550%이다. 신용등급간 수익률 차이가 아주 크다.

주요 종목의 금리	
자료: 금융투자협회	2020. 6. 30일 종가
종목명	금리(%)
국민주택 1종 5년	1.268
통안증권 1년	0.676
통안증권 2년	0.795
회사채 무보증3년 AA-	2.250
회사채 무보증3년 BBB-	8.550
CD 91일	0.790
CD 91일	1.500
국고채 1년	0.716
국고채 3년	0.842
국고채 5년	1.111
국고채 10년	1.373
국고채 30년	1.601

9 해외 채권

해외채권은 과거에는 일반투자자들에게는 생소하고 접근이 어려웠으나, 최근에는 환경이 많이 바뀌어 투자가 쉬워졌다. 특히, 은퇴자나 은퇴를 앞둔 사람들은 중위험중수익 상품군의 하나로 해외채권도 고려를 해봐야 한다. 매매 방법은 3가지다.

1) 주식과 마찬가지로 국내 운용사의 해외채권 펀드를 이용하는 게 가장 편리하다. 투자처도 다양하다. 해외선진국국채, 해외이머징국가국채, 해외회사채, 해외하이일드채권이 대표적이다.

2) ETF를 이용하면 본인 니즈에 맞는 해외채권을 직접 살 수 있다.

3) 국내에서 해외채권 종목을 직접 매수할 수도 있는데, 대표적인 종목이 '브라질채권'이다. 여러 증권사에서 오랫동안 판매하고 있는데, 기대수익률이 높은 반면, 위험 또한 큰 편이다.

상기 3가지 투자 방법을 실제 예를 통해 알아보자.

1) 펀드

2020. 11월 말 현재 네이버금융에서 해외채권형 펀드를 검색하면 해외채권형 펀드가 393개나 된다. 미래에셋자산운용의 미국채권형펀드, 교보악사의 미국하이일드펀드, 블랙록의 차이나채권형 펀드 등등. 나라별로는 선진국, 중국, 신흥국, 남미, 동유럽 등, 종류별로는 국채, 회사채, 하이일드 등 없는 게 없다. 일반적으로 펀드를 고르는 것과 마찬가지로 본인이 투자하고자 하는 종류의 상품인지, 자산운용사는 믿을 만 한지, 펀드의 규모는 큰지, 과거의 수익률은 좋고 변동성도 작은 지, 어떤 위험이 있는지 등등을 점검하고 선택해야 한다.

검색결과 393 건 '해외채권형' 펀드 입니다.			↻ 선택초기화

수익률 1개월 순 ˅ 수익률 3개월 순 │ 수익률 1년 순 │ 신상품 순

펀드	1개월	3개월	1년
한화이머징국공채증권투자신탁(채권-재간접형)A클래스 설정일 2010.09.06 설정액 32억원	2.87%	**6.75%**	3.40%
한화이머징국공채증권투자신탁(채권-재간접형)C-E클래스 설정일 2011.10.04 설정액 12억원	2.86%	**6.72%**	3.29%
한화이머징국공채증권투자신탁(채권-재간접형)C클래스 설정일 2010.09.06 설정액 21억원	2.85%	**6.67%**	3.10%
AB글로벌고수익증권투자신탁(채권-재간접형)종류형C-w 설정일 2015.05.21 설정액 85억원	2.71%	**6.38%**	0.18%

2) ETF

미국 주식시장에 상장된 채권형 ETF는 종목이 굉장히 많다. 본질은 채권이지만 주식화하여 소액으로 쉽게 매매할 수 있게 하였다. ETF 주식을 사면 해당 종목 ETF를 운용하는 운용사가 운용 목적에 맞게(벤치마크를 추종) 수십 개, 수백 개, 수천 개의 국채나 회사채를 산다. 펀드처럼 운용을 하는 것이다. 투자자들은 주식형펀드, 채권형 펀드를 고를 때와 마찬가지 기준으로 ETF를 고르면 된다. 『운용사가 크고 믿을 만 한지, 운용역이 전문적인지(운용역을 모를 수도 있다), 규모(시가총액)는 큰지, 유동성(거래대금)은 있는지, 현재 편입한 종목은 무엇인지, 과거의 수익률은 벤치마크 대비 좋았는지, 과거 변동성은 높았는지 낮았는지』 등이다. 수익률은 일반주식과 마찬가지로 주가 변동 수익률과 배당수익률을 합한 수치이다. 일반주식은 주가 변동 수익률이 수익률의 대부분을 차지하는 반면, 채권형 ETF는 배당수익률(이자)이 수익률의 주요한 부분을 차지하고 있다. 안정적으로 고배당을 주고 시중 금리가 내려가면 주가가 올라갈 것이고, 그 반대면 주가는 떨어질 것이다. 주식이니까 당연히 마이너스가 날 수도 있다. 2020년 11월 말 현재 수익률은 주기 변동 때문에 다소의 진폭은 있지만, 대체로 2%~6% 수준이다. 배당주기도 월별, 분기별, 반기별 등 다양하다. 대표적인 몇 개 종목을 알아보자.

(Billion USD) 　　　　2020.11월말 기준

Ticker	■종목명/ 운용사, 기초자산, 벤처마크, 특징	시총 (USD)	시총 (조원)	편입 종목수	주가수익률 최근6개월	주가수익률 최근1년
AGG	■ iShares Core US Aggregate Bond ETF 블랙록 운용. 시가총액 1위. 미국 채권 93% 국채 40%, 회사채 30%, 모기지(MBS) 30% 등 다양 AAA등급 비중 70% 20~30년 장기채 35%, 1~3년 17%, 3~5년 16%	81 (1위)	89	9,200	1.9%	7.1%
BND	■ Vanguard Total Bond Market Index Fund ETF 뱅가드 운용. 시가총액 2위. 여러 종류의 채권에 투자 벤처마크: 시장 가중 채권지수	38 (2위)	42	17,032	1.9%	7.3%
LQD	■ iShares iBoxx $ Inv Grade Corporate Bond ETF 블랙록 운용. 미국달러표시 만기3년 이상 투자등급(BBB- 이상) 회사채에 투자	32 (3위)	35	1,971	8.8%	10.4%
VCSH	■ Vanguard Short-Term Corporate Bond Index 　　Fund ETF 뱅가드 운용. 단기 회사채. 가중평균만기 약 2.6년 장기성과 안정적, 변동성도 낮은편. 월간 배당 벤처마크: 바클레이즈캐피털 미국 1~5년 기업채권지수	24 (4위)	26	2,221	3.6%	5.0%
VCIT	■ Vanguard Intermediate-Term Corp Bond Index 　　Fund ETF 뱅가드 운용. 회사채에 투자. 패시브(인덱스) 투자 벤처마크: 바클레이즈캐피털 미국 5~10년 기업채권지수	23 (5위)	25	1,762	7.5%	8.9%
BSV	■ Vanguard Short-Term Bond Index Fund ETF 미국 단기채권	22 (6위)	24	2,452	1.0%	4.7%
TIP	■ iShares TIPS Bond ETF 블랙록 운용. 미국물가채에 투자하는 ETF 벤처마크: 바클레이즈캐피털 미국 재무부 인플레이션 채권지수	21 (7위)	23	39	3.8%	9.3%
GOVT	■ iShares US Treasury Bond ETF 블랙록. 잔여 만기가 1년 이상인 미국 국채(재무부 채권) 벤처마크: 바클레이즈 캐피털 US 재무부 채권 지수	20 (8위)	22	65	-0.9%	7.6%
SHY	■ iShares 1-3 Year Treasury Bond ETF 100% 미국 국채(재무부 채권) 투자. 단기채권(1~3년) 벤처마크: 바클레이즈 캐피털 1-3년 재무지수	20 (9위)	22	70	0.0%	3.2%
HYG	■ iShares iBoxx $ High Yield Corporate Bond ETF 미국 달러 표시 고수익 회사채로 구성(하이일드 채권)	17 (10위)	19	997	11.0%	3.9%
EMB	■ iShares JPMorgn USD Emerging Market Bond ETF 블랙록 운용. 달러표시 이머징 채권 투자 벤처마크: Morgan EMBI Global Core Index	16 (11위)	18	518	13.2%	4.7%
MBB	■ iShares MBS ETF 블랙록 운용. 주택저당채권(MBS). 벤처마크: 바클레이즈 캐피털 미국 MBS 고정금리 지수	16 (12위)		885	0.1%	4.2%
IEF	■ iShares7-10 Year Treasury Bond ETF 블랙록 운용. 미국 국채(재무부 채권) 7~10년물 벤처마크: 바클레이즈 캐피털 7-10년 만기 재무부 채권지수	13 (13위)		16	-1.1%	9.4%
KCCB	■ KraneShares CCBS China Corp Hi Yld Bond USD Ix ETF 중국기업들이 발행한 USD 표시 하이일드 채권			47	6.2%	3.2%
USIG	■ iShares Broad USD Investment Grade Corporate Bond ETF 벤처마크: 만기 1년 이상 투자등급 회사채				7.6%	8.2%

3) 브라질 채권(국채)

2010년 정도부터 브라질 채권(국채)은 증권사를 통해 일반인들에게 폭발적으로 많이 판매되었다. 10년 만기 국채의 수익률이 11%, 12% 수준인데다, 한국과 브라질의 조세협정에 의해 비과세 상품이기 때문이었다. 투자자들은 환율이 조금은 걱정되었지만, 국내 금리가 불과 2~3% 수준인데다, 브라질이 인구대국, 자원대국, 과거 한 번도 채무불이행을 하지 않은 나라였기 때문이었다. 국내 은행예금이 3% 인데, 11%의 국채 이자를 10년간이나 그것도 비과세로 준다, 대단히 매력적이었다. 8%P 이상의 초과수익이 가능했다. 증권사는 선취수수료가 높은 상품이라 거액 투자자들을 중심으로 적극 판매하였다.

투자자들마다 다소의 차이는 있겠지만, 결과는 썩 좋지 못했다. 환율이 10년 사이에 무려 70%나 하락했기 때문이다. 원/헤알 환율은『브라질이 만성적인 재정적자와 정치적 혼란을 겪은 반면, 한국은 건전한 재정과 무역흑자, 안정적 성장으로 경제가 견실하여』헤알화가 추세적으로 약세를 보였다.

채권 가격이 계속 올라(수익률 계속 하락과 같은 의미임) 중간에 잘 팔고 나왔으면 괜찮았겠지만 만기까지 가지고 있었으면 원금의 30%정도 밖에 건지지 못했을 것이다. 원금을 헤알화로 받고, 이것을 원화로 환전하면 최초 투자액의 30% 정도 밖에 안되는 것이다. 물론, 10년간 이자를 꼬박 모아두었으면 원리금 합계가 투자원금의 80% 정도는 되었을 것이고, 손실은 20% 안팎 정도였을 것이다. 10% 이자를 가정할 경우, 10년이면 이자로 원금의 100%를 회수했을 것 같지만(재투자시 조금 더 될 수도), 이자 또한 헤알화로 받아 원화로 환전해 찾기 때문에, 환율 하락 시 이자도 계속 손실을 보게 되어, 실 수령 이자는 연 10%, 10년에 100%가 아니고, 연 10%, 10년에 50% 내외가 되었을 것이다. 원금과 이자 다 환율 연동이다.

브라질국채는,『해외투자는 환율이 굉장히 중요하다』는 것을 다시 한 번 깨닫게 해주는 상품이다. 역시 No Free Lunch!

지금도 브라질 국채는 판매되고 있다. 인기는 별로 없다. 2020. 11월 현재 수익률은 10년물이 7.5% 내외, 3년 물이 6% 정도 한다. 만기 1년 물, 3년 물, 5년 물, 10년 물 등 다양하다. 국채를 직접 매수하지 않고, 특정금전신탁으로 매수할 수도 있다. 신탁의 경우 이자 지급을 월 또는 반기로 받을 수도 있다. 브라질 국채는 수익률은 여전히 높지만, 환율 위험이 큰 상품이다.

브라질 채권	
장점	■ 높은 이자율(2020. 10월 말 현재 10년 물 7.4%, 3년 물 5.9% 수준. 수시 변동) ■ 비과세(해외채권 중 유일)
위험	1. **디폴트 리스크**: 브라질 재정악화로 채무불이행 위험 　※브라질 국가신용 등급: S&P와 Fitch BB-, Moody's Ba2로 <u>투기등급</u>(2020. 11월). 　'코로나19, 재정적자, 정치적 혼란' 때문 　※ 원자재 강국. 주요 수출품이 철광석, 원유, 콩, 설탕, 커피 2. **환위험**: 원화대비 헤알화의 가치하락. 예)1:300→1:200 3. **채권가격 하락**(금리상승): 예) 5% → 6%
판매처	증권사(최소 투자금액 있는 증권사 있음. 예, 2천만원)
상품등급	초고위험(1등급)
수수료	■선취형: 선취 2~3% + 연 0.3% 내외 ■후취형: 연 1% 내외

브라질 국채 연도별 판매액(억원)

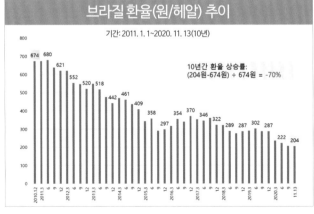

브라질 환율(원/헤알) 추이

10 메자닌(CB, BW, EB)

채권 파생상품의 대표적 상품이 CB(전환사채)다. 주식+채권. 만기 3년 또는 5년 정도로 발행하며, 쿠폰(3개월 또는 6개월 단위 이자)은 낮지만, 일정 기간 경과 후, 정해진 주가로 전환할 권리를 부여한다. 주가가 부진하여 전환을 못할 경우, 만기에 그동안의 낮은 이자를 보상하여 정상적인 이자를 한꺼번에 준다. 예를 들어, 중간 쿠폰은 연 1%, 만기시는 3년간(만기기간) 연 5%를 맞춰 지급하는 것이다. 투자자 입장에서는 아주 좋은 상품이다. 주식으로 전환하여 높은 주가 차익을 챙기거나, 주가가 부진하면 만기에 정상적인 이자를 받으면 된다.

하지만 생각보다 위험이 제법 크다. 대박 아니면 쪽박인 경우가 많다. 전환사채를 발행한 기업 중 이상한 기업들이 많다. 보통의 기업들은 자금조달의 방법으로 유상증자를 하거나 회사채를 발행하면 되는데 왜 전환사채를 발행하는가?

회사의 운전자금 조달도 어려운 회사가 발행하기도 하며, 경영권 확보 또는 기업 인수합병(M&A)을 위해 전환사채를 발행하기도 한다. 현재 재무상태는 취약하지만 연구개발이나 혁신을 통해 미래성장이 밝은 기업도 있고, 현재도 미래도 다 어려워 보이는 기업도 있다. 잘 판단해야 한다. 쉽지 않다. 특히, 주식 전환 행사가격을 낮게 설정해 투자자들에게 매력적으로 보여 쉽게 자금조달을 하는 업체들을 조심해야 한다. 『왜 전환사채를 발행하는지, 회사의 재무상태는 어떤지, 미래 성장 가능성은 있는지, 대주주가 누구이고 도덕적으로 문제가 없는지, 전환가격과 현재 주가는 어떤 수준인지, 이자는 어떤지』 잘 보고 투자해야 한다. 흔치 않지만, 신용등급이 높은 상장 우량 대기업이 발행하는 경우 투자하지 않을 이유가 없다.

전환사채(CB) 예시

총액	600억원
자금조달 목적	시설자금 400억, 운영자금 200억
이율	✔ 표면이자: 1% ✔ 만기이자: 5%
발행일/만기일	2020. 10. 30 / 2023. 10. 30
원금상환방법	만기일에 원금의 112%를 일시 상환
전환가액	15,000원(현재 주가 12,000원)
전환가 결정방법	OOOOOOOOOOOOOOOOOOOOOOO
전환 청구기간	2020.11. 30~2023. 9. 30
시세 하락에 따른 전환가격 조정	OOOOOOOOOOOOOOOOOOOOOOO

메자닌(Mezzanine): 1층과 2층 사이의 공간이라는 뜻. 주식과 채권의 중간 성격의 상품

CB

- Convertible Bond. 전환사채
- 채권을 발행한 회사의 주식으로 일정 기간 경과 후(3개월) 전환할 수 있는 권리가 부여된 채권(회사채). 신규 자금납입 없음
- 전환 전에는 사채로서 확정 이자를 받고, 전환 후에는 주식으로 시세차익을 얻음(사채권 소멸)
- 만기보장 수익률과 전환가격, 발행목적, 대주주 도덕성이 중요
- 예) 3년 만기, 쿠폰 1%, 만기보장 수익률 3%, 전환가 1만원, 3개월 후부터 전환가능
  ➡ 주가가 1만원 넘으면 채권을 주식으로 전환함. 채권은 사라짐

BW

- Bond with Warrant. 신주인수권부사채
- 신주인수권과 회사채가 결합. 일정 기간 경과 후 정해진 가격으로 주식 매수 청구 가능 (사채권 유지) 신규 자금 납입 필요함
- 예) BW 1매당 신주 인수권 2주, 행사가격 5천원 ➡ 주가 5천원 넘으면 신주발행 신청. 돈을 내고 신주 받음. 채권은 유지

EB

- Exchangeable Bond. 교환사채
- 기업이 보유하고 있는 다른 회사 주식을 특정 가격에 교환해 주기로 하고 발행하는 회사채 (교환시 사채권 소멸(CB와 유사))
- CB는 자기회사 주식, EB는 다른 회사 주식으로 받을 권리 부여
- 예) KT가 KT가 보유하고 있는 POSCO주식을 20만원에 교환할 권리를 부여하는 회사채 발행(EB) ➡ POSCO 주가 상승시 POSCO 주식으로 교환권 행사. KT 회사채는 사라짐

11 ELS, ELD, ELF

1) 개념

ELS는 베스트셀러 상품이다. 대표적인 중위험 중수익 상품으로 알려져 있다. 하지만, 썩 좋은 상품도 아니고, 중위험 중수익 상품도 아니다. 내 의견에 동의하지 않는 사람도 있겠지만 내 생각으로는 그렇다.

주가 연계증권(Equity Linked Security). 파생상품이다. 일반투자자들에게는 조금 어려운 상품이지만, 복잡한 수학이나 물리학이 들어있지 않기 때문에 꼼꼼히 읽어만 보면 이해할 수 있는 상품이다. 하지만, 큰 돈을 투자하면서도 일반투자자들은 상품설명서를 꼼꼼히 읽어 보지 않으며, 영업사원들이 얘기하는 수익률이나 장점만을 기준으로 투자를 한다. 그리고, 열 번 스무 번 먹다가(정상상환) 한번 크게 토해낸다(미상환). 홍콩, 우리나라를 제외하고 리테일(일반 소액투자자)에서 활발하게 판매되는 나라는 없다.

ELD는 주가연계예금(Equity Linked Deposit)으로 은행에서 판매하고, ELF는 주가연계펀드(Equity Linked Fund)로 증권사, 은행에서 판매하고 자산운용사에서 운용하는 상품이다. 상품의 내용은 ELS와 동일하다. ELS의 기본 개념을 살펴보자. 표와 같다.

ELS의 기본 개념	
ELS란	• Equity Linked Securities. 주가 연계증권 • 주가지수나 개별 종목의 주가 같은 기초자산에 연계되어 투자수익이 결정되는 상품
수익률 결정	• 지수나 주가가 일정 가격 이하로 떨어지지 않으면 약속된 수익률 지급 • 대부분 원금 비보장. 주가가 떨어질수록 손실 확대
만기, 발행사	• 6개월~3년 • 증권사만 발행. 증권사, 은행에서 판매
지수형/종목형	• 지수형: 주로 한국KOSPI200, 홍콩HSCEI, 일본Nikkei225, 미국S&P500, 유럽EuroStoxx50을 기초자산으로 • 종목형: 삼성전자, 현대차 등 대형 우량주 중심

위험은 크게 2가지다.

① 조건에 부합되지 않아 원금 손실이 날 위험

② 증권사가 부도나서 원금을 못 받을 위험

증권사 부도 위험은 아주 작으므로, 첫 번째 위험이 주요한 위험이다.

2) 유형(종류)

ELS 상품 출시 초기에는 녹아웃형, 불스프레드형 등이 많이 판매되었으나, 2020 .12월 현재 스텝다운형이면서 기초자산이 주가지수인 상품이 많이 팔리고 있다. 오랜 기간 진화하면서 고객에게 유리한 상품을 많이 출시하고 있다.

대표적인 유형 몇 가지만 그림으로 개략적으로만 이해하자.

상품별로 상세하게 이해하기 위해서는 상품별로 투자설명서, 요약 안내서, 기준가 안내서 등을 꼼꼼히 살펴보아야 한다.

■ 대표적인 몇가지 유형(세부 유형은 굉장히 많음)

① 스텝다운형: 특정 주가를 주기마다 평가하고, 정해진 하락률보다 하락하지 않으면 약속한

   수익을 지급하고 조기 상환. 하락하면 계속 연장. 만기 시 조건에 따라(주가 많이 하락 시)

   손실 발생 가능. '2018년~2020년에 주로 스텝다운형 발행'. 시장에서 가장 인기있는 상품

② 녹아웃형: 미리 정해 놓은 주가 수준에 한번이라도 도달하면 약속된 수익을 지급.

   도달 안 하면 가격에 비례하여(참여율) 수익 지급

③ 양방향 녹아웃형: 상승 시 또는 하락 시 정해 놓은 주가에 도달하면 약속된 수익을 지급

④ 불스프레드형: 만기 시점의 주가 상승률에 비례해 지급하되, 최대 상승한도가 있음

⑤ 디지털형: 정해 놓은 주가를 초과할 때 약속된 수익률 지급

⑥ 리버스컨버터블형: 정해 놓은 하락폭 이하로 떨어지지 않으면 약속된 수익률 지급

① 스텝다운형(Step-Down) ELS

상품의 구조가 계단을 내려오는 것 같은 모양이다.

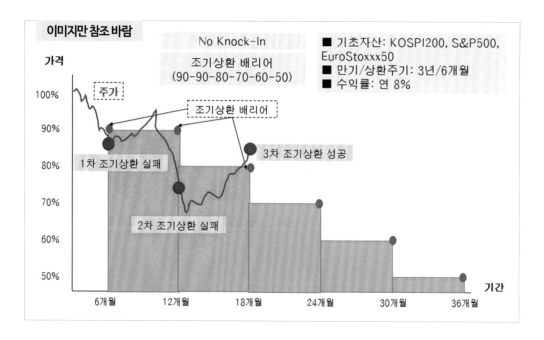

낯선 용어와 그림은 뒤 예시에서 살펴보자.

스텝다운형도 세부적으로는 여러가지 종류가 있다.

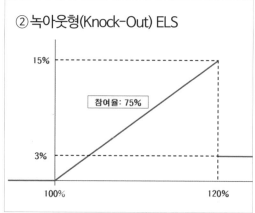

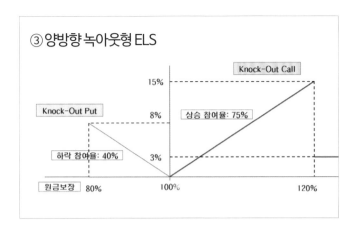

③ 양방향 녹아웃형 ELS

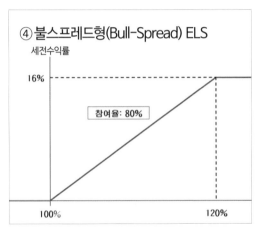

④ 불스프레드형(Bull-Spread) ELS

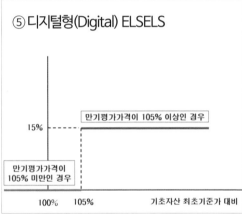

⑤ 디지털형(Digital) ELSELS

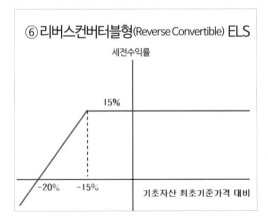

⑥ 리버스컨버터블형(Reverse Convertible) ELS

3) ELS 상품 실제 사례

표는 어느 증권회사의 판매 리스트다. 대표적 상품인 가장 위에 있는 '19030호 지수형 ELS(KI 스텝다운)' 하나만 상세히 살펴보자. KI 스텝다운형은 구조가 다소 복잡하며, 이 상품 하나만 이해하면 나머지 상품은 쉽게 이해할 수 있다.

[공모 ELS/DLS 상품안내] **문의: 00주임(☎OO), 00대리(☎OO)   OOO증권회사

계속 ➡

모집일   2020.00/00(월) ~ 00/00(금)   기준일   00/00(금)

회차	상품 유형	쿠폰(연)	보수(bp)	기초자산
19030	지수형 ELS (KI 스텝다운)	9.00%	100	K+H+S
19040	지수형 ELS (슈퍼 리자드)	8.00% (L 8.00%)	120	K+E+H
19055	혼합형 ELS (No KI 스텝다운)	9.00%	130	삼성전자+K+H
3330	DLB(NO KI 스텝다운)	3.00%	100	환율+K
19060	지수형 ELS (No KI 스텝다운)	8.30%	100	E+H+S
16686	원금90% 부분지급(Worst of Call)	-10%~ 무한대	100	AMAZON/ALPHABET
18304	종목형 ELS (KI 스텝다운)	연7.80%(최대23.40%)	100	LG전자/카카오
22050	원금 101%지급형 KO(115%) Call		100	K
6976	조기상환형 스텝다운 DLS (50 KI)	5.70%	100	BRENT/WTI 최근월물
507	원금지급형 Digital형 DLB	1.91%	30	CD91일물 금리
19075	지수형 ELS (월지급식)	최대 6.24%	100	E+N+S
19077	종목형 ELS (슈퍼 리자드)	12.00% (L 18.00%)	120	삼성전자+넷플릭스
19080	지수형 ELS (슈퍼 리자드)	7.50% (L 7.50%)	100	K+E+H
19082	지수형 ELS (슈퍼 리자드)	6.40% (L 6.40%)	100	K+E+H
3333	원금보장 DLB	연 2.00%	연 30	CD91일물 금리
19078	지수형 ELS (싱글 리자드)	7.00% (L 7.00%)	115	E+H+S

➡ **"기초자산" 에 이어(계속)**

회차	통화	만기/상환	상환 배리어	KI	한도(억)
19030	KRW	3y / 6m	90-90-85-85-80-75	55	100
19040	KRW	3y / 6m	90(85)-90(75)-85-80-75-65		100-
19055	KRW	3y / 6m	90-90-85-80-75-65		20
3330	KRW	1y / 4m	199-100-100		40
19060	KRW	3y / 6m	85-85-85-80-75-65		30
16686	KRW	3y	기울기: 하락 시 1(손실10%제한) 상승 시 0.7		50
18304	KRW	3y / 6m	85-85-85-80-80-80	50	30
22050	KRW	1.5y	KO(115%)시 1%, 100~115%시 참여율80%		50
6976	KRW	1y / 4m	90-85-80	50	50
507	KRW	3y	1.85%		100
19075	KRW	3y / 6m	95-90-85-85-80-60	-	50
19077	KRW	3y / 6m	95(85)-90(75)-85-85-80-60	-	100
19080	KRW	3y / 6m	90(85)-90(75)-85-80-75-65	-	-
19082	KRW	3y / 6m	85(80)-85(75)-85-80-75-65	-	-
3333	USD	3m	1% 이상인 경우: 연 2.01%	-	200M USD
19078	KRW	3y / 6m	85-85(80)-85-80-75-65	-	100

※ S : S&P500 / K : KOSPI200 / N : NIKKEI225 / H : HSCEI / HSI : HSI(항셍지수) / E : EUROSTOXX50

〈공모 ELS 19030호에 대한 설명〉

● 공모 ELS 19030호 기본적인 상품 내용

상품의 유형	조기상환형 지수형, 스텝다운 ELS(55 KI)
기초자산	KOSPI200 / EUROSTOXX50 / HSCEI
만기/상환주기	3년/6개월
상환조건	90-90-85-85-80-75/ 55KI
최대수익	27.00%(연 9.00%)
조건 미달성시 손실률	-100%~ -25%

● 스텝다운형은 상품의 상환구조가 계단처럼 되어 있다.

● KI: Knock-In(낙인)

● 모든 ELS는 기초자산이 여러 개일 경우 그 중 수익률이 가장 안 좋은 것을 기준으로(Worst) 상환조건이나 최종 수익률을 따진다.

● 1차 상환: 최초기준가격을 정하고(발행일 종가), 6개월 후 3개의 기초자산의 종가가 모두 최초 기준가격의 90% 이상이면(수익률 −10% 이상이면) 곧바로(실제는 3일 후) 연 9%(실제 4.5%)를 받고 종료한다. 세금은 원천 징수한다. 기초자산의 종가가 하나라도 90% 미만이면 6개월 연장되어 2차 상환을 기다린다.

● 2차 상환: 또다시 6개월 후(발행 1년 후) 3개의 기초자산의 종가가 모두 최초 기준 가격의 90% 이상이면(수익률 −10% 이상이면) 곧바로 연 9%(실제 9%)를 받고 종료한다. 기초자산의 종가가 하나라도 90% 미만이면 6개월 연장되어 3차 상환을 기다린다.

● 3차 상환: 또다시 6개월 후(발행 1년 6개월 후) 3개의 기초자산의 종가가 모두 최초 기준 가격의 85% 이상이면(수익률 −15% 이상이면) 곧바로 연 9%(실제 13.5%)를 받고 종료한다. 기초자산의 종가가 하나라도 85% 미만이면 6개월 연장되어 4차상환을 기다린다.

● 4차 상환, 5차 상환 마찬가지.

● 만기(6차 상환, 3년 후): 이 시점이 중요하고 다소 복잡하다. 잘 살펴보자. 이해를 쉽게 하기 위해 2가지 경우로 나누어 보자. 아래 '만기 Pay-off' 그래프를 보면서 이해해 보자.

① 6차 상환(만기상환): 1~5차 상환과 동일하다. 즉, 6개월 후(발행 3년 후= 만기시점) 3개의 기초자산의 종가가 모두 최초기준가격의 75% 이상이면(수익률 −25% 이상이면) 곧바로 연 9%(실제 27%)를 받고 종료한다. 3년간 고생했지만 대박.

② 6차 상환 조건이 충족되지 않는 경우: 3개 기초자산 중 어느 하나라도 25%를 초과하여 하락한다면(최초기준가격의 75% 미만이면) 6차 상환이 이루어지지 않는다. 바로 손실인가? 그렇지 않다. 마지막 희망이 있다. 발행일부터 만기평가일까지 3년간 매일 3개 기초자산의 종가가 모두 다 최초기준가격의 55% 미만으로 하락한 적이 없는 경우(수익률 −45% 이상이면), 연 9%(실제 27%)를 받고 종료한다. 즉, 3년 동안 어느 하루라도 3개 기초자산의 종가가 55% 미만으로 가면 안 된다. 54.9%면 안 된다(수익률 −45.1%면 안 된다). 이때는 손실 공식으로 들어간다. 손실 그래프, 손실 구간으로 들어간다. 손실은 3개 기초자산 중 만기 시 종가기준으로 가장 손실이 큰 기초자산의 수익률을 따르게 된다.

● 만기상환에 대해 KI(낙인)기준으로 반복 설명을 하면,

※ NO KI(노 낙인)이면, 즉 3년간 3개 지수 모두 매일 종가가 기초자산가격의 55% 이상이면
　　27%로 상환

※ KI(낙인)이면, 즉 3년간 3개 지수 중 어느 하나라도 55% 미만이면, 만기 종가가

(1) 3개 모두 75% 이상이면 27% 상환,

(2) 3개 중 어느 하나라도 75% 미만이면, 3개 중 가장 나쁜 수익률로 손실 확정된다.

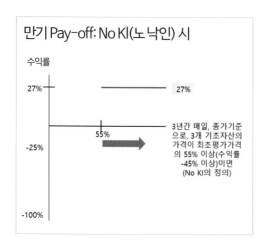

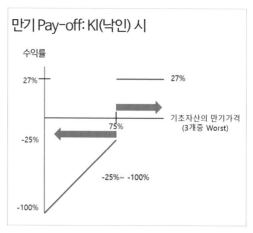

● 다소 복잡하여 표로 만기 시 상환, 미상환 예시를 만들어 보았다

공모 ELS 19030호 스텝다운 3년 만기시 상환, 미상환 예시

※ 상환조건 75(수익률 -25%이상), KI 55(수익률 -45%이상)의 경우

Case1: KI(낙인), No KI(노 낙인) 상관 없음

구분	해당되는 조건	KOSPI200	EUROSTOXX50	HSCEI	상환	수익률
① 3년 만기시점 종가수익률 ➡	만기시 상환조건 75(-25%)	-20%	-22%	-25%	○	27%
② 3년간 종가기준 최악수익률 ➡	KI 55(-45%)	①에서 상환 조건 충족. 즉, 수익률 -25%이상. ②는 볼 필요도 없음				

Case2: KI(낙인)

구분	해당 조건	KOSPI200	EUROSTOXX50	HSCEI	상환	수익률
① 3년 만기시점 종가수익률 ➡	만기시 상환조건 75	-70%	200%	500%	X	-70%
② 3년간 종가기준 최악수익률 ➡	KI 55	①에서 미상환 조건 충족. 즉, 수익률 -45%미만. ②는 볼 필요도 없음				

Case3: No KI(노 낙인)

구분	해당되는 조건	KOSPI200	EUROSTOXX50	HSCEI	상환	수익률
① 3년 만기시점 종가수익률 ➡	만기시 상환조건 75(-25%)	50%	200%	-26%	X	
② 3년간 종가기준 최악수익률 ➡	KI 55(-45%)	-30%	-40%	-44%	○	27%

* ①에서 상환조건(수익률 -25%이상) 미충족. 그러나, -45% 이상. ②로 가자
②에서 상환조건(수익률 -45%이상) 충족. 상환됨. 대박!!

Case4: KI(낙인)

구분	해당되는 조건	KOSPI200	EUROSTOXX50	HSCEI	상환	수익률
① 3년 만기시점 종가수익률 ➡	만기시 상환조건 75(-25%)	50%	200%	-40%	X	
② 3년간 종가기준 최악수익률 ➡	KI 55(-45%)	100%	150%	-46%	X	-40%

* ①에서 상환조건(수익률 -25%이상) 미충족. 그러나, -45% 이상. ②로 가자
②에서 상환조건(수익률 -45%이상) 미충족. ①의 3개존 최악수익률로 상환

● 이상으로 상품의 상환과 손실에 대해 설명을 하였다. ELS 판매 시 통상 증권회사에서 투자자에게 제공하는 자료는 6가지다. 6개 자료가 1set이다. 자료가 너무 많다. 매번 다 읽을 수는 없지만, 한번은 자세히 읽기를 바란다. 한번 정독을 하면 유사한 자료들은 다음에 짧은 시간 내 읽고 쉽게 파악한다. 자료에 모든 정보가 다 나와 있다. 수천만원을 투자하면서 어떻게 이런 자료들을 읽지 않는 단 말인가? 증권사 직원들도 잘 모르는 경우가 있다. 은행 직원들은 주식, ELS 이런 상품에 친숙하지 않아 이해도가 다소 떨어지는 편이다. 본인 스스로 공부하고 이해하고 판단하여야 한다.

● 상품 구매 시 제공받는 자료

1. 요약 안내서(1장, 그림)

2. 기준가 안내서(1장, 그림)

3. Quick Guide(1장, 글)

4. 요약 보고서(1장, 그림)

5. 투자설명서(50페이지 내외): 가장 상세한 자료

6. 간이투자설명서(15페이지 내외): 투자설명서 요약

● 5번 투자설명서에는 자세한 자료가 다 나와 있다. 예를 들어 거래소에 장애가 생겨 종가형성이

안될 경우 어떻게 할지, 개별 종목의 경우 유무상 증자 시 조정가격, 재판관할 등등 발생 가능성이 희박한 이벤트까지도 명시되어 있다.

● 5번 투자설명서에서 중요하지만 거의 읽어보지 않는 3개의 내용이 있는데 꼭 이해하면서 읽어 보기 바란다. 이 3개의 내용을 보면 투자한 상품이 상환이 잘 될지, 안될지 판단할 수 있다. 확률을 생각할 수 있다.

『투자설명서』에서 중요하지만 거의 읽지 않는 내용 3가지

① 기초자산의 변동성, 기초자산간 상관계수

② 수익률 모의실험

③ 기초자산의 최근 20년간 가격변동 추이

※1 기초자산의 변동성은 클수록 투자자에게 불리하고, 작을수록 유리하다.

　　기초자산간 상관계수는 높을수록 투자자에게 유리하고, 낮을수록 불리하다.

※2 수익률 모의실험은 4,063회나 실시하였다. 제1차 상환은 몇 회, 제2차 상환은 몇 회, 3차,

　　4차, 5차, 그리고 만기 상환 몇 회, 만기 미상환 횟수, 만기 미상환시 손실률이 전부 계산되어

　　있다. 정말 중요한 자료다. 잘 보자.

※3 기초자산의 최근 20년간 가격변동 추이 그래프. 유심히 보자.

1. 요약 안내서

구분	평가일	출금일 (예정)	평가 비율	KOS PI200	EURO STOX X50	HSCEI
1차	2020.10.19	2020.10.22	90%			
2차	2021.04.19	2021.04.22	90%			
3차	2021.10.19	2021.10.22	85%			
4차	2022.04.19	2022.04.22	85%			
5차	2022.10.18	2022.10.21	80%			
만 기	2023.04.18	2023.04.21	75%			
KI Barrier			55%			

구분	상환조건	수익률
자동조기 상환시	자동조기상환평가일에 각 기초자산은 종가가 모두 행사가격 이상인 경우 (*자동조기상환평가가격: 자동조기상환평가일 종가)	연 9.00%
만기 상환시	만기 평가일에 각 기초자산의 종가 모두 최초기준가격의 75% 이상인 경우	27.00% (연 9.00%)
	만기평가일에 각 기초자산의 종가 중 하나라도 최초기준가격의 75% 미만이고, 전체 기간동안 각 기초자산의 종가 중 어느 하나도 최초기준가격의 55%미만으로 하락한적이 한번도 없는 경우 (종가기준)	27.00% (연 9.00%)
	만기평가일에 각 기초자산의 종가 중 하나라도 최초기준가격의 75% 미만이고, 전체 기간동안 각 기초자산의 종가 중 어느 하나도 최초기준가격의 55%미만으로 하락한적이 한번이라도 있는 경우 (종가기준)	만기상환금액=원금 × MIN[각 기초자산의만기가격 ÷ 각기초자산의최초기준가격] (=하락률이 더큰 기초자산기준)

2. 기준가 안내서

신한금융투자 공모ELS 19030호

유형	조기상환형 스텝다운(55KI)
기초자산	KOSPI200 /EUROSTOXX50 /HSCEI
만기/상환주기	3년/6개월
상환조건	90-90-85-85-80-75/55KI
최대수익(세전)	27.00%(연9.00%) 조건미달시손실률: -100% ~ -25%
청약일정	● 2020.04.16(목)~2020.04.22(수) 오후1시 ● 최초기준가격결정일: 2020.04.22 ● 발행일: 2020.4.22
모집금액	● 총 100억원(예정) ● 10,000원 단위로 청약, 안분배정
중도상환방법	● 가능기간: 2020.04.23~2023.04.11 ● 지급일: 신청일로부터 제2영업일 ● 중도상환가격: 공정가액의 95%이상 단,발행후 6개월까지는 90% 이상

고령투자자 투자권유 유의상품	투자위험도	고위험(2등급)

손익구조　모집기간: 2020.04.16(목)~202.04.22(수) 오후1시

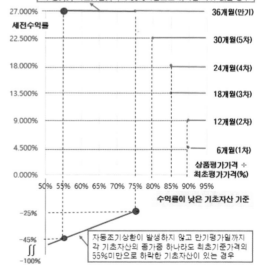

최초기준가격 결정일: 2020.04.22

구분	평가일	총금일 (예정)	평가 비율	KOSPI200 251.8pt	EUROSTOXX50 2,834.9p	HSCEI 9,670.2p
1차	2020.10.19	2020.10.22	90%	226.6	2,551.4	8,703.1
2차	2021.04.19	2021.04.22	90%	226.6	2,551.4	8,703.1
3차	2021.10.19	2021.10.22	85%	214.0	2,409.6	8,219.6
4차	2022.04.19	2022.04.22	85%	214.0	2,409.6	8,219.6
5차	2022.10.18	2022.10.21	80%	201.5	2,267.9	7,736.1
만기	2023.04.18	2023.04.21	75%	188.9	2,126.1	7,252.6
KI Barrier			55%	138.5	1,559.1	5,318.6

구분	상환조건	수익률
자동조기 상환시	자동조기상환평가일에 각 기초자산의 종가가 모두 행사가격 이상인 경우 (*자동조기상환평가일: 자동조기 상환평가일 종가)	연 9.00%
만기 상환시	만기 평가일에 각 기초자산의 종가가 모두 최초기준가격의 75% 이상인 경우	27.00% (연 9.00%)
	만기평가일에 각 기초자산의 종가 중 하나라도 최초기준가격의 75% 미만이고, 전체 기간동안 각 기초자산의 종가 중 어느 하나도 최초기준가격의 55%미만으로 하락한적이 한번도 없는 경우 (종가기준)	27.00% (연 9.00%)
	만기평가일에 각 기초자산의 종가 중 하나라도 최초기준가격의 75% 미만이고, 전체 기간동안 각 기초자산의 종가 중 어느 하나도 최초기준가격의 55%미만으로 하락한적이 한번이라도 있는 경우 (종가기준)	만기상환금액=원금 × MIN(각 기초자산의만기평가가격 ÷ 각기초자산의최초기준가격) (=하락률이 더큰 기초 자산기준)

3. Quick Guide

Quick Guide - 신한금융투자 제19030회 파생결합증권(ELS의 경우)

질문	답변
1. 파생결합증권(ELS)이란 무엇입니까?	파생결합증권(ELS)이란 주가지수 또는 특정 주식의 주가의 등락에 따라 손익이 결정되는 증권을 말합니다.
2. 이 상품의 수익률은 어떻게 결정됩니까?	KOSPI200지수, EuroStoxx50 지수 및 HSCEI 지수가 상환조건 이상이면 이익이 발생하지만 상환조건 미만으로 하락하면 최소 -25%, 최대 -100%의 손실이 발생합니다(설명서를 자세히 읽어 보시기 바랍니다).
3. 이 상품은 원금이 보장됩니까?	이 상품은 원금이 보장되지 않습니다.
4. 이 상품은 어떤 투자자에게 적합합니까?	이 상품은 KOSPI200지수, EuroStoxx50 지수 및 HSCEI 지수가 하락하는 경우 커다란 투자손실을 입을 수 있으며, 경우에 따라서는 만기(3년)까지 투자금액을 회수할 수 없는 경우가 발생할 수도 있으므로, 충분한 여유자금을 보유하고 계신 분께 적당합니다.
5. 최대가능 수익률은 얼마입니까?	최대가능 수익률은 연 9.000%(세전)입니다.
6. 최대가능 손실률은 얼마입니까?	최대가능 손실률은 -100%입니다.(원금전액 손실가능)
7. 기초자산 가격은 어디에서 확인할 수 있습니까?	기초자산의 가격에 관한 정보는 당사 홈페이지( )에서 제공할 예정입니다.

8. 투자기간은 얼마나 됩니까?	만기는 3년입니다. 다만, 6개월마다 도래하는 평가기준일에 수익달성 조건을 충족하면 투자수익을 지급하고 조기종료 됩니다.
9. 만기 전에 중도환매가 가능합니까?	가능합니다. 중도환매 가능기간(발행일 익일 거래소영업일로부터 만기평가일(만기평가일이 2일 이상인 경우 첫번째 일자) 이전 5거래소영업일까지 모든 거래소영업일)중에 지점방문 또는 유선상으로 해약(중도환매)을 요청하실 수 있습니다.
10. 환매수수료는 얼마입니까?	별도의 환매수수료는 없습니다. 실제 중도환매 금액은 본 증권의 위험회피거래(헷지거래)에 대한 청산가치를 기준으로 산출하며 기초자산의 가격, 시중금리, 기초자산의 가격변동성, 배당률, 관련 선물옵션가격, 만기까지의 잔존기간 등을 고려하여 당사가 신의성실에 따라 계산한 금액으로, 공정가액의 95%이상(단, 발행 후 6개월까지는 90% 이상)으로 상환하나, 경우에 따라 원금손실이 발생할 수 있습니다.

4. 요약보고서

신한투자-19030-KOSPI200/HSCEI/EUROSTOXX50-원금비보장　　　**2020-05-13기준**

기본정보

기초자산1	EURO STOXX 50
기초자산2	HSCEI
기초자산3	코스피 200
기초자산결정일	2020-04-22
발행일	2020-04-22
만기 평가일	2020-04-18
만기상환지급일	2023-04-21
투자기간	36개월
평가주기	6개월
최대가능수익률(연)	9.00%
상품구조	Standard Stepdown
상환조건	90-90-85-85-80-75
Knock-In	55
Knock-Out	0

기본정보

구분	기준가	현재가
EURO STOXX 50	2,834.90	2,884.20
HSCEI	9,670.20	9,832.10
코스피 200	251.88	253.37

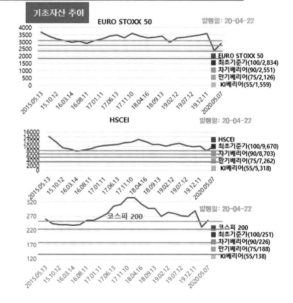

기초자산 추이

EURO STOXX 50　　발행일: 20-04-22
- EURO STOXX 50
- 최초기준가(100/2,834)
- 차기베리어(90/2,551)
- 만기베리어(75/2,126)
- KI베리어(55/1,559)

HSCEI　　발행일: 20-04-22
- HSCEI
- 최초기준가(100/9,670)
- 차기베리어(90/8,703)
- 만기베리어(75/7,262)
- KI베리어(55/5,318)

코스피 200　　발행일: 20-04-22
- 코스피 200
- 최초기준가(100/251)
- 차기베리어(90/226)
- 만기베리어(75/188)
- KI베리어(55/138)

5. 투자설명서

투 자 설 명 서

2020년 04월 14일

신한금융투자 주식회사

신한금융투자 파생결합증권(ELS) 제19030회 : 금 10,000,000,000원

금 10,000,000,000 원

1. 증권신고의 효력발생일 :   2020년 04월 14일

2. 모집가액 :   금 10,000,000,000 원

3. 청약기간 :   2020년 04월 16일 ~ 2020년 04월 22일 (오후1시까지)

4. 납입기일 :   2020년 04월 22일

5. 증권신고서 및 투자설명서의 열람장소

　가. 증권신고서 :   금융위(금감원)홈페이지 → dart.fss.or.kr

　나. 일괄신고 추가서류 :   금융위(금감원)홈페이지 → dart.fss.or.kr

　다. 투자설명서 :   전자문서 : 금융위(금감원)홈페이지 → dart.fss.or.kr

　　　　　　　　　　　서면문서 : 신한금융투자 본/지점 인쇄물

6. 안정조작 또는 시장조성에 관한 사항

해당사항없음

> 이 투자설명서에 대한 증권신고의 효력발생은 정부가 증권신고서의 기재사항이 진실 또는 정확하다는 것을 인정하거나 이 증권의 가치를 보증 또는 승인한 것이 아니며, 이 투자설명서의 기재사항은 청약일 전에 정정될 수 있음을 유의하시기 바랍니다.

신한금융투자 주식회사

※ 투자설명서: 50페이지 내외로 된 가장 상세한 설명서. 첫 페이지 이외 생략함.

6. 간이투자설명서

※ 15페이지 내외의 투자설명서를 요약한 자료. 첫 페이지 이외 생략함

★ 『투자설명서』에서 중요하지만 거의 읽지 않는 내용 3가지

① 기초자산의 변동성과 상관계수

항목	내용	
기초자산가격 변동성(%)	· KOSPI200 : · EUROSTOXX50 : · HSCEI :	29.07 31.19 31.51
기초자산 일별수익률 간의 상관계수	· KOSPI200, EUROSTOXX50 : · KOSPI200, HSCEI : · EUROSTOXX50, HSCEI :	0.5716 0.8565 0.6232

② 수익률 모의실험 결과

수익률 모의실험_19030

상환구분	기간수익률(%)	관측횟수	비율
1차 자동조기상환	4.50%	2755	67.81%
2차 자동조기상환	9%	329	8.10%
3차 자동조기상환	13.50%	177	4.36%
4차 자동조기상환	18%	92	2.26%
5차 자동조기상환	22.50%	121	2.98%
만기평가	27%	199	4.90%
만기평가	손실	390	9.60%
진행중	-	0	0%
합계	-	4063	100%

만기손실 현황	
기간수익률(%)	관측회수
-10.0% ~ -0.0%	0
-20.0% ~ -10.0%	0
-30.0% ~ -20.0%	17
-40.0% ~ -30.0%	212
-50.0% ~ -40.0%	58
-50.0% 미만	103
합계	390

③ 기초자산의 최근 20년간 가격변동 추이

투자설명서 내 자료임

기초자산의 최근 20년간 가격변동 추이

가. 대상 기간: 2000년 04월 11일 ~ 2020년 04월 06일

나. 기간 중 최고치

KOSPI200 : 338.83 (2017년 11월 03일)

EUROSTOXX50 : 5,434.81 (2000년 05월 02일)

HSCEI : 20,400.07 (2007년 10월 30일)

다. 기간 중 최저치

KOSPI200 : 58.03 (2001년 09월 27일)

EUROSTOXX50 : 1,809.98 (2009년 03월 09일)

HSCEI : 1,469.62 (2000년 04월 17일)

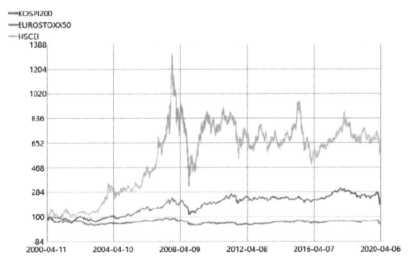

els 19030호 (기초자산 가격변동 추이)

(*모든 기초자산의 기준가격을 100이라 가정하였을 시)

4) ELS수익률과 예금금리

조금 오래전 자료인데, ELS수익률과 예금금리를 비교하여 보여주는 그래프다.

2020년 말 현재 초저금리 시대에 사는 우리는 안전자산만으로는 수익을 내기가 어려워졌다. 불가능하다. 1년 만기 정기예금 금리는 세전 0.8%~0.9% 정도 수준이다. ELS는 연3~4% 정도 기대수익이 가능하다. 상품들을 보면 미상환 가능성이 극히 낮을 듯해 보인다. 하지만, 앞에서도 언급하였듯 ELS는 개인투자자가 옵션을 파는 상품이다. 쉽게 설명하면, 복권을 발행해서 파는 상품이다. 복권을 사면 푼돈을 조금씩 잃다가 당첨되면 큰 돈을 벌게 되는데, 복권을 발행해서 팔면 푼돈을 조금씩 먹다가 잘못 걸리면 큰 돈을 잃게 된다. 그렇다고 장기적으로 수익률이 10% 이렇게 나오지도 않는다. ELS투자는 과거에도 주기적으로 여러 차례 큰 손실을 안겨줬다. 세계적인 이벤트, 어느 특정 국가에서의 이벤트, 우리나라만의 좋지 않은 이벤트 이런 것들이 갑자기 예상도 못한 상태에서 발생한다. 그러면 ELS 투자자는 큰 손실을 보게 된다.

ELS보다는 주식을 하는게 훨씬 낫다. 일부만을 포트폴리오 차원에서 편입하는 것도 그리 권유하고 싶지 않다. 투자는 단순하고 이해하기 쉬운 상품이 좋다.

5) ELS 중위험 중수익 상품인가?

아니다. 앞에서의 설명을 이해한 후 아래 표를 보자.

ELS는 왜 중위험 중수익 상품이 아닌가

가상의 손익 추정

가정
① 10년간 매 6개월마다 연 8%씩 조기 상환(19회)
② 10년에 한번 손실. -40%

**고위험 중수익
또는
중위험 저수익 상품**

수익률
① 10년간 수익률 76% → 세후 64%
② 10년간 손실률 40%
③ 10년간 순수익률 24% → 연평균수익률 2.4%

코멘트
1. 좋을 때의 기쁨 〈 나쁠 때의 충격
2. 가정은 현실적이다. 최소한 10년에 한번은 대형 악재가 발생한다.
   (블랙먼데이, IMF구제금융, 닷컴버블, 서브프라임모기지 등).
   즉, ELS 큰 손실 발생한다. 실제로도 그랬다.
   (ELS는 주가 산정 기간이 정해져 있고, 통상 3개중 Worst로 한다)
3. 이익은 푼돈으로 들어오지만, 손실은 목돈으로 나간다.(안정성↓)

12 ETF

1) 개요

ETF는 Exchange Traded Fund의 약자로, 상장지수펀드 라고도 한다. 정해 놓은 특정지수의 성과를 추종하는 인덱스펀드다. 펀드이면서도 주식시장에 상장되어 주식처럼 매매할 수 있고 자산운용사에서 운용을 한다. 한국의 경우 삼성자산운용, 미래에셋대우자산운용이 대표적이고, 미국의 경우 블랙록자산운용, 뱅가드자산운용, SSGA자산운용 등이 있다. 분산투자 효과가 있어 개별 기업에 투자하는 것보다 리스크를 줄일 수 있다. 거래비용도 아주 저렴하다. 자산운용사의 운용보수가 연 0.1~0.25% 정도로 액티브펀드 1.5~2%보다 훨씬 낮고, 증권거래세도 면제다.

다양한 투자 상품을 제공하고 있다. 2020년 7월 말 현재 국내상장 ETF수는 국내투자 ETF 330개, 해외투자ETF 117개로 447개에 이른다. 계속 늘어나고 있다. 미국의 ETF는 셀 수 없을 정도로 많다. 미국은 ETF가 주식거래의 25% 정도를 차지할 정도로 보편화된 거래로 정착이 되었다. ETF로 세상의 모든 상품을 다 투자할 수 있다. 국내 상장지수(코스피200, 코스닥), 미국 상장지수(다우존스30, S&P500, 나스닥), 일본지수, 중국지수, 홍콩지수, 유로스톡50 등 전세계 모든 주가지수를 ETF로 투자할 수 있다. 테마 또는 섹터 주식도 투자 가능하다. AI 주식들, 4차 산업 주식들, 바이오주식들, 반도체 주식들, 삼성그룹 주식들 모두 ETF로 투자가 가능하다. 채권, 원유, 금, 통화, 파생상품 등도 있다. 레버리지도 있고 인버스도 있고 레버리지인버스도 있다. 인버스는 해당 지수의 방향과 반대로 움직인다. 즉, 해당 지수가 오르면 인버스는 떨어지고, 해당 지수가 떨어지면 인버스는 오른다.

국내 거래소 시장을 통해 국내 투자, 해외 투자를 할 수 있고(대부분 환헷지), 해외 거래소 시장을 통해(미국, 일본, 중국, 홍콩, 유로 등) 해외에 상장된 ETF를 직접 매매할 수 있다. 해외 거래소 시장을 통한 매매는 환이 노출되어 있다.

국내ETF 조회는 '네이버금융 →국내증시 → ETF'를 치면 된다. 국내에 상장된 모든 ETF의 시세를 볼 수 있다. 매수할 때 핵심체크 사항은 기초지수가 무엇인가(무엇을 추종하는가), 매매는 활발하게 되는가(유동성), 시세가 저렴해서 상승 가능성이 있는가(주가 수준) 등이다. 주식과 동일하다. 싸게 사서 비싸게 팔아야 한다.

ETF(Exchange Traded Fund, 상장지수펀드) 개요	
개념	특정지수를 추종하는 인덱스 펀드
운용주체	자산운용사
특징 (장점)	① 자유로운 매매(유동성 확보): 거래소에 상장되어 있다 ② 분산투자 가능: ETF는 여러종목으로 구성되어 있다 ③ 낮은 거래비용: 운용보수가 0.1~0.25% 수준으로 펀드의 1/3 이하 수준. 증권거래세도 면제 ④ 다양한 상품: 세상의 모든 상품이 다 있다. 2020.7월말 현재 국내상장 ETF수는 　　 447개(국내투자ETF 330개, 해외투자ETF 117개). 미국은 셀 수 없을 정도로 많다
종류	국내주식시장지수, 해외주식시장지수(미국, 중국, 일본 등), 국내업종(은행, IT 등), 국내테마 또는 섹터(AI, 반도체, 바이오, 인터넷, 삼성그룹 등), 국내파생, 해외업종, 해외테마 또는 섹터, 원자재(원유, 금 등), 채권, 통화
거래소	국내거래소를 통한 매매(국내투자, 해외투자), 해외거래소를 통한 매매(미국거래소, 일본거래소, 중국, 홍콩, 유로 등. 환 노출)
조회	네이버금융 》 국내증시 》 ETF 국내 상장된 ETF주식 전부의 시세
핵심체크사항	① 기초지수가 무엇인가 　② 거래대금(유동성) ③ 주가수준(저렴)

2) ETF와 펀드 비교

ETF도 펀드다. 자산운용사에서 운용을 한다. 단, 주식시장에 상장되어 있다. 실시간으로 가격 확인도 안 되고, 거래비용도 많이 들고, 가입 절차도 복잡한 펀드보다 ETF가 여러 면에서 비교우위에 있다. 간단히 표로 비교해 보았다.

ETF와 펀드 비교		
구분	ETF	펀드
상장여부	상장	비상장
투자타이밍	주식시장 실시간 거래(매매)	당일 종가기준으로 거래(가입)
운영내역확인	실시간(본인이 직접투자)	분기1회운용보고서(운용사의운용역이매매. 간접투자)
거래비용	○ 증권사 매매수수료: 저렴. 무료수수료도 많음 ○ 매도시 증권거래세: 면제 ○ 운용사 운용보수율 아주 낮음: 0.5% 이하. 　 0.3%도 있고 0.03%도 있음 ● 전체적으로 펀드의 1/3 이하 수준(저렴)	대략 ○ 매수시: 선취수수료 1% ○ 운용기간: 운용보수 1% ○ 중도환매수수료: 조건별
투자시 유의사항	추종지수, 거래량, 수수료확인	자산운용사, 운용역 확인
대표상품	KODEX200	대형자산운용사 주식형펀드

3) 국내 거래소 상장 해외투자ETF, 해외 거래소 상장 해외투자ETF

ETF가 활성화된 것은 2010년 이후다. 초기에는 KODEX200, KOSEF200 상품 정도가 거래되는 정도의 수준이었다. 하지만, 2017년 이후 국내 상장 ETF수가 급격히 늘어나고, 해외 주식 직접 거래가 활성화되면서 ETF가 관심 상품, 인기상품으로 정착되어 가고 있다. 투자자 입장에서는 분산투자로 변동성도 작고, 국내외 주식, 채권, 현물, 통화 등 다양한 상품에 투자할 수 있고, 실시간으로 시세 확인도 가능한, 굉장히 편한 상품이다. 국내시장이 아직은 역사가 일천해 종목수나 거래량이 미국 시장에 한참 못 미치지만 계속 발전하고 있다.

ETF로 S&P500에 투자하고 싶다면, 방법은 2가지다. 국내 운용사가 국내에 상장한 S&P500 ETF에 투자하는 방법과 미국 운용사가 미국 시장에 상장한 S&P500ETF에 투자하는 방법이다. 국내의 경우 통상 환헷지가 되어 있고, 해외직접투자의 경우 환율이 오픈되어 있다. 해외투자를 국내 거래소에서 하는 방법과 해외 거래소에서 하는 방법을 표로 비교해 보자.

ETF: 국내 거래소 상장 해외투자, 해외 거래소 상장 해외투자 비교		
구분	**국내상장 해외투자ETF**	**해외상장 해외투자ETF**
상장거래소	한국 거래소	미국거래소, 중국거래소, 일본거래소, 홍콩거래소, 유로거래소
거래통화	원화(환 헷지)	해당 국가 통화
거래시간	국내 주식 거래시간	해당 국가 주식 거래시간
장점	익숙해 거래하기 편리함, 펀드보다 비용 저렴	다양한 종목, 충분한 거래량
단점	종목수, 거래량 부족	- 처음에 익숙치 않아 거래 불편, - 국내거래보다 비용 비쌈(환전수수료, 주식매매수수료), - 한국과 시간 차이

4) S&P500 투자 사례

S&P500 투자를 사례로 살펴보자.

국내 ETF와 해외 ETF 사례

예) S&P500 투자

1. 종목	국내: ① TIGER미국S&P500선물(H) ② KODEX미국S&P500선물(H) ③ ARIRANG미국S&P500선물(H) 　☞ TIGER:미래에셋자산운용, KODEX:삼성자산운용, ARIRANG:한화자산운용 　☞ S&P500선물에 투자 　☞ H: 환헷지 미국: ④ SPY: SSGA자산운용 ⑤ IVV: 블랙록자산운용 ⑥ VOO: 뱅가드자산운용 　☞ 미국ETF는 달러로 투자. 환노출 ※ 6개 종목 수익률 다 비슷. 거래대금, 괴리율 체크 후 선택
2. 매매비용	매수수수료, 운용사 연보수, 매도수수료, 미국ETF투자시 환전수수료 ※ 매수수수료, 매도수수료 아주 작다. 매도 시 증권거래세 면제 ※ 연보수: 매우 낮다. 특히 미국ETF는 낮다. 　예) TIGER 0.3%, KODEX 0.25%, ARIRANG 0.3% 　　　SPY 0.09%, IVV 0.04%, VOO 0.03%

3. 세금

	배당, 분배금	매매 차익
국내상장 ETF	15.4%(배당소득세)	■ 국내주식형ETF: 비과세 * 2022년부터 22.0%(금융투자소득세. 공제 있음) ■ 주식형 제외(기타ETF): 15.4%(배당소득세)
해외상장 (미국)ETF	15.4%(배당소득세)	22.0%(양도소득세) * 250만원 초과분에 대해

※ 세금제도는 계속 변경 중(매매차익 과세 등)

금융종합과세 해당 유무	
국내상장ETF	O
해외상장ETF	X(분리과세)

4. 특징비교

국내ETF	미국ETF
소액투자 가능(6천원~4만원) 환헷지 세금 15.4%(배당금)	1주당 가격 약간 큼(30만원 대) 환노출: 달러로 투자 세금배당금 15.4% 양도소득세 22.0%

※ 절차 간편, 낮은 보수, 상품 다양, 분산 투자, 거래소 상장

5) EMP, 자산 배분 ETF, 채권형 ETF 예시

EMP는 ETF Managed Portfolio로 ETF 여러 개에 투자하는 펀드다. ETF 자체가 분산투자 펀드 인데, EFT를 여러 개 투자해 분산에 또 분산을 하는 것이다. 안정을 추구하는 투자자에게 적격이 다. 편입자산을 잘 보아야 하며, 분산을 많이 했다는 의미는 변동성은 낮지만(안정적이지만) 투자 수익률은 그리 높지 않을 수 있다는 것이다. 항상 기억하자. High Risk High Return, Low Risk Low Return!! No Free Lunch!!

주식과 채권에 분산투자 하는 자산 배분 ETF, 채권 상품에서 이미 언급했던 채권형 ETF도 예시를 통해 몇 가지만 보자.

EMP펀드: ETF Managed Portfolio

※ ETF 여러 개를 투자하는 펀드. 재간접형. 분산(ETF)의 분산(여러 개)

※ 예: IBK 플레인바닐라 EMP 펀드(재간접형)의 편입자산

고배당주, 리츠	맥쿼리인프라, 롯데리츠, EQUINIX(미국리츠ETF), ISHARES 20년 미국채(BlackRock 운용)
국가지수	VANGUARD S&P 500, KODEX 200
섹터형	Invesco QQQ TRUST, VANGUARD INFO TECH, ISHARES PHLX SEMICOND, KR CHINA INTERNET

해외ETF: 자산배분 대표 ETF

※ 편입자산: 미국 채권, 글로벌 채권, 미국 주식, MSCI 선진국 주식, MSCI 이머징 주식

티커	배분성격	운용규모	연평균수익률 ((00~19년(20년)
AOA	공격적	8.1억 달러	9.51%
AOR	성장형	12.1억 달러	7.75%
AOM	중간	10.7억 달러	5.99%
AOK	보수적	5.7억 달러	5.21%

2019년 말

티커	운용사	기초자산	운영규모 (십억달러)	2017~19년 3년 연평균 수익률(%)
AGG	BlackRock	종합(여러 채권)	75.6	3.6
BND	Vanguard	종합(여러 채권)	53.6	3.6
TLT	BlackRock	정부채(20년 이상)	21.0	9.2
IEF	BlackRock	정부채(7~10년)	20.1	2.6
SHY	BlackRock	정부채(1~3년)	17.2	0.3
TIP	BlackRock	물가연동채	21.6	2.9
VCIT	Vanguard	회사채	29.0	5.3
LQD	BlackRock	회사채	34.9	7.1

6) 국내상장 ETF

2020. 7. 31일 현재 국내 상장 ETF 747개 중 몇 개만 샘플로 보자.

종목명을 보면 이렇게 다양한 상품이 있구나 하는 것을 알게 된다.

『① 주가지수(레버리지, 인버스, 선물도 있음),

② 업종 및 섹터(삼성그룹, 고배당, 대형주, 소비재, 건설, IT, 반도체, 바이오, 화학, 은행, 중소형주 등),

③ 채권(단기채, 통안채, 국고채, 회사채, 미국채, 하이일드 등),

④ 원자재(원유, 금),

⑤ 해외 주식(나스닥, 선진국 MSCI, 중국, 일본, 미국 4차산업, 미국 러셀2000, 미국 바이오, 미국 에너지, 달러선물, 엔화선물, 미국리츠, 일본 리츠 등)』 등등을 볼 수 있다.

	전체	국내 시장지수	국내 업종/테마	국내 파생	해외 주식	원자재	채권	기타

종목명	현재가	전일비	등락률	NAV	3개월수익률	거래량	거래대금(백만)	시가총액(억)
KODEX 200	29,930	▼ 240	-0.80%	29,985	+16.13%	4,585,841	138,004	52,797
TIGER 200	29,940	▼ 230	-0.76%	29,982	+16.19%	1,133,681	34,107	26,392
KODEX 200선물인버스2X	4,620	▲ 65	+1.43%	4,629	-29.73%	156,221,206	715,748	25,535
KODEX 레버리지	13,780	▼ 205	-1.47%	13,837	+32.82%	58,129,921	809,463	24,969
KODEX 단기채권	102,445	▲ 5	0.00%	102,446	+0.21%	21,054	2,156	18,896
TIGER 단기통안채	100,625	0	0.00%	100,626	+0.18%	9,166	922	14,582
KODEX 종합채권(AA-이상)액…	111,300	▲ 55	+0.05%	111,290	+1.69%	19,438	2,164	12,224
KODEX 삼성그룹	7,360	▼ 45	-0.61%	7,359	+14.46%	103,630	765	12,063
KODEX 인버스	5,740	▲ 45	+0.79%	5,745	-15.46%	30,522,457	174,360	11,491
KODEX 200TR	9,595	▼ 65	-0.67%	9,610	+16.16%	81,120	781	11,226
KBSTAR 200	29,990	▼ 230	-0.76%	30,030	+16.06%	187,003	5,620	10,946
KODEX 코스닥150 레버리지	12,140	▲ 60	+0.50%	12,298	+61.87%	11,440,464	139,072	9,554
KODEX 단기채권PLUS	102,670	▲ 10	+0.01%	102,668	+0.33%	1,300	133	8,199
HANARO 200	30,005	▼ 195	-0.65%	30,000	+16.24%	639,173	19,218	7,966
ARIRANG 200	30,070	▼ 260	-0.86%	30,142	+15.77%	284,640	8,573	7,818
KODEX WTI원유선물(H)	6,380	▼ 120	-1.85%	N/A	+88.48%	3,960,262	25,202	7,382
KODEX MSCI Korea TR	9,605	▼ 50	-0.52%	9,582	+16.14%	7,173	68	6,954
TIGER MSCI Korea TR	12,030	▼ 120	-0.99%	12,028	+15.90%	378,417	4,568	6,689
KINDEX 200	29,980	▼ 250	-0.83%	30,031	+15.84%	316,831	9,534	6,536
TIGER 단기채권액티브	50,450	▲ 10	+0.02%	50,441	+0.36%	1,752	88	6,075
KOSEF 200	30,150	▼ 235	-0.77%	30,182	+16.18%	43,059	1,303	5,744
TIGER TOP 10	10,270	▲ 80	+0.79%	10,238	+22.82%	384,124	3,946	5,217
KODEX 코스닥 150선물인버스	5,525	▼ 15	-0.27%	5,530	-24.11%	21,366,599	118,034	4,967
KOSEF 200TR	34,830	▼ 295	-0.84%	34,888	+15.95%	61,455	2,140	4,284
KODEX 코스피	22,540	▼ 160	-0.70%	22,535	+15.12%	128,054	2,891	4,283
KODEX 선진국MSCI World	15,165	▼ 30	-0.20%	N/A	+10.57%	22,213	336	4,004
KINDEX 단기통안채	100,760	0	0.00%	100,756	+0.19%	510	51	3,921
KODEX 코스닥 150	12,720	▲ 15	+0.12%	12,865	+27.97%	1,882,434	23,969	3,765
HANARO 단기통안채	102,690	▼ 5	0.00%	102,703	+0.19%	50,000	5,134	3,440
SMART 200TR	9,995	▼ 55	-0.55%	9,991	+16.09%	17,474	175	3,208
TIGER 미국나스닥100	58,030	▲ 985	+1.73%	N/A	+20.48%	101,879	5,909	3,192
TIGER 코스닥150	12,780	▼ 10	-0.08%	12,951	+27.67%	1,439,248	18,449	3,180
TIGER 200 IT	24,850	▼ 130	-0.52%	24,851	+17.98%	443,120	11,037	3,062
KODEX Top5PlusTR	13,320	▼ 205	-1.52%	13,329	+11.56%	11,317	151	3,037
TIGER CD금리투자KIS(합성)	50,025	▼ 5	-0.01%	50,029	N/A	51	2	3,002

KBSTAR 코스피	22,505	▼ 145	-0.64%	22,503	+15.35%	79	1	2,734
TIGER 차이나CSI300	10,710	▲ 20	+0.19%	N/A	+20.34%	360,896	3,873	2,720
TIGER 차이나CSI300레버리지(…	26,260	▲ 195	+0.75%	N/A	+43.89%	179,543	4,702	2,705
KOSEF 국고채 10년	128,505	▼ 45	-0.04%	128,463	+2.48%	8,770	1,128	2,493
ARIRANG 고배당주	8,750	▼ 105	-1.19%	8,737	-0.34%	64,407	564	2,468
KODEX 골드선물(H)	13,750	▲ 115	+0.84%	N/A	+13.03%	643,459	8,811	2,283
HANARO MSCI Korea TR	12,030	▼ 120	-0.99%	12,030	+15.84%	1,566	18	2,117
KINDEX 200TR	17,890	▼ 130	-0.72%	17,887	+15.87%	7,499	134	1,950
KBSTAR 코스닥150선물레버리지	12,140	▲ 60	+0.50%	12,137	+63.94%	103,702	1,258	1,918
TIGER 원유선물Enhanced(H)	1,995	▼ 35	-1.72%	N/A	+46.69%	4,886,432	9,702	1,857
KINDEX 중국본토CSI300	28,070	▲ 200	+0.72%	N/A	+22.50%	27,927	777	1,853
TIGER 2차전지테마	10,355	▲ 225	+2.22%	10,389	+45.74%	3,683,263	38,340	1,828
KINDEX 베트남VN30(합성)	11,325	▼ 95	-0.83%	N/A	+1.43%	147,129	1,663	1,721
KBSTAR 코스닥150	12,575	▲ 45	+0.36%	12,729	+27.34%	28,626	360	1,715
KODEX 국채선물10년인버스	44,765	▲ 65	+0.15%	44,737	-2.04%	105	4	1,706
TIGER 글로벌4차산업혁신기…	14,150	▼ 20	-0.14%	N/A	+17.28%	63,002	891	1,684
KBSTAR 단기통안채	103,980	▲ 10	+0.01%	103,977	+0.31%	143,569	14,927	1,643
TIGER 중국소비테마	6,805	▼ 40	-0.58%	6,828	+5.75%	58,608	399	1,619
HANARO 200TR	34,925	▼ 235	-0.67%	34,922	+15.99%	294,070	10,287	1,607
TIGER 헬스케어	44,075	▼ 30	-0.07%	44,329	+38.04%	201,100	8,897	1,525

7) 투자 포트폴리오 구성

기대수익률 연 8% 정도를 생각하고 투자 포트폴리오를 구성해 보자. 본인이 잘 아는 종목을 하는 게 좋다. 30대는 주식 비중을 크게 늘리고, 60세 이후에는 주식 비중을 줄이고 배당 관련 상품을 늘리는게 바람직하다.

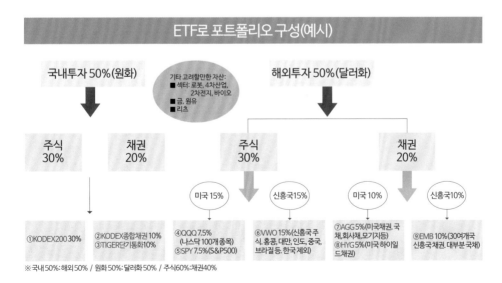

ETF로 포트폴리오 구성(예시)

13 ETN

ETN은 Exchange Trade Note의 약자로 상장지수증권이라 불리 운다. ETF와 유사하나, 증권사가 발행을 하고(ETF는 운용사가 발행), 지급을 약속하고(ETF는 지급 약속이라는 개념이 없다. 펀드는 별도로 자산을 보관), 정해진 가격(약정된 수익)에 상환을 약속하며(ETF는 기초지수와 운용의 차이인 Tracking Error, 즉 오차율이 존재한다), 만기가 있다는 것이(ETF는 없다) 다르다.
확률은 극히 낮지만 증권사가 파산을 하면 지급 정지되어 원금을 못 받을 수도 있다. 증권사가 발행을 하기 때문에 원유, 통화, 인버스, 레버리지 등 이색적인 상품이 많다.

ETN, ETF 비교		
구분	ETN	ETF
공통점	※ 일반 투자자 입장에서는 별 차이가 없다 ① 거래소에 상장되어 있고, 주식처럼 자유롭게 매매한다 ② 수익률도 주식처럼 계산하면 된다(기초지수 변동에 비례) ③ 기초지수는 아주 다양하다. 주가지수, 채권, 원자재, 통화 등 ④ 분산투자가 가능 ⑤ 수수료 등 비용이 저렴하고, 증권거래세도 면제(ETF 상품 소개에 상세 내용 있음) ⑥ 체크사항: 기초지수가 무엇인지, 거래는 잘 되는 지(유동성)	
Full Name	Exchange Traded Note (상장지수증권)	Exchange Traded Fund (상장지수증권)
법적성격	파생결합증권	집합투자증권
발행 주체	증권사(증권사가 파산하면 원금 손실 볼 수도 있다)	자산운용사
추적 오차 (Tracking Error)	없음(약정된 수익을 증권사가 제공. 지급약속 함)	있음(지수와 실제운용의 오차를 최소화 하려고 노력)
만기	있음(1~20년)	없음

14 신종자본증권

저금리 시대, 중위험 중수익 상품으로 거액 자산가들에게 인기 있는 상품이다. 위험 대비 수익이 제법 매력적이다. 일시적 유행 상품일지, 베스트셀러가 될지는 두고 볼 일이다. 상품의 수익과 위험의 본질을 파악하려면 그 상품이 왜 출시되었는지 왜 발행되었는지를 이해하는 것이 필요하다.

신종자본증권은 은행이 자기자본을 확충하려고 발행하는 것이다. 은행은 국내 금융감독원뿐만 아니라, 국제적 은행감시기구인 바젤위원회의 감시와 규제를 간접적으로(강제사항이 아니기 때문) 받고 있다. 바젤위원회는 1974년 1차 오일쇼크 당시 은행의 파산으로 국제금융시장이 큰 혼란을 겪어 G-10 국가의 중앙은행이 국가간 금융 협력 증대를 위해 스위스 바젤에 국제결제은행(BIS)의 산하기관으로 설치한 기구다.

바젤의 주요 규제 내용은 BIS비율 8%이며, 그 외에 기본 자본 비율 4%, 보통주 자본 비율 2%가 있고, 비율의 분모인 위험가중자산에 은행의 운영리스크를 포함하는 등 규제를 지속적으로 강화하고 있다. 한국의 금융감독원에서도 은행의 국제적 신용 제고를 위해 바젤의 규제를 수용하고 보조를 맞춰 은행의 자본 요건을 구속력 있게 규제하고 있다.
신종자본증권은 이러한 바젤위원회와 이에 따른 금융감독원의 자기자본 요건을 충족하기 위해서 발행하는 것이다.

그렇다면, 은행의 입장에서 신종자본증권이 자본적 성격이 되려면 어떻게 해야 하는가?
만기가 영구채이거나 30년 이상으로 길어야 하고, 사채권자가 마음대로 상환할 수 없고 은행이 알아서 상환할 수 있는 조건이 있어야 한다. 즉, 자기자본처럼 마음대로 사용할 수 있어야 한다.
실제 예를 들어 보자.

〈우리금융지주 신종자본증권〉
■ 발행기관: 우리금융지주

■ 사채명: 우리금융지주 조건부 자본증권(5년콜) 8회차

■ 사채의 종류: 상각형 조건부 자본증권(신종자본증권)

■ 발행일: 2020년 10월 23일(금)

■ 만기일/콜: 영구채/ 2025.10.23일. 5년 이후 발행사 콜옵션 행사가능

■ 발행금리: 3.000%(발행후 5년째 금리 조정: 국채 5년 민평금리+1.82% 가산금리)

■ 이자지급유형: 분기 지급. 매 1/23일, 4/23일, 7/23일, 10/23일

■ 신용등급: AA-(한국신용평가, 한국기업평가, NICE평가정보)

■ 변제순위: 후후순위

■ 바젤 Ⅲ 구분: 기타기본자본(Additional Tier1조건 해당)

■ 조건부 Event(손실흡수 조건): 상각형(전액 영구 상각)

■ 발행규모: 2,000억원

■ 표시통화: KRW

■ 과세체계: 국내 원천징수 기준

내용을 보면 대략적인 것들은 이해가 되나 궁금한 것들이 있다.

핵심은, 우리금융지주가 망하지 않으면(정확하게는 금융위원회의 경영개선 권고 또는 부실금융기관 지정이 있지 않으면), 5년간 연 3%의 이자를 준다는 것이다.

그런데 왜 영구채일까? 영구채 이어야 자기자본 요건이 될 수 있기 때문이다. 5년콜은 무엇인가? 투자자인 사채권자(투자자)에게는 만기 상환에 대한 어떤 권한도 없으며 어떤 경우에도 중도 상환도 요청할 수 없다. 오직 발행사인 은행만이 알아서 5년 후에 상환을 할 수 있는 것이다. 상환은 은행의 권한이다. 자유다. 이것을 콜옵션이라고 한다(풋옵션은 반대로 사채 소유자가 정해진 일자에 만기상환 권한을 갖는 것이다). 5년 후부터는 분기 이자지급일 마다 은행은 만기 상환 콜옵션을 계속 행사할 수 있다. 그런데, 지금까지 조건부 자본증권을 발행한 모든 은행이 전부 콜옵션을 행사했다. 그래야만, 일반투자자들이 안심하고 5년 물 은행채를 산다는 기분으로 채권을 살 수 있기 때문이다. 영구히 상환하지 않는다면 누가 사겠는가? 조건, 형식은 영구채이지만, 실질적으로는 5년채에

가깝다. 물론, IMF금융위기 같은 사태가 오면 콜옵션을 행사할 수 없다. 은행이 100% 5년 콜옵션을 행사 했지만, 콜옵션을 행사하기 위한 조건이 있다. 중도 상환 특약에 나와 있는데, 2가지 조건이다. 2가지 조건 중 하나를 만족하는 상황에서(and가 아니고 or) 금융감독원장의 승인을 받으면 된다.

① 양질 또는 동질의 자본이면서 발행회사(은행)의 수익력 등을 감안할 때, 충분히 부담할 수 있는 조건으로 대체될 것(단, 대체 발행은 상환과 동시에 이루어져야 한다),

② 본 사채의 상환 후에도 발행회사의 자본적정성 관련비율이 금융지주회사감독규정 제25조 제 1항 제1호 가목에서 지정하는 자본적정성 관련 비율을 초과하는 충분한 수준을 유지하는 경우.

신종자본증권은 이름이 여러 개다. 조건부자본증권, 상각형자본증권, 하이브리드증권 등으로 불리운다.

조건부 자본증권이란, 은행의 입장에서 영구채 또는 30년 이상의 만기 그리고 만기에 대한 콜옵션을 가지면서, 후후순위채여야 한다는 것이다. 자본충족 요건을 만족하기 위해 조건부로 발행된다는 의미다.

상각형 자본증권이란, 은행이 경영개선 권고(또는 경영개선 요구 또는 경영개선 명령) 또는 부실금융기관으로 지정되면 본 사채는 영구히 상각된다는 것이다(채권 소유자는 후후순위여서 사실상 한 푼도 못 받음).

하이브리드증권이란, 주식 + 채권의 성격을 갖는다는 의미다. 만기가 없는 것은 주식에 가깝고, 확정금리와 주식보다는 우선변제 순위에 있는 점은 채권의 성격을 가지고 있기 때문에 하이브리드증권이라고도 부르는 것이다. 발행금리는 3%이다. 은행 1년 만기 정기예금 금리가 2020. 10. 23일 현재 0.9% 내외이니까 금리 경쟁력은 상당히 있는 편이다.

사채의 신용등급이 AA-인데, 은행(우리금융지주)의 신용등급인 AAA보다는 낮지만, 상당히 높은 신용등급이다. 문제는 항상 예기치 못한 엄청난 사태가 발생할 때인데, 알 수가 없다.

변제순위는 후후순위이다. 예금, 일반채권, 후순위채권, 보완자본보다 후순위이다. 주식보다는 선순위이다. 예금자보호는 당연히 안되는 상품이다. 본 사채의 발행으로 우리금융지주의 기본자본이 2,000억 증가한다. 따라서, 우리금융지주의 BIS총자본비율이 12.73%에서 12.83%로 0.1%p 상승하고, 기본자본 비율도 10.71%에서 10.81%로 0.10%p 상승한다. 본 사채 발행의 목적이다.

위험과 수익이 적당한 균형을 이루고 있는 채권이다. 5년 이내에 은행(지주사)에 아무 일이 발생하지 않는다면 연 3%의 이자를 주고, IMF금융위기 같은 사태가 발생하여 은행(지주사)이 부실해지면 원금이 전부 날아가는 상품이다. 예금자보호가 안되는 5년 만기 은행채에 가깝다.
주식은 두렵고, 예금은 불만족스러운 투자자라면 일부 자금 투자를 고려할 만한 상품이다.

15 보험상품

과거에 보험은 주로 지인, 친구, 친인척 등이 보험설계사로 일하면서 권유해서 어쩔 수 없이 들었다. 그래서 상품 내용도 잘 모르거나 중첩된 상품도 많았고, 가입자에게 별로 필요 없는 상품도 있었다. 사업비는 많고 중도해지에 대한 손실도 많이 부과되었다. 실제 중도해지가 많았고, 보험사들은 이익을 많이 보았다. 그래서 보험에 대한 인식이 별로 좋지 않았다. 그러나, 가끔 대박인 상품도 있었다. 보장금리가 만기까지 굉장히 높은 상품, 손실이나 의료비를 과도하게 보장해 주는 상품이 대표적이다. 보험사들이 휘청거릴 정도다.

이제는 보험이 실제 보험 본연의 기능을 발휘하는 시대로 바뀌었다. 보험 산업이 성숙기에 접어 들었고, 가입자들은 본인에게 필요한 상품을 맞춤형으로 가입하고 꼼꼼하게 조건도 따진다.

상품의 종류가 너무 많고 복잡하고 세부 조건들이 상품마다 다 다르기 때문에 대표적이며 보통 사람들에게 필요한 상품 몇 가지만 간략히 개념만 살펴보겠다.

1) 연금보험

개인연금의 일종이다. 은퇴 후 연금을 받기 위해 가입하는 상품이다.

종신보험이 사망 시 일시금을 지급하는 보장성 보험인데 반해, 연금보험은 연금수령을 목적으로 하는 저축성 보험이다. 본인을 위한 보험이다. 기간을 정해 놓고 매월 일정액을 불입하거나(적립식), 일시납을 할 수 있다. 10년 이상 유지 시 45세 이후 연금수령이 가능하다. 통상 55세 또는 60세 정도로 연금수령 개시일을 설정하며 확정된 기간동안(10년, 20년 등) 연금을 받거나, 종신으로 죽을 때까지 연금을 받는다. 가입자가 수령 개시일, 수령 기간을 선택하면 된다. 세제 혜택을 연금 가입 시점에 받지 못하여 세제 비 적격 상품이라 부른다. 세제 혜택은 연금 수령시부터 받는다. 이와 반대로 연금저축보험은 가입시에 세금 혜택(연말정산)을 받아 세제 적격 상품이라 부른다. 이 상품은 대신 연금 수령 시 세제 혜택이 없다.

상세한 사항은 5부 개인연금에서 다루겠다.

구분	연금저축	연금보험	종신보험	실손보험
가입목적	납입시절세, 연금	수령시절세, 연금	사망시 일시금	의료비 실보상
가입기관	증권사, 보험사	생보사	생보사	보험사
보상범위			정액(계약대로)	의료비의 90%
수익자			타인(배우자, 자식)	본인
갱신여부			불필요	15년마다 재가입
중복보상			여러개 가입시 각각 보상(중복보상)	여러개 가입시 비례 보상(중복보상 불가)
납입기간	펀드: 기간월정액, 자유납 보험: 기간 월정액	기간 월정액, 일시납	일시불, 유한납(기간), 종신납	보장기간과 동일
종류	펀드(실적배당형) 보험(공시이율형)	·확정금리형 ·공시이율형 ·실적배당형 (변액보험)	일반(공시이율형) 변액(실적배당형)변액유니버셜(공시이율형, 자유납입, 자유인출)	※실손보험과 별도로 CI보험(중병 발생시보장), 장기간병보험도 가입 필요

보험상품 비교

2) 종신보험

사망 시 일시금을 지급하는 보험사 고유의 보험적 기능을 가진 상품이다. 보상은 계약서에 정한 정액이다. 여러 개 가입시 중복보상이 가능해, 가끔씩 좋지 않은 사고(범죄 등)가 발생하기도 한다. 납입은 일시납, 일정 기간 정액 납입, 종신 납입이 가능하다. 수익자는 통상 배우자나 자식으로 정해 놓는다. 남은 가족들을 위해 필요한 보험이다.

3) 건강보험

90세 시대, 노후 건강관련 보험 3종 세트의 가입을 권유한다. 물론, 국민건강보험이 적용되는 영역을 잘 봐서 중첩을 피해야 하고, 본인의 의료 수요, 건강 상태를 잘 파악해서 가장 적합한 상품을 골라야 한다.

첫 번째는 실손보험이다. 실제 지불한 의료비의 90%를 보상한다. 제외되는 의료비는 건강검진, 성형, 비만, 비뇨기, 정신과, 병간호비, 해외에서 발생하는 의료비 등 몇 가지가 있다.

두 번째는 CI보험이다. Critical Illness Insurance의 약자다. 중병 발생시(암, 뇌졸중, 심근경색, 심부전증 등. 상품마다 상이) 약정한 금액을 보상한다. 그 금액으로 치료비, 간병비, 생활비 용도 등 알아서 사용할 수 있다.

세 번째는 장기간병보험이다. 오랜 간병이 필요한 상태 발생시(대표적으로 치매) 간병비를 일시금이나 연금 형태로 받는다. 보장 범위, 보장 금액, 보장 기간이 상품마다 상이하므로 잘 검토 후에 가입해야 한다. 장기간병보험은 치매를 대비해 적극 가입해야 한다. 90세를 훌쩍 넘겨 사는 사람들이 많은 시대에 치매는 공포의 병이 되어 버렸다. 80대 후반부터 치매가 급증한다. 가족들이 도저히 해결할 수 없는 상태의 중증 치매가 굉장히 많이 늘었다. 병실 간병, 요양병원 간병, 자택 간병 등 중증 치매는 간병이 필수이고 간병인이 반드시 필요하다. 비용이 굉장히 많이 든다. 비용 감당이 어려워 어쩔 수 없이 집으로 모시지 못하거나, 질이 떨어지는 요양병원을 이용하기도 한다. 가정 파괴, 재앙과 같은 중증 치매에 큰 도움이 되는 것이 장기간병보험이다.

이상 3가지 건강 관련 보험을 가입할 때 유의할 점은 '병원비, 생활비, 간병비'를 보상 받되, 중복을 피해야 한다는 것이다. 또한 실손과 정액(생활비 등)을 믹스해서 받는 게 바람직하다.

16 신탁

신탁은 믿고 맡긴다는 뜻이다. 의뢰인이 은행, 증권사 등 금융기관에 자신의 재산을 계약 내용대로 관리하고 처분해 달라고 믿고 맡기는 상품이다. 종류도 많고 세부 내용도 다양하다. 신탁을 이용해 금융상품을 무궁무진하게 만들 수 있다. 신탁은 일종의 포장이다. 씌워주는 툴이다. 주로 금전이나 부동산을 맡기고 수익자에게 향후 그 재산이 지급되도록 하는 신탁계약을 체결하는 경우가 많다.

신탁	
의미	위탁자인 고객이 재산을 수탁자인 금융회사에 맡기고, 계약내용에 따라 향후 수익자에게 그 재산이 지급되도록 하는 것
왜	재산(금전, 부동산 등)을 잘 이용하지 못하는 자가 전문가에게 맡겨 잘 운용하도록 함
신탁재산의 특징	✓ 이중소유권: 재산의 소유권이 형식적으로는 수탁자, 실질적으로는 위탁자에게 있음 ✓ 고유재산과 구분: 수탁자의 고유재산과 구별하여 관리 ✓ 상계금지: 신탁재산과 수탁자의 고유재산과 상계 못함 ✓ 강제집행 금지: 신탁재산은 압류 등 강제집행과 경매 못함

예)

금전신탁	금전(증권, 대출, 채권 등)을 맡겨 운용 후 수익자에게 금전 지급
부동산신탁	계약에 따라 신탁회사가 부동산을 관리, 운용, 처분, 개발
유언대용신탁	위탁자 사망 이후에 미리 계약한 대로 자산을 상속
치매신탁	가입자(위탁자) 본인이 치매에 걸리면 의료비, 생활비 등을 대신 처리해 주는 신탁
재건축신탁	재건축도 조합방식이 아니고 신탁방식 선택 가능. 속도, 전문성. 「인허가, 건설사와 계약, 분양」 등 전문신탁사가 대행

17 금

금을 투자하는 방법은 5가지가 있다.

금융기관을 통해 금 투자하는 방법		
방법	**절차**	**비용 및 특징**
골드뱅킹 (은행)	은행에 골드뱅킹 계좌 개설, 입금 후, 금 매수 (국제 금 시세와 환율을 반영, 가격 결정)	● 수수료: 매수, 매도 시 각 1% ● 차익의 15.4% 세금 ※ 은행통장만으로 거래 후 손익발생 ※ 금 실물을 찾는 경우 수수료와 부과세(10%) 발생
금펀드 (은행, 증권사)	증권사나 은행에서 금펀드 매수	● ① 금 파생상품형 펀드: 금 선물, 금 ETF에 투자 　② 금 주식투자형 펀드: 금과 관련된 주식에 투자 ● 금가격과 상관관계 높으나 펀드마다 수익률 차이 많다 ● 펀드, 연 1~2% 운용보수 발생 ● 차익의 15.4% 세금 ● 환율 헷지형, 언헷지형 확인
국내 금 ETF (증권사)	국내 주식 시장에서 금ETF 매수(상장)	● 상품 예) KODEX골드선물(H), KINDEX골드선물 레버리지(H) ☞ H: 환헷지, 레버리지: 손익2배 ● 1~2만원 소액으로도 투자 가능. 국내주식처럼 매매 ● 수수료 거의 없음(증권사 온라인매매수수료) ● 차익의 15.4% 세금
미국 금 ETF (증권사)	미국 주식시장에서 금ETF 매수 해외주식 사는 것과 동일	● 상품 예) GLD(전세계에서 금ETF의 40% 정도를 차지): 금가격 추종 잘함(금선물에 투자 않고 실물 금매입) ● 달러로 투자 ● 해외주식양도세부과: 250만원 초과이익에 대해 22%
KRX금현물 (증권사)	증권사에 전용계좌 개설 후 한국거래소 (KRX) 금현물시장 에서 매수	● 현물(금) 받을 수 있다. 10% 부가가치세 ● 매매수수료 0.2% ● 차익 비과세

1) 은행에서 금매매 전용계좌(골드뱅킹)를 개설하고 매매를 한다. 매수, 매도 수수료가 각 1%로 비싸다.

2) 증권사나 은행에서 금펀드를 산다. 환 헷지 하는 펀드, 노출하는 펀드가 있는데 투자자가
   선택하면 된다.

3) 국내 상장 금ETF를 매매한다. 보통 환 헷지를 한다.

4) 미국 상장 금ETF를 매매한다. 해외 주식투자와 동일한 방법으로 매매한다.
   대표적인 상품으로 티커 GLD가 있다. 환은 노출되어 있다.

5) 증권사에 전용계좌를 개설 후, 한국거래소(KRX)에서 매수를 한다. 요청하면 현물(금)을
   받을 수 있다.

4), 5)를 권유한다.

금 투자는 장기적으로 시세가 별로 였다. 앞으로도 그럴 것으로 예상한다. 전세계적으로 큰 위기
가 닥치면 금값이 폭등을 하나 대개 일시적이었다. 꾸준한 상승이 없었다. 주식, 채권, 부동산보다
수익률이 열위인 상품이다.

위 ETF 상품에서 해외 ETF 직접 매매에 대해 이미 살펴보았다.

너무 중요한 부문이라 좀 더 자세히 살펴보자. 투자가 이제 더 이상 국내상품에만 머물러서는 안 된다. 증권사를 통해 미국, 일본, 중국, 유럽 등 거의 전세계 주식시장에서 직접 매매가 실시간으로 가능하다. 일반인들도 글로벌한 투자가 가능한 시대가 열린 것이다. 휴대폰이나 PC로 클릭만 하면 미국의 주식, 채권, 원유, 금 등을 매매할 수 있다. 달러, 엔, 위안화, 유로 등 현지통화로 현지 상품을 보유할 수 있다. 국내 주식시장이 나빠도 국내 채권시장이 나빠도 대안들이 많아진 것이다. 달러로 미국 주식만을 매매할 수도 있고, 위안화로 중국 주식만을 매매할 수도 있다. 통화와 상품을 몇몇 나라에 분산투자하여 포트폴리오를 구성할 수도 있다. 공부를 많이 해야 한다. 리서치 자료들도 많이 보아야 한다. 다소 중복되더라도 다시 한번 표로 정리해 보자.

해외직접투자(주식, 채권, 대체투자)

왜 해외투자를 해야 하는가	① 분산을 통해 투자위험을 줄일 수 있다 ※한국상품투자만 하면 위험이 크다. 한국주식시장은 지난 30~40년간 수익률 저조 ※미국, 중국, 일본, 유럽 등 글로벌 분산 주식투자를 통해 위험 감소 가능. 환위험도 분산 가능 ② 특히, 미국주식시장은 100년 이상 꾸준히 상승 ※미국 포함 전세계 주식을 증권사 통해 쉽게 매매 ※채권등 인컴형 상품, 금, 원유등 대체투자 상품도 국내보다 훨씬 다양하고 규모도 크다 ③ 해외투자비율 너무 미미한 수준 ※경제규모(GDP)대비 해외 금융투자 비중(%) 주요국 중 한국이 꼴찌 → 스위스 약 180% 〉 대만 약 150% 〉 영국 110% 〉 프랑스 100% 〉 캐나다 90% 〉 독일, 일본 80% 〉 이탈리아 60% 〉 미국, 호주, 스페인 40~50% 〉 한국26% (2018년말, 블룸버그)
주식투자 현황 (표 참조)	• 해외주식 보유잔액 꾸준히 증가. 2020.7월 말 500억 달러 • 미국 비중 70%. 다소 과다하나 미국의 위상 감안 시 불가피 • 특정종목 쏠림 심하다. 미국 5개 종목에만 49%

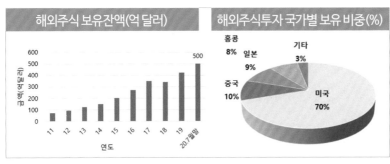

해외주식 보유잔액(억 달러)

해외주식투자 국가별 보유 비중(%)

홍콩 8% / 일본 9% / 중국 10% / 미국 70% / 기타 3%

주요 보유 종목:
테슬라(11.6%),
아마존(11.1%),
마이크로소프트(10.1%),
애플(9.1%),
알파벳(7.2%).
다섯종목만 49.1%

무엇에 투자할 것인가	• 여러 개 ETF에 분산투자 하자

무엇에 투자할 것인가

- 여러 개 ETF에 분산투자 하자
  ※ 개인투자자들은 주식 뿐 아니라 채권도 발행정보 취득이 쉽지 않고 전문성이 떨어져 ETF에 투자하는 것이 바람직하다
- High Risk High Return(H), Middle Risk Middle Return(M), Low Risk Low Return(L) 상품에 분산투자 하자
- 펀드나 증권회사의 랩을 이용해도 된다: 직접투자가 좋으나 번거롭고 신경이 많이 쓰이면 간접투자를 해도 된다. 환 헷지, 노출 선택하자
- 누구나 알고 쉽게 거래할 수 있는 상품에 투자하자(주식, 채권): 잘 모르는 상품, 특이한 상품, 사모펀드, 수수료 많이 내는 금융상품, 중위험 중수익 가장한 금융상품, 이런 것에 투자하지 말자

유의 사항

- 직접 투자 시 시차 때문에 불편함을 느낄 수 있다. 미국 주식시장은 한국 자정 무렵부터 새벽까지 거래
- 해외주식 매매차익 22%의 양도소득세 과세
- 환율리스크를 감안해야. 주식직접투자의 경우 해당국 통화로 투자. 브라질채권 등 채권의 경우도 기본은 해당국 통화로 투자(달러투자도 가능)

투자 상품 예시 (종목은 표 참조)

- High Risk 상품: 주식(미국, 선진, 신흥), 미국투기등급(High Yield)회사채, 신흥국채권
- Middle Risk 상품: 미국투자등급(Investment Grade)회사채, 리츠주식, 고배당주식
- Low Risk 상품: 미국국채, 유럽선진국국채, 중국채권, 금

※ 예(전부 ETF):
H: 미국S&P500, 미국나스닥, 중국A주식, 베트남주식, 미국성장주, 미국가치주
M: 미국고배당, 미국배당성장, 미국우선주, 글로벌리츠, 미국리츠, 미국데이터센터리츠
L: 미국국채, 미국회사채, 중국채권, 금

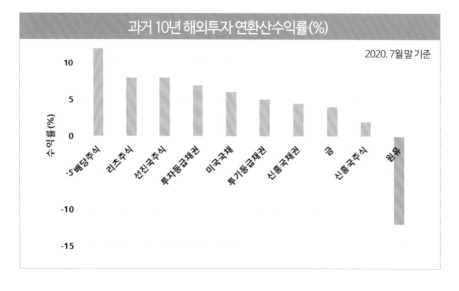

과거 10년 해외투자 연환산수익률(%)

2020. 7월말 기준

예시: ETF 유니버스(투자상품 후보군)

※ H: High Risk High Return / M: Middle Risk Middle Return / L: Low Risk Low Return

상품	위험	투자처,테마	ETF명	투자 개요	Ticker
주식	H	미국S&P500	SPDR S&P 500	S&P 500 추종	SPY US
주식	H	미국 나스닥	Invesco QQQ Trust Series 1	NASDAQ 100 추종	QQQ US
주식	H	유로존	SPDR Euro STOXX 50	EuroStoxx 50 추종	FEZ US
주식	H	일본	iShares MSCI Japan	MSCI 일본 추종	EWJ US
주식	H	신흥국	Vanguard FTSE Emerging Mks	FTSE 신흥국 추종	VWO US
주식	H	중국 A주	Xtrackers CSI300 China A	CSI 300 추종	ASHR US
주식	H	인도	iShares MSCI India	MSCI 인도 추종	INDA US
주식	H	베트남	VanEck Vectors Vietnam	MVIS 베트남 추종	VNM US
주식	H	성장	Vanguard Growth Index Fund	미국 대형성장주 투자	VUG US
주식	H	가치	Schwab U.S. Large-Cap Value	미국 대형가치주 투자	SCHV US
주식	H	고배당	Vanguard High Dividend Yield	미국 고배당기업 투자	VYM US
주식	H	로우볼	iShare Edge MSCI Min Vol USA	주가변동성 낮은기업에 투자	USMV US
주식	H	방어주	Invesco Buyback Achievers	하락장 방어 뛰어난 기업에	DEF US
주식	H	중소형주	iShares Russell 2000	중소형주 Russell 2000 추종	IWM US
주식	M	배당성장주	ProShares S&P500 Div Aristo	25년 연속 배당인상 기업에	NOBL US
주식	M	우선주	iShares Preferred and Income	미국 기업 우선주에 투자	PFF US
채권	L	미국 국채	iShares US Treasury Bond	미국 국채에 투자	GOVT US
채권	L	미국 회사채	iShares IG Corporate Bond	미국 투자등급 회사채에투자	LQD US
채권	H	미국 하이일드	iShares HY Corporate Bond	미국 하이일드 회사채에투자	HYG US
채권	H	신흥국 국채	iShares JPM USD EM Bond	신흥국 국채에 투자	EMB US
채권	L	중국 채권	VanEck Vectors China Bond	중국 투자등급 채권에 투자	CBON US
상품	L	금	SPDR Gold Shares	금값 추종	GLD US
상품	H	원유	United StTES Oil Fund	원유 선물 추종	USO US
리츠	M	글로벌 리츠	Global X SuperDividend REIT	글로벌 고배당 리츠에 투자	SRET US
리츠	M	미국 리츠	Vanguard Real Estate	미국 리츠에 투자(규모 크다)	VNQ US
리츠	M	데이터센터 리츠	Pacer BM Data & Infra Real E	미국 데이터센터 리츠에투자	SRVR US
리츠	M	물류센터 리츠	Pacer BM Industrial Real Esta	미국 물류센터 리츠에 투자	INDS US
리츠	M	헬스케어 리츠	The Long-Term Care	글로벌 헬스케어 리츠에투자	OLD US

테마	테마 설명	ETF명	Ticker	개별종목
언택트, 4차산업	AI, IoT, 클라우드, 보안, 스트리밍 게임	● ARK Innovation Fund ● First Trust Cloud Computing ● iShares Robotics and AI	● ARKK ● SKYY ● IRBO	MS, 알파벳, 어도비, 텐센트 ,바이두, 크라우드 스트라이크, 액티비전
5G, 반도체	5G 장비, 전력관리, 비메모리, 전장, 핸드셋	● First Trust Indxx NextG ● iShares Phiadelphia Semicon ● Global X Internet of Things	● NEXG ● SOXX ● SNSR	애플, 엔비디아, 퀠컴, NXP, 마벨, 램리서치, 선난써키트, 아극과기
디지털 헬스케어	원격진료, 온라인유통	● iShares US Medical Devices ● SPDR S&P Biotech	● IHI ● XBI	존슨&존슨, 덱스컴, 아마존, 애플, 알리바바, 미년건강, 평안보험
신유통, 핀테크	전자상거래, 전자결제, 온-오프통합, 핀테크	● Amplify Online Retail ETF ● Global X FinTech ● EMInternet&Ecommerce ETF	● IBUY ● FINX ● EMQQ	아마존, 알리바바, 홈디포, 페이팔, 텐센트, 비자, 홍기체인
밀레니얼 소비	D2C, 리세일, 구독, 옴니채널, 홈코노미, 힐링, 웰빙	● Global X Millenials Thematic ● Global X Health & Wellness ● Columbia EM Consumer	● MILN ● BFIT ● ECON	룰루레몬,나이키, 스타벅스, 츄이, 파페치, LVMH, 엣시, 펠로톤, 마루비
신재생에너지	태양광, 수소차, 전기차, ESS, 스마트 그리드	● iShares Global Clean Energy ● Global X Lit & Batter ETF ● iShares Global Infrastructure	● ICLN ● LIT ● IGF	테슬라, 지멘스, 슈나이더일렉, ABB, 허니웰, 참신소재, 융기실리콘
China Growth	중국 신인프라, 신소비, 헬스케어,에너지	● KraneShares CSI China Inter ● VanEck Vectors SME-ChiNex	● KWEB ● CNXT	중과서광, 우시앱텍, 메이디그룹, 낭조정보

19 중위험 중수익 상품

저금리시대에 은행이나 증권사에서 흔히 투자를 권유하는 상품이 중위험 중수익 상품이다. 주식이나 BBB급 채권은 높은 수익률이 기대되나 너무 위험하고, 은행 예금이나 국채는 안전하나 수익률이 너무 낮다. 그래서 5~7% 정도의 수익을 기대할 수 있는 상품을 발굴하고 권유하곤 한다. 투자자들 입장에서도 귀가 솔깃하고 가입을 많이 한다. 하지만, 중위험 중수익 상품으로 알려져 있으나 실제 상품의 구조나 과거의 실적(Track Record)을 보면 고위험 중수익 또는 중위험 저수익인 상품들이 많다.

ELS, DLS는 고위험 중수익 상품으로 보여지고, 롱숏펀드는 중위험 저수익 상품이거나 정의가 애매한 상품으로 보여 진다. 목표전환형 펀드도 고위험 중수익 상품에 가깝다. 나의 경험으로는 그렇다. 그래서 중위험 중수익을 추구하려면 차라리 중위험 중수익 개별 상품을 찾는 것보다, 포트폴리오로 바벨전략을 쓰는 게 낫다. 누가 보아도 저위험 저수익인 상품과 고위험고수익인 상품을 나누어서 투자하는 것이다. 5를 찾지 말고, 1과 9를 투자해서 5을 맞추는 게 상품 고르기도 수월하고 실제 결과도 낫다. 중위험 중수익 상품으로 알려져 있는 대표적인 상품들 몇 개를 정리해 보았고, 분산투자를 통해 중위험 중수익을 추구하는 방법도 표로 정리해 보았다.

중위험, 중수익 상품

목표 ➡ 「예금금리 + 알파」 추구. 5~9% 수준

상품	내용
해외채권형 펀드(또는 ETF)	우리나라보다 고위험 국가의 국채나 회사채에 투자
인컴 펀드(또는 ETF)	채권, 글로벌 배당주, 리츠(임대) 등에 투자. 이자, 배당 추구
글로벌 하이일드 펀드(또는 ETF)	신용등급 투자부적격 기업에 투자. 수백~수천 개에 분산투자
ELS, DLS	ELS:수익률 원금보장형↓, 비보장형↑/ 지수형↓,종목형↑ DLS: 금, 원유, 통화 등 기초자산이 다양
공모주 펀드	공모주 투자
메자닌 펀드	CB, BW, EB 투자
롱숏 펀드	동일업종 내 좋은 주식 매수, 나쁜 주식 매도. 예) 삼성전자 롱, LG전자 숏/ 현대차 롱, 기아차 숏
자산배분형 펀드	위험자산(주식), 안전자산(채권), 대체투자자산(원자재, 부동산 등) 비중을 상황에 따라, 투자자의 나이에 따라 적절히 조정
목표전환형 펀드	목표수익 달성시(7%, 10% 등) 채권형으로 전환

중위험 중수익(5~9% 수준 수익률)을 추구하는 또 다른 방법: '분산투자'

1. 중위험 중수익 상품 5개 정도를 분산해서 투자

예) 인컴펀드 20%, 글로벌하이일드펀드 20%, 공모주펀드 20%, 메자닌펀드 20%, 롱숏펀드 20%

2. 고위험 고수익 상품, 저위험 저수익 상품 5~6개 정도를 분산해서 투자(바벨 전략)

예) 미국S&P500 ETF 20%, 한국KOSPI ETF 20%, 글로벌배당주펀드 10%/ 국공채펀드 20%, 저축은행예금(예금자보호 한도 이내) 20%, 신종자본증권 10%

4부
간접투자(펀드)

간접투자(펀드)

1 펀드

2020년 말 현재 국내 펀드 수는 7천여 개에 이른다. 세상의 모든 상품을 펀드로 투자할 수 있다. 1990년대 말부터 2009년 정도까지 10년 정도, 대형 공모 펀드의 전성기였다. 바이코리아, 디스커버리시리즈, 차이나, 브릭스 등 국내외 액티브펀드는 초고성장을 하였다. 미래에셋자산운용 등 자산운용사도 펀드의 규모가 커지면서 대형화하였다. 펀드에 관한 각종 책자가 쏟아졌고 자산운용사들은 고객들을 모시고 설명회를 갖곤 했고, 증권사들은 펀드 판매에 열을 올렸다. 주식시장의 장기 박스권 침체로 수익률이 부진하자, 대형 공모형 주식형펀드에서 자금이 썰물처럼 빠져나갔고, 2010년 이후에는 사모펀드와 자문사형랩 등 '소규모, 맞춤형, 해외형, 부동산형 펀드'가 크게 성장하였다. 하지만 소형 자문사들이 난립하고, 사모펀드에서 대형 사고가 나면서 투자자들이 다시 직접투자로 많이 돌아서고, 미국 등 해외직접투자도 크게 증가하였다.

ETF라는 펀드의 대체상품이 출현하여 인기상품이 되고(ETF도 펀드다), 개인투자자들이 스마트해지면서 직접 투자가 늘어 펀드의 입지는 다소 축소되었다. 하지만, 여전히 펀드는 강력한 투자 수단이며 운용사들의 오랜 자산운용 노하우가 녹아들어 가 있는 경쟁력 있는 상품이다.

2020년 말 현재 국내 직접투자, 해외직접투자, 공모펀드, 사모펀드, 자문사형랩 등 다양한 형태의 투자방식이 적절한 균형을 이루면서 투자자들은 선택의 폭이 넓어졌고 자본시장이 운용방식, 운용기관의 경쟁을 통해 질적으로 발전을 하고 있다.

주식 종목을 고르는 것이 어려운 것처럼, 펀드 선택도 어렵다. 선택 기준을 보자. 『①지역(국내, 해외), ②유형(주식형, 주식혼합형, 채권혼합형, 채권형), ③스타일(국내 주식은 가치주, 싱장주, 중소형주, 배당주, 인덱스, IT, 헬스케어 등, 국내 채권은 국공채, 회사채, 하이일드, 전단채 등, 해외 주식은 미국, 중국, 일본, 아시아, 이머징, 브라질, 베트남, 헬스케어, 2차 전지, 4차 산업 등), ④운용사 및 펀드매니저, ⑤과거 수익률과 수익률의 변동성, ⑥편입되어 있는 자산의 내용, ⑦수수료, ⑧

운용규모, ⑨설정일, ⑩펀드의 위험등급 등을 꼼꼼히 살핀 후 자기에게 맞는 상품과 투자 규모를 정해야 한다. 은행이나 증권사에서 자료는 많이 받되, PB나 영업사원의 말은 그냥 참조만 할 뿐 본인이 열심히 분석해서 선택해야 한다. 안타깝게도 잘 이해도 못하면서 주변의 권유에 의존해서 투자결정을 하는 경우가 너무나 많고 실패를 하곤 한다. 인기에 편승하고, 분위기에 부화뇌동해 상투에 펀드를 사는 투자자들이 많고, 이러한 현상들이 되풀이되곤 한다.

위에서 얘기한 기본적인 사항과 펀드 몇 가지를 표로 정리해 보았다.

펀드	
운용	• 자산운용사
자본시장법상 펀드의 분류	• 증권, 부동산, 특별자산, 혼합자산, 단기금융
증권펀드의 세부분류	• 주식형, 주식혼합형, 채권혼합형, 채권형, 재간접형
펀드 수수료, 보수	• 판매수수료: 선취, 후취 • 환매수수료 • 보수: 판매보수, 운용보수, 수탁보수, 기타보수 • Class A: 선취 판매수수료(약1%) + 낮은 보수 • Class C: 선취 판매수수료 없음 + 높은 보수
모집 방식, 투자상품 변화	• 추세: 공모 → 사모(49인 이하), 국내 → 해외 • 추세: 증권(주식형) → 증권, 부동산, 특별자산 다양 　※ 사모펀드의 사고로 직접 투자하려는 경향도 있다
펀드 갯수	• 2020. 7월 말 현재 7천여 개 • <u>모든 상품을 펀드로 만들수 있다.'ETF'가 대체재(펀드보다 인기. 비용저렴, 직접투자)</u>
예: 인덱스 펀드	• 지수 추종 펀드 • <u>지수: KOSPI200, S&P500, 상해종합주가지수, NIKKEI225, HSCEI, FTSE, EUROSTOXX50</u> • 10년 이상 수익률: 통상 인덱스펀드〉액티브펀드 　※ 액티브펀드: 펀드매니저 주관으로 운용. 가치주, 성장주, 테마주(바이오, 2차 전지, 인터넷, 게임, 차화정, 반도체장비) 등. 펀드별 성과차이 크다
예: 공모주펀드	• 개인: 배정 10~20%. 증거금 50%. 기업정보 부재 • 펀드: 배정 60~70%. 증거금 면제. 기업정보 많다 • 안정적이나 낮은 기대 수익률. 은행금리 + 알파 수준 　※ 배정기준 자주 변경됨

예: 헷지펀드	• 1억 이상, 49인 이하, VIP중심, 절대수익추구, 폭발 성장(2020. 7월 약 3천 개). 증권사, 은행에서 판매 • 투자 상품: 주식, 채권, 선물옵션, 통화, 원자재, 부동산 • 차입 통한 레버리지. 초과수익 지급 • 전략: 롱숏, Event Driven, Global Macro, 메자닌 • Fund of Hedge Funds(재간접펀드): 헷지펀드 8~9개에 투자하는 펀드. 소액투자 가능(예: 5백만) • 수익률 천차만별(절대수익추구). 펀드매니저 중요
예: 글로벌 인프라펀드	• 고객들 투자자금으로 도로, 터널, 항만 등 사회간접자본(인프라)에 투자하고 통행료 등을 받아 투자자들에게 나누어 주는 펀드 • 전세계 인프라관련주식에 투자: 인프라주식. 건설, 기계, 건설자재 주식들 • 중수익(5~9%)추구. 주식투자이므로 위험 상존 ※ 국내에는 '맥쿼리인프라' 주식(상장. 펀드 아님)이 거의 유일
예: 하이일드 펀드	• 높은(High) 수익률(Yield)의 채권에 투자하는 펀드 • 투기등급채권(≒ High Yield채권): 국내 BB 이하, S&P BB+ 이하, Moody's Ba1 이하. 글로벌 규모 크다. 국내는 규모 작다(분산투자 어려움) • 분산투자: 대형글로벌펀드는 1천 개 이상 회사채에 분산투자. 개별 종목 부도 위험 높지만, 분산효과로 안정적 수익률 창출 • 월지급식 선택 가능해 은퇴자들에게 인기 • 중수익추구펀드(5~9%). 채권 개별 종목은 High Risk High Return 이지만 펀드전체는 중수익
예: 글로벌 인컴펀드	• 이자율 높은 해외채권, 배당성향 높은 해외주식 등에 투자. 5~9% 정도의 중수익 추구
예: 글로벌 자산 배분펀드	• 상품과 지역의 다양화를 통해 위험분산, 안정적 수익추구. 글로벌 자산운용사에서 주로 운용 • 상품: 전통적 투자 상품(주식, 채권), 대체투자상품(부동산, 원자재, 환) • 5~9% 정도의 중수익 추구
예: 코스닥 벤처펀드	• 조성목적: 벤처기업, 코스닥시장 활성화 • 투자조건: 벤처기업과 코스닥에 50% 이상 투자. (벤처기업에 15% 이상, 벤처기업 해제 후 7년 이내 코스닥에 상장한 기업에 35% 이상 투자) • 혜택 1. 코스닥 공모주 물량 30% 우선 배정 2. 소득공제 최대 300만원(1인당 투자금 3천만원의 10%인 300만원). 단, 3년 이상 보유 시 ※ 소득공제 한도는 있으나, 투자 한도는 없음 • 가입기한: 2020.12.31일
예: 4차 산업 혁명펀드	• 주요 투자산업: 사물인터넷, 빅데이터, 자율 주행 자동차, 인공지능, 블록체인 • 펀드 예시: 피델리티글로벌테크놀로지(주식-재간접)종류A, KTB글로벌 4차산업 1등주 [주식]종류A, 미래에셋G2이노베이터(주식)종류F

예: 기타	● 국내 주식형: 가치주, 성장주, 중소형주, 배당주, 인덱스, IT, 헬스케어 ● 국내 주식혼합형: 배당주, 롱숏, 자산배분 ● 국내 채권혼합형: 가치주, 성장주, 중소형주, 배당주, 인텍스, 공모주, 부동산, 롱숏, 　자산배분 ● 국내 채권형: 국공채, 회사채, 전단채 ● 해외 주식형: 글로벌, 미국, 중국, 일본, 유럽, 아시아, 이머징, 브라질, 러시아, 인도, 　인도네시아, 베트남, 헬스케어, 2차전지, 4차산업, 소비재, 거래소, 원자재 ● 해외 주식혼합형: 자산배분, TDF ● 해외 채권혼합형: 글로벌, 중국, 일본, 유럽, 아시아, 브릭스, 러시아, 인도, 베트남, 　헬스케어, 자산배분, TDF, 부동산 ● 해외 채권형: 글로벌, 미국, 중국, 아시아, 이머징, 브라질, 금리연동, 하이일드

전문가에게 투자자산을 일임하여 맡기는 간접투자의 본질은 펀드나 랩어카운트나 동일하다. 펀드가 불특정 다수인을 대상으로 하거나(공모), 49인 이하를 대상으로(사모) 간접투자를 하는 집합투자기구인데 반해, 랩어카운트는 1인을 대상으로 개별적으로 일임 운용하는 1인 맞춤형 상품이다. 랩이란 포장하다, 묶는다는 의미로 여러가지 자산을 계좌 하나에 묶어서 운용한다는 뜻이다. 랩어카운트는 '일임형종합자산관리계좌' 정도로 해석하면 된다.

운용대상 상품도 펀드보다 다양하지는 않지만 웬만한 상품은 다 있다. 주식, 파생, 채권, 대체자산, 국내, 해외, 대형주, 중소형주, 중국, 일본, S&P500, 나스닥 등등이다. 요약 설명서, 핵심설명서, 계약 권유 문서 등에 어떤 상품을 운용할 것인지 명시되어 있다. 국내 주식만 운용하는 경우도 있고, 국내주식, 국내채권, 수익증권, ELS, MMW 이렇게 명시되어 있는 경우도 있고, ETF(국내외주식, 국내외 채권, 대체자산 등), 수익증권, 유동성 이렇게 명시되어 있는 경우도 있다. 기본 운용틀만 제시하고 실제 운용은 그 틀안에서 일임해서 한다. 펀드와 마찬가지다. 자문사에서 운용하는 자문형랩(자문사형랩)은 국내 주식만으로 승부를 보는 경우가 많고, 성과보수를 받는 경우도 있다. 절대수익 일정 수익률 초과시 초과이익의 몇 %를 받아가는 식이다.

증권사에 계좌를 가지고 있으면서 랩 상품을 가입하면 그 계좌가 랩어카운트가 된다. 증권사 본사 전문가들이 운용하면 본사운용랩, 지점 영업사원이 운용하면 지점운용랩, 외부 자문사에게 운용을 맡기면 자문사형랩(통상 자문형랩이라 부른다. 일임매매), 운용을 맡기지 않고 단순히 자문만 받으면 자문형랩이 된다. 자문사들은 굉장히 많으며 유치 경쟁, 수익률 경쟁이 치열하다. 통상 펀드보다 훨씬 공격적으로 운용을 한다. 자문사는 별도로 계좌를 개설할 수 없으며 증권사의 계좌를 이용하고 증권사를 통해서만 판매를 할 수 있다. 설립요건이 완화되어, 투자일임업(일임매매)을 할 수 있는 투자자문사가 난립하여 있다. 여의도와 강남일대에 많다. 영세하고 전문성이 떨어지는 자문사도 많아 선택 시 주의해야 한다. 조그만 사무실 하나에 7~8명이 근무하는 곳도 있고, 30~40명이 근무하고 자본금도 큰 자문사도 있다. 단, 규모가 작고 자본금이 작다고 운용을 잘 못하는 것도 아니고, 규모가 크고 자본금이 많다고 운용을 잘 하는 것도 아니다. 결국 수익률이다. 투자자들은 증권사 본사이건 지점 영업사원 이건 자문사건 수익률이 높을 것으로 기대되는 곳과 그런 상품에 가입하면 된다. 운용은 맞춤형이라고는 하지만, 맞춤형의 의미가 개별 계좌별로 운용한다는 의미이지 개인별 맞춤 상품이 별도로 있는 것이 아니다. 가입 절차는 펀드와 다를 바 없다. 증권사나 자문사에서 상품을 출시하고, 상품에 관한 문서화 된 자료를 고객에게 제공하고, 투자자들은 선택을 한다.

자료는 증권사 랩어카운트 상품 기준으로 통상 『1. 요약 설명서(1장), 2. 핵심설명서(5~7장), 3. 일임형 종합자산관리계좌 계약권유문서(40~50장), 4. 일임형 종합자산관리계좌 약관(20~25장)』으로 구성되어 있다.(1, 2는 바로 뒤에 첨부함)

랩어카운트는 본인 계좌를 일임운용 맡기는 개념이라, 실시간으로 운용현황을 알 수 있다. 계좌에 어떤 상품이 있고, 평가액이 얼마인지 바로 알 수 있는 것이다. 주식형으로 운용하는 경우, 실시간으로 운용을 알 수 있어 때로는 투자자들이 너무 민감하게 반응하기도 한다. 흔한 경우는 아니지만, 개별 투자자가 주식 등 운용에 관해 별도의 요구를 하는 경우 랩 운용자는 투자자와 협의하여 이를 반영할 수 있다.

수수료는 증권사나 자문사마다 다양하다. 예를 들어, 선취 1% + 운용수수료 후취 연 1%, 이런 식이다. 펀드와 유사하다. 중도해지 수수료는 없거나 아주 작은 편이다. 증권사형랩(본사, 지점)은 주식매매수수료는 전부 면제다. 랩수수료만 받는다. 자문사형랩(자문형랩)은 주식의 경우, 자문사에서 마음대로 면제해 줄 수 있는 권한이 없기 때문에 『증권사나 랩을 유치한 증권사 영업사원, 자문사, 투자자』 이렇게 3자가 협의하여 수수료율을 정한다. 통상 온라인 수수료와 오프라인 수수료의 중간 어느 수준에서 정한다. 전체적으로 총비용은 랩어카운트가 펀드보다 적게 든다.
몇 가지만 간단히 표로 요약하였다.

랩어카운트(Wrap Account)

개념	전문가가 알아서 주식, 펀드, 채권 등에 투자해주는 종합자산관리계좌
운용	● 일임 받아 투자를 하되, 고객의 재산 상태나 투자목적 등을 고려 ● 개인별 맞춤형 서비스. 전문가와 고객이 상의하여 정할 수 있다
가입	증권회사
종류	① 본사운용랩: 증권사 본사 전문 운용역이 운용(자격증 있는 운용역) ② 지점운용랩: 증권사 지점 전문 운용역이 운용(자격증 있는 영업사원) ③ 자문사형랩: 증권사는 창구 역할만 하고 자문사에서 일임하여 운용 ※ 전문적으로 운용하는 자문사 굉장히 많음. 선택 중요
제한	최소 가입 금액이 있다. 1천만원, 5천만원, 1억 등 상품마다 상이
수수료	예: 선취수수료(1%) + 운용보수(잔고의 1% 후취). 또는 선취수수료만 2%. 통상 1년 단위로 정한다.(증권사의 경우 주식매매 수수료는 면제다)

실제 상품 사례: 신한금융투자에서 판매하는 랩

1. 요약 설명서

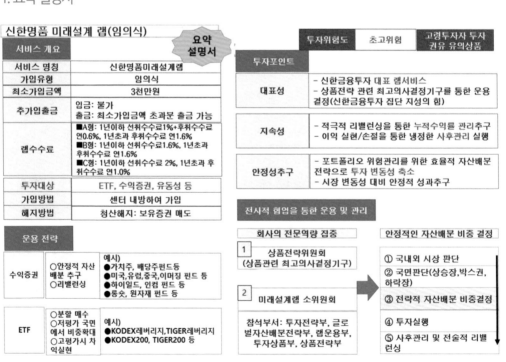

2. 핵심설명서

핵심설명서

((신한명품 미래설계랩(일임형 종합 자산 관리 계좌))

1) 개요

○ 투자방법: 임의식

○ 최소 투자금액: 3,000만원 이상

○ 추가 입출금: 추가 입금 불가/최소 가입 금액 초과 분 출금 가능

○ 계약기간: 계좌 개설 일로부터 1년 이상(최소 추천 기간), 10년 이상(적정 권유 기간)

○ 투자자산: ETF, 수익증권, 유동성 등

○ 가입대상: 개인 또는 일반 법인

2) 운용 목표 및 투자 적합 고객

○ ETF, 수익증권 등에 100% 이하로 투자하여 초고위험 · 고수익을 추구합니다.

○ 본 랩서비스는 전문가의 리스크 관리가 필요한 고객에게 적합합니다.

○ 주식시장 투자를 통한 적극적인 수익 추구를 목표로 운용하므로 가격 변동 위험을 감수할 수 있는 장기투자자에게 적합합니다. 단, 고령 투자자(70세 이상) 및 초고령 투자자(80세 이상)에게는 적합하지 않을 수 있으므로 위 내용에 대하여 충분히 인지한 후 가입하시길 바랍니다.

3) 투자대상

○ ETF(파생 ETF포함, 전체 자산의 100% 이하로 편입함을 원칙), 수익증권, 유동성 RP 혹은 MMW에 주로 투자합니다.

4) 랩특징

○ 신한금융투자가 고객의 투자일임 재산을 운용하는 일임형 종합자산관리계좌의 한 종류입니다.

○ 각 운용사에서 운용하는 수익증권 또는 주식의 편입 여부 결정 등 최종 운용은

　당사 랩운용부에서 실행합니다.

○ 본 랩상품은 고객 계좌별로 운용관리되기 때문에 동일시기에 가입한 계좌라도 계좌 간

　수익률이 상이할 수 있습니다.

○ 당사는 동일한 랩상품에 가입한 경우라도 고객의 별도 요구 사항이 있을 경우 이를 반영하여

　각각 달리 운용할 수 있습니다.

○ 본 랩서비스는 일반 금융상품에 비해 상대적으로 변동성이 클 수 있습니다.

5) 운용방법

○ 본 랩상품의 평가금액은 실시간으로 확인이 가능하지만, '일임운용'이라는 취지와

　'고객 자산 보호' 차원에서 당일 자 체결내역은 확인하실 수 없습니다.

○ 당사는 투자 일임 재산 운용을 함에 있어 위험을 최소화하고 고객의 투자성향과 목적에

　부합하는 자산관리를 효율적으로 수행하기 위하여 일정 규모 이상으로 가입 금액을 제한하고

　있습니다.

○ 고객은 투자 일임 재산의 운용에 대하여 합리적인 제한(계약에서 정한 바에 따라 운용조건

　등을 변경하는 것을 말한다)을 두거나 특정 증권의 취득, 처분 및 계약의 해지를 요구할 수

　있으며, 그 절차와 방법은 직원(투자 권유자 및 계약 체결 업무 담당자)과의 상담을 통하여

　가능합니다. 아울러 당사는 그와 관련한 구체적인 권한 행사 절차, 범위 및 내용을 투자 일임

　계약에 직접 반영하여 운용합니다.

6) 수익률 산정 방법

– 생략 –

7) 수수료

○ 징수방법: 선취수수료 및 후취수수료 징수

○ 가입 유형별 랩수수료

타입	가입 후 1년 이하	1년 초과
A형	선취 1.0% + 후취 연 0.6%	후취 연 1.6%
B형	선취 1.6%	후취 연 1.6%
C형	선취 2.0%	후취 연 1.0%

○ 랩수수료에는 운용, 관리 등의 모든 서비스에 대한 비용이 포함되어 있습니다.

○ 본 랩서비스에 편입된 수익증권의 운용/기타보수는 별도 적용됩니다(수익증권 내 부과)

○ 수익증권 투자 시 발생하는 선취판매수수료, 판매보수에 대해서는 환급 처리됩니다.

　☞ 자세한 수수료 기준은 **계약 권유 문서 8~9쪽 및 별지 1참조**

8) 중도출금 및 해지

○ 전일 평가금 기준으로 최소 가입 금액 초과분에 대해서 출금이 가능합니다.

○ 해지는 청산 해지만 가능하며, 보유 유가증권 결제시마다 출금 가능합니다.

　(자산군별 출금일이 상이하며, 결제 중에도 지점으로 문의하여 부분 출금 가능합니다.)

○ 중도해지 및 출금 시 납입 건별 납입금액 기준으로 선취수수료의 잔여일수를 일할 계산하여
　환급하여 드립니다. 단, 경과기간별 선취수수료 환급금액 대비 일정 비율을 중도해지수수료로
　부과합니다.(자세한 내용은 계약 권유 문서 8~9쪽 및 별지 1 참조)

○ 중도해지 및 출금 시 수익증권 환매수수료가 별도로 부과될 수 있습니다.

9) 위험요인

○ 본 랩상품은 예금자보호법에 따라 보호되지 아니하며, 운용결과에 따라 원금 손실이
　발생할 수 있고 모든 손익은 고객에게 귀속됩니다.

○ 본 랩상품의 가치는 정치·경제적 상황, 정부정책, 과세제도 등의 변경에 의해 영향을 받을 수
　있습니다.

– 이하 생략 –

10) 운용의 주체

○ 본 일임형 종합자산 관리계좌는 신한금융투자 랩운용부에서 운용하며 수익증권을 편입하게 될 경우 수익증권은 투신 또는 자산운용사에서 운용합니다.

※상품 가입 후 의문사항 또는 불만(민원)이 있을 경우 상담센터(1600-0119) 또는 인터넷 홈페이지(www.shinhaninvest.com)에 문의할 수 있고, 분쟁이 발생한 경우에는 금융감독원(국번없이 1332)등의 도움을 요청할 수 있습니다.

> 본 설명서는 이 서비스의 중요 내용만을 선별하여 요약한 것이므로 이 설명서에만 의존하지 마시고 약관, 계약권유문서 등 세부 설명자료를 반드시 확인하신 후 계약하시기 바랍니다.
>
>
> [설명직원 확인]

●신한금융투자 ( )지점 _____(은)는 위 내용에 대하여 고객 _____에게 설명하고, 이 설명서를 교부하였습니다. (☎   -   -).

2020 . 12.   _____(인)

3. 일임형 종합자산관리계좌 계약 권유 문서(46장) (생략)

4. 일임형 종합자산관리계좌 약관(23장) (생략)

자문사형랩도 1장짜리 요약 설명서를 보자. 통상 자문형랩이라고 부른다.

신한명품 밸류시스템 자문형랩(성과형)

요약 설명서

투자위험도	초고위험	고령투자자 투자 권유 유의상품

1. 서비스 개요

운용방법	밸류시스템투자자문에서 제공한 포트폴리오 자문을 바탕으로 운용
최소가입금액	5천만원
추가입출금	■입금:500만원 이상만 가능 ■출금:최소가입금액 초과분 출금가능
랩수수료	■기본수수료 연 1.0% + 성과수수료 (고객과 협의) ■징수시기: 기본은 분기별, 성과는 1년 단위
벤치마크	KOSPI
운용대상	주식 100% 이하, 유동성은 RP,MMW
해지방법	청산해지: 보유증권 매도

2. 회사 개요

〈사진〉 대표이사 ○○○	-학력, 경력: ○○○○○○ -투자 철학: 수익을 많이 내기보다는 손실을 줄이는 투자 지향. 싸게 사서 제값에 파는 가치투자원칙 고수. 전략적자산배분,유니버스구성,기업내용분석,기업탐방,집단의사결정에 따라 운용

회사명	밸류시스템투자자문
설립/등록	2009.8/2010.3
대표이사	○○○
임직원수	12명
주소	서울시 강남구 영동대로 128길 54
자기자본	68억(2016.5월)
수탁고	약 2,440억원(2016.5월)
주주구성	○○○대표 47.5%, ○○○이사 47.5%, ····

3. 투자 프로세스

Ⅰ 자산배분	Ⅱ 유니버스 선정	Ⅲ 포트폴리오 구성	Ⅳ 실행
1.각종 Macro 지표분석(금리,환율 등) 2.해외경제 흐름 연구 3.적정주식 비중 결정	1.계량분석 후 투자가능종목선정 2.시총,가치평가,수익성 데이터 3. 시장초과 구성	1.기업방문 2.기업탐방 사전,사후 작업 3.기업탐방 보고서를 통해 정보 공유	1.집단결정 시스템 2.기업탐방 보고서 확인/의견교환 3.최종의사 결정 도출

4. 투자전략

1	Quantative(퀀트)
2	Contrarian(역발상)
3	Diversified(분산투자)

▶빅데이터 활용
▶정량적+정성적
▶경쟁력 확장시점에 투자

▶주식은 사람이고 심리다
▶시장 과민반응을 이용한다
▶기다려야 승리한다

▶철저한 분산투자 원칙
▶40개종목 이상 분산투자
▶개별 위험 최소화

3 TDF

TDF는 Target Date Fund의 약자로 '자산배분형펀드' 다.

펀드의 일종이고, 연령별로 투자포트폴리오를 자동으로 조정해 주는 은퇴설계형 펀드다. 투자자들이 고민하지 않아도 자산운용사에서 20대에는 위험자산 비중을 높게하고, 나이가 들수록 점진적으로 축소하여 60세가 되면 많이 낮게 해준다. 대부분의 상품이 해외투자비중이 꽤 높다. 편입된 자산 중 환율이 오픈되어 있는 경우도 있다.

퇴직연금을 운용할 때 TDF를 선택하면 마음이 편하고 장기간 신경을 덜 써도 된다. 각 증권사에서 TDF를 퇴직연금 상품으로 많이 라인업(line-up)해 놓았다. 펀드명을 몇 개만 보자.

'한국투자 TDF 알아서 2040[주식혼합-재간접형](C-R)',

'KB 온국민 TDF2050[주혼재간접](C-퇴직)',

'신한 BNPP 마음편한 TDF2045[주식혼합-재간접형](Cr)',

'미래에셋 전략배분 TDF2035년 혼합자산자(C-P2)'.

상품명에서 2040, 2050, 2045, 2035는 은퇴시기, 즉 은퇴 연도를 의미한다. 이 숫자가 크면(은퇴까지 많이 남아 있으면) 공격적으로, 작으면(은퇴까지 얼마 안 남아 있으면) 보수적으로 자산 배분을 한다. 펀드를 선택할 때의 기준을 적용해 상품을 신중하게 잘 선택을 하여야 한다. 운용사를 잘 선정해야 하고, 환율 전략도 살펴보아야 한다. 상품의 특징을 표로 요약해 보았다.

	TDF

개념	**Target Date Fund** ● 투자자의 은퇴 시점에 맞춰 포트폴리오를 알아서 관리해주는 글로벌 자산배분형 펀드
운용	① 전세계 다양한 주식과 채권에 분산투자 ② 시장상황에 따라 투자자산을 조정 ③ 투자자의 연령과 은퇴시기에 따라 투자의 구성(포트폴리오)을 달리함

'TDF2040'의 의미

가정: **투자자 출생연도가 1980년. 예상은퇴 연령은 60세(현재 2020년)**

출생연도		예상 은퇴 연령			
1980년	+	60세	= 1980+60	**TDF 2040**	← 은퇴 연도를 의미

※ 투자자는 예상 은퇴 연령만 선택하면 된다. 운용사가 알아서 운용한다
※ 숫자가 클수록(은퇴 도래 기간 길수록) 공격적 투자, 작을수록 보수적 투자. 시간이
　지날수록(투자자 나이가 많아질수록) 공격적→보수적으로 투자 포트폴리오 조정
※ 퇴직연금에서도 선택할 수 있는 상품이다. 퇴직연금 상품 잘 모르면 TDF 선택도 무난하다

투자의 예

2020년 현재 TDF2025 투자자와 TDF2045 투자자의 경우

2025	주식 40%	미국14%, 이머징8%, 일본7%, 유럽5%, 아시아4%, 한국2%
	채권 60%	한국24%, 신흥국17%, 유럽11%, 미국8%
2040	주식 80%	미국25%, 이머징15%, 유럽15%, 일본10%, 아시아8%, 한국7%
	채권 20%	신흥국18%, 한국2%

펀드 예
● 미래에셋전략배분TDF2045혼합자산자종류 C-1
● 삼성한국형TDF2045H(주혼-재간접) C-F
● KB온국민TDF2050(주혼-재간접) A

투자 KEY
우수한 운용사 선정
※ 원화, 달러화, 현지통화 등 환율 전략도 중요

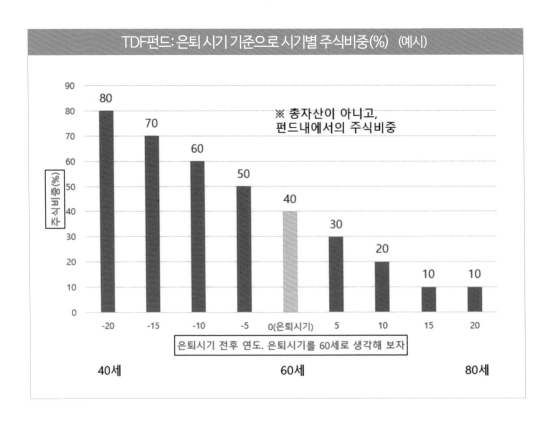

TDF펀드: 은퇴 시기 기준으로 시기별 주식비중(%) (예시)

※ 총자산이 아니고,
펀드내에서의 주식비중

주식비중(%)

80 70 60 50 40 30 20 10 10

-20 -15 -10 -5 0(은퇴시기) 5 10 15 20

은퇴시기 전후 연도. 은퇴시기를 60세로 생각해 보자

40세   60세   80세

4 1억이 있다면 어디에 투자할까?

'나이, 소득, 자산규모, 기존 투자하고 있는 현황, 성향'에 따라 투자 상품이 더 다를 것이다.
상품을 열심히 공부하는 목적은 최종 투자 실행이다.

여윳돈 1억 투자 시 비중

단순하게 구성했다. 중위험 중수익이 아니고 바벨전략을 사용하였다.
위험자산으로 많이 치우친 바벨이다. 해외 주식 50%(미국 30%, 이머징 20%),
국내 주식 30%, 현금 20%(기회가 생기면 투자)이고, USD로 30% 투자하였다.
복잡한 포트폴리오가 좋을 수도 있고, 단순한 포트폴리오가 좋을 수도 있다.

채권, 고배당 주식, 신종자본증권, 전자단기사채,
리츠, 금, 원유, ELS, CB 등등
선택할 수 있는 상품의 종류는 다양하고
세부적으로는 수천 가지가 된다.
본인의 성향이나 자금 성격에 따라
포트폴리오를 구성하면 된다.
단, High Risk High Return,
Low Risk Low Return. No Free Lunch!!

MMF 20%
S&P500 ETF($) 15%
나스닥 ETF($) 15%
KOSPI200 ETF 30%
이머징 ETF($→원 헷지) 20%

5부

연금

연금

 국민연금

1) 기본개념

국민연금의 기본 개념	
1. 의무가입자	• 만 18세 이상 60세 미만 • 국민연금을 내고 있는 사업장에 근무 • 사업소득이 있는 지역가입자 　※ 주부, 학생 등 소득이 없으면 가입 의무가 없다
2. 지역가입자	• 주로 종업원 없는 개인사업자들이 해당 • 60세 전에 퇴직하면 사업장가입자에서 지역가입자로 변경해 가입을 유지해야 함. 　그러나, 소득이 없는 경우 납부 예외 신청을 하여 보험료를 내지 않아도 되고, 　소득이 감소하거나 일정치 않으면 소득월액 변경 신청을 하면 하향 조정이 가능. 　가까운 지사에 문의하는 것이 좋다 • 노후 대비를 위해 연금보험료를 많이 내고 싶다면 소득 입증서류 없이 변경신청 가능
3. 임의가입자	• 비의무자 본인 노후를 위해 자발적으로 가입 • 금액: 매년 전년도 지역 가입자 전원의 중위수에 해당하는 자의 기준소득월액 　이상을 납부. 예, 2019년에 지역가입자 중위소득이 월 100만원이면, 임의가입자는 　2020년에 100만원의 9%인 9만원부터 최고 금액까지를 납부하면 된다 • 임의가입 이유: 낸 금액에 비해 연금 많이 받기 때문. 납입시에는 근로소득자보다 　소득이 현저히 낮은 지역가입자 기준으로 산정한 보험료를 납부. 연금수령 시에는 　근로소득자 포함 전체 평균을 감안한 연금을 수령. 임의가입자에게 유리 • 가입자 폭발적 증가: 2010년 49,381명, 2015년 219,111명, 　2020. 6월말 337,793명. 여성이 84%
4. 임의 계속 가입자	• 납입 10년 미만자는 일시금으로만 받을 수 있고, 　납입기간 10년 이상이어야 연금으로 수령 가능 • 60세에 도달했으나 가입 기간이 부족해 연금을 못 받는 경우 　10년을 채우기 위해 신청(65세까지 신청 가능)

추후 납부 제도	• 국민연금에 가입되어 있었으나 실직, 사업중단 등으로 보험료를 납부할 수 없었던 　기간이 있거나 • 과거 연금보험료를 납부하다가 경력단절 등 가입대상에서 제외되었던 　기간이 있을 경우 → 추후에 이를 납부하여 가입 기간을 늘릴 수 있는 제도(신청서 　작성후 납부. 일시납 또는 60개월 분납)
반납제도	• 과거에 퇴직 등의 사유로 지급 받았던 반환일시금이 있을 경우 일정이자를 　가산한 금액을 공단에 반납하면 해당 가입기간을 복권할 수 있는 제도
월납입보험료	• 보험료: 소득월액의 9%. 사업장 종사자의 경우 사업자, 근로자가 각각 4.5%씩 　부담〈2020.7.1일 현재 하한액, 상한액〉 • 소득월액 하한액 320,000원, 상한액 5,030,000 • 월보험료 하한액 28,800원, 상한액 452,700원
장점	• 물가 연동해 연금수령액 상승 • 국가가 지급 보장 • 소득공제 혜택 • 압류 불가
고갈시기	2056년(2020년에 추정)
조기, 연기 연금	• 조기노령연금(60, 61, 62, 63, 64세 수령) • 매년 -6%(최대 5년 조기 -30%) • 연기연금(66, 67, 68, 69, 70세 수령) • 매년 +7.2%(최대 5년 연기 +36%) • 대출: 실버론. 60세 이상 수급자. 긴급생활자금. 최대 750만원. 저리 변동금리
국민연금 급여의 종류	• 노령연금(일반적 연금): 65세부터 사망시까지 • 장애연금: 가입자의 장애로 인해 지급 • 유족연금: 가입자 사망 시 유족에게 지급

가입 시기별 소득대체율	가입시기	88~98년	99~07년	2008년	2010년	....	2028년이후
	소득대체율	70%	60%	50%	49%	↓	40%

• 소득대체율: 연금급여 ÷ 생애 평균 소득

분할연금	• 이혼을 하면 배우자가 연금 분할 신청할 수 있다 • 혼인 기간만큼 비례해 분할. 단, 당사자간 협의로 정할 수 있다 • 〈참고〉 ☞ 분할 가능 연금: 국민,공무원,사학,퇴직. ☞ 분할불가 연금: 개인연금
압류 금지	• 국민연금은 압류, 양도, 담보 금지 　☞ 채권자가 공단에 직접 압류 신청하는 것 금지일 뿐, 　　연금을 받는 은행계좌에 압류 신청은 가능 　☞ 은행통장에 입금된 연금 압류 사례 늘자 정부가 안심통장제도를 만들어 　　압류로부터 연금보호 　☞ 국민연금 전용 안심계좌를 은행에 개설해야 가능. 국민연금 급여만 입금 가능 　　(월 185만원 이하) ※ 퇴직연금도 보호(압류,양도,담보 금지). 개인연금은 비보호

2) 국민연금 예상 수령액

월 4백만원 정도의 급여를 받는 근로자가 2017. 1월에 가입하여 30년간 납부하면 월 약 100만원의 연금을 받게 된다.

국민연금 예상수령액

※ 현재 월 4백50만원 소득의 근로자가 30년간 불입하면 약 100만원 정도 국민연금 수령

※ 2017년1월 가입 가정

출처: 국민연금공단

소득월액 평균액	연금보험료 (9%)	가입기간별 예상 월수령액(원)			
		10년	20년	30년	40년
290,000원	25,200원	133,310	256,790	290,000	290,000
1,000,000원	90,000원	171,720	330,750	489,570	648,390
2,000,000원	180,000원	225,790	434,870	643,700	852,520
3,000,000원	270,000원	279,850	539,000	797,820	1,056,640
4,000,000원	360,000원	333,910	643,120	951,950	1,260,770
4,490,000원	404,100원	360,000	693,750	1,027,080	1,360,410

※ 보험료: 기준소득월액의 9%. 사업장 가입자는 근로자, 사용자 ½씩 부담. 지역가입자, 임의가입자는 본인이 전액 부담. 상한선은 2020.7월 현재 기준소득월액 503만원, 보험료 452,700원(1/2은 226,350원)
※ 소득대체율: 약 40% 수준
※ 국민연금관리공단 홈페이지를 방문하면 본인 예상수령액 쉽게 조회

3) 조기연금, 연기연금

앞의 개념에서도 언급했지만, 조금 자세히 보면 표와 같다.

조기 노령연금 수령액

기준연령	-1년	-2년	-3년	-4년	-5년
수령액	94%	88%	82%	76%	70%

※산식: 1년 단축 시 마다 -6%(최대 -30%)

조기 노령연금 수령액 예시

*65세: 1,000,000원(정상 수급)

기준연령	64세	63세	62세	61세	60세
수령액(원)	940,000	880,000	820,000	760,000	700,000

연기 노령연금 수령액					
기준연령	+1년	+2년	+3년	+4년	+5년
수령액	107.2%	114.4%	121.6%	128.8%	136.0%

※ 산식: 1년 연장 시 마다 + 7.2%(최대 +36%)
※ BEP 연령: 80세(5년 연기 시 <u>80세 이상만 살면 연기노령연금이 유리</u>)

연기 노령연금 수령액 예시					
*65세: 1,000,000원(정상 수급)					
기준연령	66세	67세	68세	69세	70세
수령액(원)	1,072,000	1,144,000	1,216,000	1,288,000	1,360,000

4) 출생연도에 따른 국민연금 수급 개시 연령

출생연도에 따른 국민연금 수급 개시 연령				
출생연도	59, 60년 생	61~64년 생	65~68년 생	68년 생 이후
개시연령	만 62세	만 63세	만 64세	만 65세
예외	※ 조기 노령연금: -1세~-5세, 연기 노령연금: +1세~+5세			

5) 국민연금 감액제도

이 제도는 알아 둘 필요가 있다. 수급자의 다른 소득이 국민연금 총 가입자의 최근 3년 평균소득(A값)보다 많으면 국민연금을 차감하는 제도이다. 은퇴해서 국민연금을 받는데, 현재 근로자(국민연금 가입자)보다도 국민연금 이외의 다른 소득이 많으면 국민연금 수령액(노령연금액)을 깎겠다는 것이다. 5년간, 최대금액은 1/2.

재취업을 해서 근로소득이 A값(2019년 240만원)보다 많으면 감액된다. 임대소득이 A값보다 많으면 감액된다. 근로소득+임대소득+사업소득이 A값보다 많으면 감액된다.

감액 테이블과 예시를 참조하기 바란다.

국민연금 감액제도

개념: 다른 소득이 많으면 국민연금을 차감해서 지급하는 제도. 최대 5년

기준: 근로소득 + 사업소득 + 임대소득 - 근로소득공제액 - 임대소득필요경비 > A값

    ※ 제외: 금융소득, 연금소득

    ※ A값: 최근3년 국민연금가입자 평균소득

	초과소득월액	감액분(비율)	월감액금액
금액	~100만원	5%	0~5만원
	100~200만원	10%	5~15만원
	200~300만원	15%	15~30만원
	300~400만원	20%	30~50만원
	400만원~	25%	50만원 이상

    ※ 한도: 노령연금액의 1/2

예시:

1. 총소득: 500만원(근로+사업+임대-근로소득공제-임대소득공제)
2. A값: 240만원(2019년)   ※ 2020년 2,438,679원
3. 초과 월소득액: 260만원(총소득 500만원-A값 240만원)
4. 감액금액: 24만원(100만원*5% + 100만원*10% + 60만원*15%)

회피: 연기연금(5년)은 국민연금(노령연금) 감액을 피할 수 있다

6) 국민연금 세금

국민연금도 세금을 낸다. 직장을 다닐 때만 세금을 내는 줄 알았는데, 『국민연금, 개인연금저축의 연금, 퇴직연금 모두 다 연금 소득세(3.3~5.5%)』를 낸다. 개인연금 중 『연금보험(세제 비적격)』의 연금만 비과세다. 연금보험은 납입 시 세금 혜택이 없었기 때문에 연금수령 시 세금이 면제되는 것이다. 아파트에 대한 보유세와 종합부동산세, 국민건강보험 보험료까지 세금은 생각보다 많다. 세금을 감안하지 않고 노후설계를 할 수 없다. 간단하다면, '본인이 계산하고, 원천 징수 외 별도로 낼 세금을 소득에서 떼어 놓고, 절세 방법을 찾아보아야 하겠지만', 조금 복잡하면 세무사에게 상담을 받는 게 낫다. 세금은 워낙 복잡하고 자주 변경되어서 스스로 계산하거나 절세하기 어려운 경우가 많다.

(1) 연금소득세(원천징수)

① 세율

연금소득세를 낸다.

〈연금소득세율〉

연령	~70세 미만	70 이상~80세 미만	80세 이상
세율	5.5%	4.4%	3.3%

② 연금소득 중 과세 부분과 비과세 부분

연금소득이 전부 과세대상이 아니다. 2002. 1월 이후 불입 금액만 과세대상이다.

구분	2001년 이전 불입	2002. 1월 이후 불입
과세 여부	X(즉, 비과세)	O(즉, 과세)
사유	소득공제 없었음	소득공제를 받았음

※ 대상연금액 = 노령연금(국민연금)수령액 ＊ (2002년 이후 납입 기간 동안의 환산소득 누계액/
총 납입기간 동안의 환산소득누계액)

※ 예) 월 연금을 100만원 받는 경우 40만원은 비과세 대상, 60만원은 과세대상

③ 연금소득공제

과세대상 연금에 대해서 연금소득공제를 한 후 연금 소득세율로 원천징수를 한다. 즉, (과세대상 총
연금액 – 연금소득공제) ＊ 연금소득세율

ⓐ 연금소득 기본공제

〈연금소득 기본공제〉

과세대상 연금액(연간)	공제액
350만원 이하	전액
350만원 초과 700만원 이하	350만원 + 350만원 초과금액의 40%
700만원 초과 1,400만원 이하	490만원 + 490만원 초과금액의 20%
1,400만원 초과	630만원 + 1,400만원 초과금액의 10%

ⓑ 인적공제

〈연금소득 인적공제〉

본인 공제	150만원
배우자 공제	150만원
부양가족 공제	50만원
기타공제(경로우대, 장애인, 부녀자)	순서대로 100만원, 200만원, 50만원

ⓒ 표준 세액공제: 7만원

④ 2020년 말 현재 국민연금 연 약770만원까지는 세금 없다. 상기 공제 때문.

⑤ 원천징수 절차

원천징수는 말 그대로 원천징수이기 때문에 국민연금공단에서 다 알아서 처리한다.

연금소득공제 제도는 근로자들의 연말정산 과정과 비슷한데, 근로자들은 일일이 다 입력해서 회사를 통해 세무당국에 서류를 제출하고 환급, 환수하지만, 국민연금은 연금소득공제(연말정산)도 국민연금공단에서 연금 수급자의 정보를 반영하여 알아서 해준다. 연금 수급자는 따로 하지 않는다.

연금 수급자는 세금 관련 2가지만 하면 된다.

『첫째, 최초 국민연금 청구 시, 배우자, 부양가족 포함 과세정보를 담고 있는 '연금소득자 소득 세액 공제 신고서'를 국민연금공단에 제출하고, 이 사항에 변동이 있을 시 다시 제출한다. 이 신고서와 변동 신고에 의해서 국민연금이 알아서 소득공제를 하며(연말정산), 소득공제 증감을 반영한 환급이나 환수액은 그 다음해 국민연금에 반영한다. 환급이면 더, 환수면 덜 주는 것이다.

둘째, 국민연금 수령액이 연간 350만원을 초과하면 종합소득세를 다음해 5월에 신고해야 한다.』

원천징수에도 불구하고 연금 수급자들은 세금에 대해 이해하고, 조금이라도 세금을 줄일 수 있는 방법을 찾아야 할 것이다.

(2) 종합소득세(신고)

① 신고 대상: 연간 연금액 350만원 초과자 중 다른 소득(근로, 다른 연금, 사업, 이자 및 배당, 퇴직, 양도)이 있는 경우

② 신고 시기: 종합소득세 신고 시. 다음해 5월

③ 신고금액: 총 연금액−연금소득공제액(상기 (1)−③)

④ 세율: 종합소득세 세율에 따름. 즉, 다른 소득과 합산하여 과세

1) 개요

직장을 오래 다니면 여러 가지 장점이 있지만 그 중의 하나가 퇴직연금이다. 이제 퇴직연금도 역사가 꽤 되어 웬만한 직장은 다 의무가입 대상이다. 회사를 다니면 강제로 알아서 퇴직연금을 쌓아 주고, 직장 이동을 해도 퇴직연금을 그대로 유지해 주고, 자기가 퇴직연금을 마음대로 운용할 수도 있다.

30년 정도 직장을 다니면 굉장히 큰 돈이 되어 노후의 든든한 버팀목이 된다. 주택구입, 의료비 등 중도해지 가능 사유가 몇 가지 있는데 가급적 해지하지 말아야 한다. 은행, 증권사, 보험사 등 퇴직연금 사업자들은 퇴직연금과 IRP 유치를 위해 각종 서비스를 제공하고 있다. 좋은 서비스를 충분히 이용하고, 특히 IRP는 본인이 금융기관을 마음대로 선택할 수 있으므로 투자 상품이 다양하고 금리가 높은 곳을 선택해야 할 것이다. 개인이 운용할 수 있는 DC의 경우 너무도 많은 가입자들이 그냥 방치해 놓는다. 예금을 가입하거나 아예 운용을 하지 않고 현금을 들고 있는 경우도 있다. 퇴직연금은 아주 길게 투자하는 상품이기 때문에 위험을 감수하는 투자를 해서 수익률을 높이는 시도를 하는게 맞다. 주식에 대한 비중을 높여 보자.

개별 주식은 어차피 ETF나 리츠 이외에 허용이 되지 않으므로 인덱스(지수)에 투자해 보자. 그리고, 자연스럽게 적립식 투자가 되기 때문에 시기에 대한 분산투자도 된다. 몇 나라의 지수에 분산해서 장기 투자하면 예금에 가입한 것보다는 훨씬 수익률이 나을 것이다.

2) DB, DC, IRP

퇴직연금제도에는 3가지가 있다. DB, DC, IRP

DB는 Defined-Benefit의 약자로 확정 급여형 퇴직연금이다. 기존의 퇴직금 제도와 동일하다고 생각하면 된다. 회사가 퇴사시 알아서 정해진 퇴직금을 주는 제도이다. DB제도를 운용하는 회사의 근로자들은 별 고민을 할 필요가 없다.

DC는 Defined-Contribution의 약자로 확정 기여형 퇴직연금이다. 매년 근로자가 본인 명의의 계좌로 퇴직금을 받아 본인이 알아서 펀드나 예금으로 운용하는 제도다. DB가 퇴직금 금액이 확정된 반면, DC는 운용성과에 따라 퇴직금이 크게 변동한다. 가입 근로자들이 많이 고민하고 노력해야 한다. 가입 가능한 상품은 뒤에서 별도로 살펴보겠다.

안타깝게도 DC 가입자의 90% 정도가 운용실적에 연동되는 펀드를 선택하지 않고 원금이 보장된 예금이나 ELB를 선택해 수익률이 형편없다. 2020년 12월 현재 DC용으로 퇴직연금 사업자들(은행, 증권사, 보험사)이 판매하는 예금의 금리가 은행예금 0.9~1%, 증권사ELB(증권사 보장 상품이라 보면 된다. 증권사 신용) 1.7~2.0%, 저축은행 예금 1.9~2.1% 정도 수준이다.
DC 가입자의 과거수익률은 2016년 1.58%, 2017년 1.88%, 2018년 1.01%, 2019년 2.25%로 4년 평균 1.68%이다. 상당히 낮은 수준이다.

IRP는 Individual Retirement Pension의 약자로 개인형 퇴직연금이다.
IRP는 상이한 2가지 용도로 사용된다.

첫째는, 퇴직 시 또는 직장 이동시 퇴직금을 받아 보관하고 운용하는 별도의 계좌로 이용하는 용도다. 55세, 60세에 직장을 퇴직하면, 반드시 은행 통장이 아니라, IRP계좌로 퇴직금을 받아야 한다. 그 후에 자주 사용하는 은행계좌로 이체해 IRP를 사용하지 않든, 퇴직금을 그대로 놔둔 채 운용을 하든 본인이 알아서 하면 된다. 이직을 할 때도 퇴직연금은 반드시 IRP로 옮겨야 한다. 몇 번을 이직해도 마찬가지다. 운용은 DC처럼 본인이 알아서 하면 된다.

둘째는, 세액공제를 받기 위해 별도로 매년 돈을 넣고 운용하는 용도이다. 세액공제는 연간 700만 원 한도내에서 하고, 연말정산 때 절세를 하게 된다. 퇴직금과 별도로 자기 돈을 추가로 넣고 절세도 하고 운용도 하여 노후를 준비하는 용도이다. 정부에서 근로자들의 노후 생활 안정을 위해 세제혜택을 주면서 저축을 유도하는 성격의 상품이 또한 IRP다. 3가지 제도를 표로 비교해 보았다.

구분	DB	DC	IRP
퇴직연금제도 비교			
개념	· Defined Benefit · 확정 급여형 퇴직연금	· Defined Contribution · 확정기여형 퇴직연금	· Individual Retirement Pension · 개인형 퇴직연금

※IRP는 2가지 용도로 사용
①퇴직 시 또는 직장 이동 시 퇴직금을 보관, 운용하는 별도의 계좌
②연간 1,800만원 한도 내에서(세액공제 한도는 연간700만원) 퇴직금과 별도로 운용하는 플러스 알파의 노후 자금

구분	DB	DC	IRP
운용주체	기존 퇴직금 제도와 동일. 즉, 회사에서 전체직원퇴직금을 관리 ■회사	매년 근로자가 개인 명의로 퇴직금을 받아 각자 알아서 운용 ■근로자	근로자 본인이 운용 ■근로자
유·불리	DB 유리한 경우는 임금인상률〉투자수익률	DC 유리한 경우는 임금인상률〈투자수익률	해당사항 없음
비용부담	회사(사용자)	회사(사용자)	해당사항 없음
적립금	퇴직 전 3개월 평균임금 × 근속연수	연간 임금총액의 1/12 매년 DC 계좌에 적립	연간 1,800만원 한도 (세액공제한도는700만)
적립방식	최소80%이상 사외예치(퇴직 시 지급)	전액 사외 예치 (개인계좌에 넣어 준다)	개인 계좌. 자기 것 자기가 넣는 것임
퇴직금 변동여부	확정(변동 없음)	운용성과에 따라 변동	운용성과에 따라 변동
운용가능 상품	해당사항 없음	① 원리금 보장상품: ⓐ보험(이율보증형 또는 금리연동형), ⓑ은행예금, ⓒ증권사 원금보장ELB, ⓓ저축은행예금, ⓔRP, ⓕ국채, 통안증권채 ② 실적배당상품: ⓐ운용사 펀드(수백 개), ⓑETF, ⓒ리츠주식 ※ 제한:■주식종목투자 금지(ETF, 리츠 예외) ■주식형펀드와 주식혼합형펀드는 전체투자금액의 70% 이하	
운용수익률	해당사항 없음	2016~19년(4년간) 연평균 1.68%(저조함). 원리금 보장형 89.6%, 실적 배당형 10.4%	
중도인출	불가	가능(법적사유 충족 시): 무주택자 주택구입 또는 전세자금, 본인 또는 가족의 6개월 이상 요양, 개인파산, 천재지변	가능(법적사유 충족 시)
담보대출	가능(법적사유 충족시에 적립금의50%이내. 금융기관별로 상이)	사실상 불가(제도는 적립금의 50%내 가능하나, 실제는 불가)	사실상 불가(제도는 가능하지만, 실제는 불가)
지급방식	연금 또는 일시금. 2019년 근로자들의 선택은 연금 2%, 일시금 98%		
연금 수급요건	55세 이상, 10년 이상 가입, 연금수급 5년 이상		55세 이상, 5년 이상 가입, 연금수급 5년 이상
연금세금	연금소득세: 70세미만 5.5%, 70이상~80세미만 4.4%, 80세이상 3.3%		
이전	불가	이전 용이	이전 용이

다소 중복되는 내용이지만 IRP만 별도로 정리해 보았다. 절세 용도, 은퇴 후 준비 용도로 IRP를 많이 활용하길 권유한다.

IRP	
가입 목적	Individual Retirement Pension의 약자 ① 개인추가납입 용도: 세제 혜택 및 노후 준비를 위한 저축. ② 퇴직금을 받는 계좌 용도: 전직 또는 퇴직 시 퇴직금 보관 ☞ 여기서는 ①에 대해서만 얘기. 1개의 계좌에 ①, ② 기능이 같이 있음
가입 대상	소득이 있는 사람. 직장인, 자영업자, 공무원, 군인, 교직원 등
가입 금액	전금융기관 합산 연 1,800만원내 자유롭게 납입 ☞ 주로 세금 혜택 때문에 가입. 통상 세금 혜택 연간한도 만큼만 납입. ☞ 한도: IRP: 700만원 / 연금저축: 400만원 / IRP+연금저축: 700만원 ☞ 2020~2022년까지 한시적으로 50세 이상은 한도 900만원. 　IRP: 900만원 / 연금저축: 600만원 / IRP+연금저축: 900만원
연금수령	5년 이상 가입, 55세 이후 10년 이상 연금 수령. 10, 15, 20, 25, 30년 등
운용상품	○ 거의 모든 상품 다 운용 가능 ○ 원금보장상품: 은행예금, 저축은행예금, 우체국예금, ELB, 원금보장ELS, MMDA 등 ○ 원금비보장상품: 채권(혼합)형펀드, 주식(혼합)형펀드, ETF, 리츠 등
수수료	증권사마다 다르나 저렴한 편. 면제해 주는 곳도 있음
중도해지	① 법정 중도인출 사유: 무주택자의 전세금 또는 주택구입, 6개월이상 요양, 파산선고, 　천재지변 등. 세금 불이익 없음 ② 임의 인출: 기타소득세 16.5% 부과

	대상	세액 공제율	연령	세액 공제 한도	세액 공제액
세액공제	총급여 5,500만원 이하 (종합소득 4,000만원 이하)	16.5% (지방소득세 포함)	50세 미만	700만원	1,155,000
			50세 이상	900만원	1,485,000
	총급여 5,500만원 초과 (종합소득 4,000만원 초과)	13.2% (지방소득세 포함)	50세 미만	700만원	924,000
			50세 이상	900만원	1,188,000

	〈연금소득세〉	
인출시 세금	~70세 미만	5.5%
	70세 이상~80세 미만	4.4%
	80세 이상	3.3%

계좌이동	금융기관간 이동 가능 (금융기관이 마음에 안 들면 이동하자!)

3) 예상 퇴직연금 시뮬레이션

퇴직 후 퇴직연금을 얼마나 받을 수 있는지 가상 사례를 들어보자.

27세에 초봉 3백만원을 받고, 60세까지 33년간 직장생활을 한 홍길동씨의 경우다. 임금 인상률 매년 3%, 운용수익률 연 5% 가정하면 60세에서 90세까지 30년간 받을 수 있는 월 수령 퇴직연금은 1,488,000원이다.

홍길동 씨의 예상 퇴직연금 월 수령액(가정)

○ 초봉: 월 3,000,000원
○ 근무기간: 33년(27세~60세)
○ 임금인상률 매년 3%, 5% 가정
○ 운용수익률: 매년 3%, 5% 가정
○ 연금: 30년간 수령. 60세~90세

직장만 오래 다니면 퇴직연금 월 150만원 확보 가능!

임금 인상률 (호봉, 진급 포함)	운용수익률	
	3%	5%
3%	1,075,000원	1,488,000원
5%	1,488,000원	1,989,000원

※ 3%, 3%만 해도 1,075,000원(약 100만원) 연금 수령

4) 운용 가능한 상품

DC나 IRP 가입시 운용가능한 상품을 알아보자.

크게 3가지다. 『(1)확정 금리 상품, (2)펀드, (3)ETF와 리츠주식』이다.

퇴직연금 감독규정에는 투자제한으로 크게 두 가지 사항을 두고 있다.

투자제한으로 열거하지 않는 한 다 투자를 허용하고 있다.

투자금지	1. 상장 주식 2. CB, BW, EB, 후순위채권 3. 투자 비적격 등급의 채권이나 증권 4. ELS 중 최대손실률 40% 초과 상품
투자 70% 이하	1. 주식형펀드, 주식혼합형펀드 2. ELS 중 최대손실률 40% 미만 상품

(1) 확정 금리 상품

① 정기예금/적금(은행), 우체국예금

② 이율보증형보험(GIC), 금리연동보험(보험사)

③ 원리금보장 ELB, RP, 발행예금(증권사)

④ 저축은행 예금/적금(저축은행)

⑤ 국공채

2020년 12월 현재 신한금융투자에서 판매하고 있는 확정 금리 상품에 어떤 것이 있고 금리는 어떤지 대략만 살펴보자.

〈정기예금 %〉

상품명	6개월	1년	2년	3년
우체국 정기예금	0.5	0.85	0.90	1.00
경남은행 퇴직연금 정기예금	0.60	0.98	1.07	1.15
광주은행 퇴직연금 정기예금	0.60	0.95	1.05	1.18
우리은행 퇴직연금 정기예금	0.65	0.93		
신한은행 퇴직연금 정기예금	0.60	0.93	1.03	1.26
하나은행 퇴직연금 정기예금		0.93	1.08	1.24
산업은행 퇴직연금 정기예금	0.65	0.94	1.01	1.16

〈ELB〉

상품명	현대차증권 ELB DC/IRP
금리	연 1.95%. 만기원리금지급형
만기	1년
상품등급	4등급
특징	발행인(현대차증권)의 신용으로 발행되는 무보증 증권
발행인(현대차증권) 신용등급	A+

〈저축은행 예금〉

상품명	1년	2년	3년
페퍼저축은행 퇴직연금 정기예금	2.10	2.15	2.20
푸른상호저축은행 퇴직연금 정기예금	1.60	1.60	
한화저축은행 퇴직연금 정기예금	1.90		
한국투자저축은행 퇴직연금 정기예금	1.90		
SBI저축은행 퇴직연금 정기예금	1.70	1.75	1.80
키움저축은행 퇴직연금 정기예금	1.90	1.95	
오케이저축은행 퇴직연금 정기예금	2.00		
신한저축은행 퇴직연금 정기예금	1.80	1.80	1.80
바로저축은행 퇴직연금 정기예금	2.00	2.00	2.00

※ 모든 저축은행 상품에는 다음과 같은 문구가 붉은 글씨로 있음.
'예금자보호대상 상품(저축은행별로 가입자용 원금과 이자를 합산하여 4,500만원까지 매수 가능)'

(2) 펀드

일반투자자들에게 펀드 판매를 하는 것과 마찬가지로, 퇴직연금 DC, IRP 가입자에게도 수백 개의 펀드가 판매(Line-Up)되고 있다. 웬만한 펀드는 다 있다고 보면 된다. 지역적으로는 국내, 해외/ 유형별로는 주식형, 주식혼합형, 채권혼합형/ 스타일별로는 배당주, 인덱스, IT, 헬스케어, 롱숏, 자산배분, 박스권매매, 가치주, 성장주, 중소형주, 공모주, 부동산, 국공채, 회사채, 전단채, 글로벌, 미국, 중국, 일본, 유럽, 아시아, 이머징, 브라질, 러시아, 인도, 인도네시아, 베트남, 2차 전지, 소비재, 거래소, 원자재, TDF, 하이일드, 금리연동 등 없는 게 없다. 펀드를 고르면 된다.

고르는 것이 어렵다면, 장기 적립식 투자이므로 한국, 미국, 중국, 일본, 유럽의 인덱스 펀드를 분산해서 사는 것을 권유한다. TDF나 자산배분형 펀드도 관심을 가져볼 만하다. 너무 복잡하고 기교가 들어가 있는 것보다는 단순한 것이 더 나은 경우가 많다. TDF는 앞 장의 '간접투자(펀드)' 부분에서 설명한 것을 참조 바란다.

(3) ETF, 리츠

주식 직접매매는 금지하고 있지만, ETF와 리츠만 예외적으로 허용하고 있다. 유의할 점은 『레버리지/인버스ETF, 파생상품을 기초자산으로 하는 ETF』는 매매가 불가능하다. 주식형 또는 혼합형 ETF는 위험자산 투자한도인 70%를 적용받아 전체 투자금액의 70% 이하로만 매수할 수 있다.

리츠도 총 잔고에서 동일종목은 최대 30%, 리츠 전체 금액은 최대 70%가 한도이다.

어느 금융기관이나 매매 가능한 ETF, 리츠 현황이 홈페이지나 책자에 게시되어 있으며, 매매주문 시 가능, 불가능 여부를 콤보박스로 보여주고 있다. 주문 불가능한 ETF, 리츠는 주문이 원초적으로 막혀 있다. 매매 가능 ETF는 수백 개에 달한다. 증권사에서는 ETN도 몇 가지 상품이 Line-Up 되어 있으나 별로 권하고 싶지 않다.

위 (1),(2),(3)에서 보는 것처럼, IRP에서 운용이 가능한 상품은 금융기관 마다 다 다르다. 금융기관 마다 판매하는 펀드가 다 다른 것과 마찬가지다. 금융기관 선정할 때 고려할 점은,

① 퇴직연금에 대해 신경을 많이 쓰는 금융기관인가? 어떤 금융기관은 별로 신경쓰지 않고 방치 상태이고, 어떤 금융기관은 아주 주요한 사업분야로 키우기도 한다.

② 판매하는 상품이 많고 다양하고, 확정 금리 상품의 금리는 높은가?

③ 상담을 잘 해 줄 수 있는 직원이 있는가? 개인별로 상담 능력의 차이가 크다.

　대체로 대형 금융기관의 직원이 우수하긴 하다. 상품 선정이나 세금, 제도에 대해

　전문성이 뛰어난 직원이 있는 금융기관을 선택해야 한다.

1) 개인연금의 종류

은퇴 후 연금 쌓기. 1층 국민연금, 2층 퇴직연금에 이어, 3층 개인연금에 대해 알아보자.

개인연금은 크게 연금저축과 연금보험으로 나누어지고, 연금저축은 다시 연금저축펀드와 연금저축보험으로 나누어진다. 연금저축펀드는 증권사에서 취급하고, 연금저축보험은 생보사, 손보사에서 취급한다. 연금보험은 생보사에서만 가입할 수 있다.

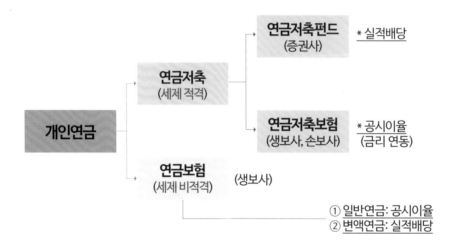

2) 연금저축

연금저축을 가입하는 이유는 크게 2가지다. 『① 매년 연말정산 시 절세를 할 수 있고, ② 은퇴 후 필요한 연금자산을 쌓을 수 있다.』 최대한도로 가입하고, 잘 운용하면 은퇴 후 효자가 될 것이다. 55세 이후 찾을 때에도 일시금으로 찾지 말고 연금으로 찾는 게 좋다. 현실은 대부분 일시금으로 찾는다. 연말정산 세제혜택 때문에 주로 근로자들이 가입을 하는 상품인데, 세액공제를 받을 수 있는 납입한도는 연 400만원이다. 세액공제율은 16.5%이고, 따라서 최대 세액공제금액은 66만원이다.

적립식, 일시납 다 가능하다. 증권사에 가입하는 연금저축펀드는 펀드를 선택해서 운용한다. 펀드의 운용실적에 따라 수익률이 결정된다. 보험사에 가입하는 연금저축보험은 공시이율이 적용된다. 공시이율은 보험사가 매월 공시하며 시중금리 연동이다.

5년 이상 불입하고, 10년 이상 유지하면, 55세부터 연금으로 전환할 수 있다. 연금은 확정기간형으로 10년, 15년, 20년, 25년, 30년 이런 식으로 선택할 수 있고, 종신형은 일생 동안 연금을 수령한다. 세금은 연금소득세율에 따른다.

연금저축			
가입자격	없음. 누구나 가능		
종류	연금저축펀드(증권사), 연금저축보험(보험사) '세제 적격'		
한도	1년 1,800만원(IRP포함). 세제혜택 400만원(50세 이상 600만원. 한시)		
납입방법	적립식, 일시납		
전체과정	계좌 개설 → 매년 400만원 납입(~1,800만원) → 연금저축펀드는 펀드선택 (연금저축보험은 공시이율. 선택 없음) → 매년 연말정산하여 세액공제 → 5년 이상 불입, <u>10년</u> 이상 유지 → 55세 이후 연금전환		
상품운용	● 연금저축펀드: 실적배당형. 높은 수익추구 가능. 손실 가능성 상존 ● 연금저축보험: 공시이율 적용. 안정적 수익. 예금자보호 적용		
세제혜택	연간 근로소득	~5,500만원 이하	5,500만원 초과~ 1억 2천만원 이하	1억 2천만원 초과~
	(또는 연간 종합소득)	(~4,000만원 이하)	(4,000만원 초과~ 1억원 이하)	(1억원 초과~)
	세액공제율	16.5%	13.2%	13.2%
	최대공제금액	400만*16.5%= 660,000원	400만*13.2%= 528,000원	300만*13.2%= 396,000원
	※ 중도해지시: 세제혜택 반납 + 패널티			
연금전환	① 정액 확정기간형: 10년 이상. 예) 10년, 15년, 20년, 25년, 30년 ② 정액 종신형: 일생동안 연금 수령(보증기간 설정 가능. 10, 20, 30년)		
연금소득세	나이: 연금수령개시일	확정기간형	종신형(생보사 만)	
	55세 이상~70세 미만	5.5%	4.4%	
	70세 이상~80세 미만	4.4%		
	80세 이상	3.3%	3.3%	

3) 연금보험

연금보험의 반대편에 있는 보험이 종신보험이다. 연금보험은 나중에 연금을 받기 위한 저축성보험이고, 종신보험은 사망 시 남은 가족들이 받는 보장성보험이다.

5년 이상 납입, 10년 이상 유지 시 45세 이후 본인이 선택하여 연금수령을 하며(통상 55세, 60세 정도 선택) 운용수익과 연금은 비과세다. 보통 연금저축(펀드, 보험)은 세제 적격상품, 연금보험은 세제 비적격 상품이라 부르는데, 연금저축은 납입하면 바로 연말정산 시 세액공제 혜택이 있는 반면, 연금보험은 납입 당시에는 세제 혜택이 전혀 없기 때문이다. 그러나, 공평하다. 연금저축은 연금수령 시 연금세율 5.5%(55세 이상, 70세 미만), 4.4%(70세 이상 80세 미만), 3.3%(80세 이상)를 내는 반면, 연금보험은 연금이 비과세다.

운용은 일반연금보험을 가입하면 해당 보험사 공시이율을 적용 받는다. 매월 공시하며, 통상 최저보장이율이 있다. 변액연금보험은 펀드로 운용하는 실적 배당형이다. 주식 최대 편입비율은 40~60%이다. 보험사마다, 상품마다 다르다. 연금수령방식은 종신형, 확정 기간형((10년, 20년, 30년 등), 상속형(이자만 연금으로 받고 원금은 만기 때 받든지 상속한다) 등이 있다. 또한, 처음에 많이 받는 조기 지급형, 나중에 많이 받는 체증형도 있다.

연금보험의 일종이지만, 납입 후 다음 달부터 바로 받는 즉시연금보험이 있다. 목돈을 넣고 매달 분할해서 받는 상품이다. 상품운용은 일반연금보험과 마찬가지로 공시이율(금리연동형)로 가입할 수도 있고, 펀드를 운용하여 실적을 배당하는 변액연금으로 가입할 수도 있다. 상품의 기본 구조나 혜택은 연금보험과 동일하다. 은퇴 후 국민연금이나 다른 소득이 있기 전까지 5년 정도 소득 공백기, 소득 크레바스 기간이 발생할 때 목돈 1억원 정도를 즉시연금으로 가입하는 방법도 있다. 보험사에 맡겨 연금으로 분할해서 받는 것이다.

연금보험 선택 기준은, 『보험사의 규모와 신용도, 해당 상품의 공시이율 및 최저보장이율, 변액연금보험을 선택할 경우 과거의 수익률, 사업비』 등을 살펴보고 보험사 간 비교해 보아야 할 것이다. 저축성보험이기 때문에 보장성 혜택을 많이 준다는 것에 현혹되지 말고, 저축성보험, 연금보험의 본질에 맞게 그리고 본인의 가입 목적에 맞게 상품을 선정해야 한다.

연금보험	

개념	저축성보험. 연금이 목적. 생보사에서 취급
수령조건	적립식 또는 일시 납. 10년 이상 유지 시 45세 이후 연금수령.
비과세	5년 이상 납입, 10년 이상 유지 시 운용수익, 연금 비과세
한도	납입한도 없음. 비과세 한도는 월적립식 150만원, 일시납 1억원. 각각
투자수익 지급방식에 따른 분류	① 일반 연금보험: 금리연동형. 공시이율적용. 매월변동. 최저보증이율이 있다 ② 변액연금보험: 실적배당형. 펀드편입. 최대주식편입비율 상품별로 제한 (40~60%수준). 높은 수익률 목적. 위험성도 존재. 주식형,채권형,혼합형 ※ 보증옵션: 연금수령시까지 유지시 원금은 보증. 단, 매년 보증비용 차감. 적립금의 0.5%~1.5%로 다양
납입방식에 따른 분류	① **정액적립보험**: 가입시 약속한 금액 계속 매월 불입 ② **변액적립(유니버셜)보험**: 가입자 편의에 따라 보험료를 늘리거나 줄이거나. 연금이 아니고 재산증식이 목적. 중도인출 자유롭다. 원금보증 옵션 없다. 주식 편입 비율 80~100%. 연금기능 특약이 있어 일정 요건 충족 시 연금 전환 (가입자 선택) ③ **즉시연금**: 큰 금액 일시납. 목돈 가입 다음 달부터 연금 수령. ※ 별도 상세 자료 참조
연금수령 방법에 따른 분류	① 종신형 연금: 보험대상자가 사망할 때까지 연금 지급 ※최저연금보증기간 설정 가능. 예, 10년, 20년 등. 조기 사망시 보증기간 까지 지정한 사람에게 지급 ※ 조기지급형(처음에 많이), 체증형(나중에 많이) 선택 가능 ② 확정기간형 연금: 기간 설정. 5년, 10년, 20년, 30년 등 ③ 상속형 연금(만기 환급형): 즉시연금이 주로 해당. 이자만을 연금으로 지급. 원금은 만기 때 받든지 상속. 연금액이 적다. 공시이율이 지속 하락하여 연금수령액이 크게 줄었다. 부자들만 가입. 가입자 별로 없다 ※ 과거 한도 없이 비과세 하여 고액자산가 상속 수단으로 사용. 2013년 비과세 1인당 1억으로 축소
다양한 선택	가입자는 **다양한 선택(조합)** 가능. ● 투자수익지급방식은 금리연동형(공시이율형), 실적배당형(변액연금) 선택. ● 납입방식은 정액적립식, 변액적립식(유니버셜, 자유로운 적립), 즉시연금 선택. ● 연금수령방식은 종신형 연금, 확정 기간형 연금, 상속형 연금 선택
유사상품	저축보험: 만기 있고, 연금기능 없다. 일반저축보험, 양로저축보험

즉시연금보험(=일시납 연금보험)

개념	■ 목돈 가입 다음 달부터 연금수령 ■ 퇴직금 등 목돈은 있으나 연금 등 고정수입이 부족한 경우, 불규칙하고 불안하게 인출 하느니, 자기 돈 넣고 연금형태로 분할해서 받고자 하는 경우 적절한 상품 (큰돈 넣고 나누어서 받는 것) ■ 은퇴 후 크레바스 기간 (연금 전 소득공백기) 메우기 위해서도 사용 가능. 10년 기간확정형 정도로 설정
종류	■ 투자수익 받는 방식: 금리연동형연금 (공시이율형. 대부분 선택), 변액연금형 (실적배당형. 투자형) ■ 연금수령방식: 종신형 연금, 확정 기간형 연금, 상속형 연금

즉시연금보험 연금액 예시(목돈 1억, 공시이율 연복리 2.42% 가정)

종신형 연금	10년 보증	월 361,000원
	20년 보증	월 351,000원
	30년 보증	월 332,000원

☞ 보증: 종신형연금은 평생 받지만 일찍 죽으면 더 못 받는다. 그래서 10년 보증을
설정하면 10년 내 사망하여도 10년까지는 상속자가 받는다.
10년: 361,000원 × 12개월 × 10년 = 43,320,000원(이 만큼만)
20년: 84,240,000원, 30년: 119,520,000원, 24년(84세) 받아야 원금

확정기간형 연금	10년 형	월 891,000원
	15년 형	월 626,000원
	20년 형	월 494,000원
	30년 형	월 362,000원

* 10년형 받는 금액: 월 891,000원 × 12개월 × 10년 = 106,920,000원

〈연금액 예시에 대한 공시이율과 비과세〉
■ 공시이율이 2.42% 이지만, 사업비를 떼면 실제 이자율은 1.3%에 불과.
은행 예금과 별 차이 없음
■ 즉시연금은 목돈 넣고 그냥 매월 분할해서 받는다 생각하면 됨.
10년, 15년, 20년, 30년 이런 식으로. 단, 종신형 연금을 택할 경우는
84세까지 살면 원금. 그 이상 살아야 원금보다 많이 받음
■ 10년 이상 유지 시 비과세도 혜택이 크지 않음. 왜냐하면, 이자 자체가 워낙 작고,
비과세도 1억까지가 한도

4) 연금저축과 IRP 비교

근로자들이 연말정산을 위해 매년 가입하는 연금저축과 IRP를 비교해 보자. 전혀 다른 상품이지만, 연말정산이라는 목적과 연금이라는 목적이 동일하다. 연간 세액공제 한도는 연금저축이 4백만원, IRP가 7백만원이고, 둘 합산 금액의 한도는 7백만원이다. 즉, 세액공제를 받기 위해 IRP로는 7백만원을 다 채울 수 있지만, 연금저축으로는 4백만원까지 밖에 가입 못하고 나머지 3백만원은 IRP로 채워야 한다. 정부에서는 그만큼 IRP를 더 권장하는 셈이다. 세액공제에 상관없이 가입할 수 있는 총한도는 연금저축 + IRP + 퇴직연금 DC형이 연간 1,800만원이다.

연금저축과 IRP 비교

구분	연금저축	IRP
가입대상	모든 사람. 제한 없음	직장인, 자영업자, 공무원, 군인 등 소득이 있는 사람.
납입한도	■ 연금저축+퇴직연금DC형+IRP(합산) ≤ 연 1,800만원	
세액공제 한도	연 400만원	연 700만원
	■연금저축 400만원 + 퇴직연금DC형 700만 + IRP 700만 ≤ 연 700만	
세액공제율	■ 연소득 5,500만원 이하 16.5%, 초과 13.2%	
연금수령 조건	■ 5년 이상 납입, 만 55세 이상, 10년 이상 수령	
연금수령 세금	■ 연금소득세: ~70세 5.5%, 70~80세 4.4%, 80세~ 3.3% ☞ 연금 외 수령 시 세금: 기타 소득세 16.5%	
운용가능 상품	해당금융사 상품(연금펀드, ETF 등)	여러 금융기관상품 교차선택 (다양. 예금, 펀드, ETF)
중도인출	가능. 단, 세액공제 및 수익금액에 대해 기타 소득세 징수	법상 사유에 해당될 때만 가능 (무주택자 주택구입, 본인 및 가족 6개월 이상 요양, 파산, 천재지변)

5) 연금저축펀드, 연금저축보험, 연금보험 비교

3가지 개인연금을 서로 비교하면서 이해해 보자.

매년 절세를 위해 연금저축(펀드, 보험)과 IRP를 합해 7백만원을 납입하고, 연금보험은 목돈이 생겼을 때 수천만원을 거치식으로 넣어 두고 55세~60세 정도까지 묵혀 두는 것을 권유한다. 연금보험은 나중에 절세 효과가 커서 받을 때 기분이 좋다. 단, 개인연금은 모두 연금수령 시 고정액을 받게 되어 인플레이션에 대응할 수는 없다는 것은 명심하자.

연금저축펀드, 연금저축보험, 연금보험 비교			
상품명	연금저축펀드	연금저축보험	연금보험
가입처	증권사(자산운용사 운용)	생보사, 손보사	생보사
납입한도	전 금융기관 합산 연 1,800만원(DC, IRP 포함)		없음
자산운용	본인. 채권형,채권혼합형,주식혼합형,주식형(주식60%↑) 선택 ※복수상품 선택 가능. 상품간 수시 교체 가능(다양한 선택)	없음. 보험사에서 운용	없음. 보험사에서 운용
수익률 (금리)	펀드 실적 수익률 (실적배당)	공시이율 (금리연동) (매월 변동. 최저보장이율 있음)	연금보험의 종류 1.연금보험(일반연금):공시이율(금리연동) (매월변동. 최저보장이율 있음) 2.변액연금(실적 배당) (주식,채권 운용성과에 연동) 3. 즉시연금
운용특징	다양한 선택. 수익률 변동 큼	안정적이나 낮은 수익률	공시이율형, 실적배당형 선택
납입방식	매월 정액, 자유납 다 가능	매월 정액납입만 가능	매월 정액납입, 일시납 가능
원금보장	비보장	보장	비보장
예금자보호	비보호	보호	비보호
연금수령조건	5년 이상 납입시, 55세 이후 연금수령 가능(시기선택)		5년 이상납입, 10년 이상계약 유지시, 45세 이후 연금수령 가능(시기선택)
연금수령기간	확정 기간형(예,10, 20, 30년) ※좌수분할식으로 연금지급:(투자된좌수÷받을기간)×기준가	■ 생보사: 확정 기간형, 종신형 (사망시까지), 상속형 ■ 손보사: 확정 기간형	확정 기간형, 종신형, 상속형 (이자만연금,원금은 사망시상속)
세제 혜택	납입금 연400만원까지 세액공제 * 별도표 참조		없음
운용수익과세	과세		10년 유지시 비과세
연금과세	연금소득세: 3.3~5.5%		10년 유지시 비과세 (금융종합과세도 제외) ※한도: 월적립식 150만원, 일시납 1억원(각각 가능)
종합소득세 과세	연간 연금수령액이 1,200만원 초과시 연금 수령액 전체가 종합과세 대상		연간 연금수령액이 2,000만원 초과시 초과금액이 종합과세 대상
절세 시기	납입시점 절세		수령시점 절세
세제 적격	세제 적격상품(납입시 연말정산시 세액공제 혜택)		세제비적격상품(납입시 세액공제혜택 없음)
공적, 사적	공적인 성격이 강한 상품(제도성 상품)		사적 성격 보험상품

연금저축 + 퇴직연금DC + IRP 세액공제표

※ 세액공제 입금기준 한도: 연금저축 + 퇴직연금DC + IRP ≤ **연 700만원**
※ 연금저축만의 한도는 연 400만원(총급여 1억 2천만원 초과시 300만원)

불입액	세액공제 금액	
	연급여 5,500만원 이하 (불입액의 16.5%)	연급여 5,500만원 초과 (불입액의 13.2%)
100만원	165,000	132,000
200만원	330,000	265,000
300만원	495,000	396,000
400만원(연금저축한도)	660,000	528,000
500만원	825,000	660,000
600만원	990,000	729,000
700만원(3개 총한도)	1,155,000	924,000

※ 50세 이상은 한도 900만원

6) 연금개시 최소 시점과 연금 세금

상품별로 연금개시 최소 시점과 세금을 알아보자.

연금보험은 45세, 연금저축, IRP, 주택연금은 55세, 국민연금은 65세다.

개시 최소 시점이 45세, 55세 이렇게 되도, 통상 55세, 60세, 65세를 선택한다. 특히, 거치기간이 길수록 원리금이 많아져 연금을 많이 받을 수 있고, 90세 장수시대로 접어들었기 때문에 조금 여유가 있다면 65세로 지정하는 것이 좋다.

세금은 복잡하다. 연금 금액이 크면서 다른 소득(임대, 근로, 이자와 배당, 사업)이 많다면 세무상담을 받아보는게 좋다. 연금저축, IRP, 국민연금 모두 다 연금 소득세를 나이별로 5.5%~3.3%를 낸다. IRP는 연금 소득세의 70%만 낸다. 30%를 감면을 받는 것이다. 연금보험은 연금 소득세를 내지 않는다. 비과세다. 앞에서도 보았지만, 국민연금은 2001년 납입분의 기여도만큼 비과세이고, 공제 금액도 많아 연금에 대한 세금은 없거나 아주 작다.

세금은 여기서 끝이 아니다. 종합소득세가 있다. 연금보험은 연간 연금 총액이 2천만원을 초과하면 초과 금액에 대해서 종합소득세 과세대상이고, 연금저축과 IRP는 연간 연금 총액이 1,200만원을 초과하면 연 연금 총액 전체가 종합과세 대상이 된다. 국민연금은 연간 연금 총액이 350만원을 초과하면서 다른 소득이 있는 경우 총연금수령액–공제금액이 종합소득세 과세 대상이 된다.

연금상품별 연금개시 최소 시점

나이	45세	55세	55세	65세
연금 상품명	연금보험	연금저축, IRP	주택연금	국민연금
연금 세금	비과세	연금소득세	대출이므로 세금 없음	연금소득세
종합소득세	해당	해당	대출이므로 세금 없음	해당

연금 세금 비교(상세)

☞ 연금과 기타소득(근로, 임대, 사업, 이자와 배당)이 많을 경우 세무사 상담을 받기 바랍니다

종류	낼 때 세금혜택	받을 때 세금과 혜택		종합소득세
		일시금	연금수령 (연금소득세)	
연금보험	없음 (10년 이상: 운용 수익 비과세)		연금소득세 면제(비과세)	▶ 요건: 연 연금액 2,000만원 초과시 ▶ 대상금액: 초과 금액만
연금저축	세액공제 (최대 400만원)	기타소득세 (16.5%)	연금소득세 (3.3%~5.5%)	▶ 요건: 연 연금액 1,200만원 초과시 ▶ 대상금액: 연 연금액 전체
퇴직연금, IRP	세액공제 (연금저축과 합산하여 최대 700만원)	퇴직소득세	연금소득세 (일반 연금소득세의 70%) ※30%감면	▶ 요건: 연 연금액 1,200만원 초과시 ▶ 대상금액: 연 연금액 전체
국민연금	소득공제(전액)	퇴직소득세	연금소득세 (3.3%~5.5%)	▶ 요건: 연 연금액 350만원이상 & 다른소득이 있으면 ▶ 대상금액: 총연금액–공제액

※ 사적연금(연금저축, 퇴직연금)은 연금수령시 연금소득세를 내고, 연 연금총액이 1,200만원을 넘으면 다음 해 5월에 종합소득세 신고를 하여야 함

7) 사례 1: 연금저축 납입과 연금수령 사례

연금저축에 절세 한도인 연 400만원씩을 30년간 불입하면 연금을 얼마나 받을 수 있을까?

연수익률 3%, 60세부터 30년 기간 확정 형으로 받는다 가정하자.

826,600원을 받는다. 이것만으로는 작지만 다른 연금과 합하면 큰 도움이 되는 금액이다.

매년 400만원씩 연금저축에 납입할 경우 연금수령금액

기간	총 납입금액	총수익(연 3% 가정)	연금액(30년 확정)
10년	40,000,000원	47,231,183원	199,300원
20년	80,000,000원	110,705,943원	466,900원
30년	120,000,000원	196,010,713원	826,600원

※ 30세에 매년 400만원씩(세액공제 한도) 30년간 연금저축에 납입하고 연수익률 3%로
   운용하면 60세에 30년 확정 종신연금 월 826,600원 받는다

일찍
시작하자!

8) 사례 2: 직장생활 30년 연금 납입 및 수령 사례

평범한 직장인이 30년 정도 직장 생활을 하고,

월 100만원 정도 저축을 한다면 은퇴 후 종신으로 얼마 정도의 연금을 받을 수 있을까?

360만원.

굉장히 단순화해서 낸 결론이라 가정과 변수에 따라 결과는 달라지겠지만, 그냥 30년 직장 생활 하면 큰 노력 없이 기본으로 이 정도는 준비할 수 있다. 물론, 이것이 전부일 수 없다. 이 정도 금액으로 생활하기도 어렵다. 하지만 기본은 된다. 당연히 별도로 저축과 투자를 해서 최소 500만원, 최대 1천만원의 은퇴 후 평생소득, 연금소득을 마련해야 할 것이다.

가정: 30세 직장 생활 시작, 60세 은퇴. 월급 300만원. 30년간 동일. 35세까지 3천만원 모아둔 금액을 35세에 연금보험 일시납 거치식으로 가입하고, 35세부터 매월 94만원씩 저축. IRP 월 25만원(연 300만원), 연금저축펀드 월 34만원(연 400만원), 연금보험 월 35만원. 연평균수익률 3% 가정. 65세에 연금 수령. 65세~95세까지 30년 기간확정형.

받는 연금은 국민연금 80만원, 퇴직연금 84만원, IRP 42만원, 연금저축펀드 73만원, 연금보험(적립식) 64만원, 연금보험(일시납) 20만원, → 총 월수령연금액 363만원. 연금합계는 현재가치 기준이다. 월급 300만원도 계속 올라가 실제 저축액은 훨씬 늘 것이며 국민연금 불입액이나 퇴직연금 불입액도 자동으로 늘 것이다. 따라서 월수령금액도 363만원보다 훨씬 많을 것이다. 연금을 얼마 받을까 생각할 때 항상 인플레이션을 생각해야 한다.

다소 복잡하지만 표로 정리해 보았다.

30년 직장을 다니면 자동으로 받을 수 있는 연금(예시)

363만원! ➡ 기본생활은 가능한 연금금액

●가정
- ☞ 나이: 35세, 직장근무: 30세부터, 퇴직시점: 60세, 월급여: 3백만원(30년간 동일)
  저축시점: 30세~34세까지 모은 돈 3천만원은 연금보험 일시납,
  35세~60세까지 연금관련 월저축
- ☞ 월저축: 월급여의 30%(월 94만원)를 3종류의 연금상품에 가입.
  즉, IRP 25만원, 연금저축 34만원, 연금보험 35만원
- ☞ 연금 개시 시점: 65세(연금납입종료 후 5년 거치)
- ☞ 연금 지급 방법: 30년 확정형(65세~95세) ※ 국민연금은 종신

직장을
오래 다니자!

연금유형	월납입금	납입기간	연금수령액(65세~95세, 30년)	
			수익률 3%가정	수익률 5%가정
국민연금 (원천징수)	27만원	30년(30~60세)	80만원	80만원
퇴직연금 (원천징수)	30만원	30년(30~60세)	84만원	166만원
IRP	25만원	25년(35~60세)	42만원	99만원
연금저축펀드	34만원	25년(35~60세)	73만원	135만원
연금보험	35만원	25년(35~60세)	64만원	131만원
연금보험(일시납)	3,000만원	35세에 일시납	20만원	48만원
본인 실납입금 계	94만원			
연금 합계			★ 363만원	659만원

※ 연금 합계: 현재가치 기준
※ 연금수령시 고려할 사항: 국민연금만 인플레 반영

4 주택연금

노후 소득을 구성할 때, 3층탑까지는 필수이고 4층탑은 선택이다. 1층 국민연금, 2층 퇴직연금, 3층 개인연금, 그리고 4층은 주택연금이다.

주택연금을 활용하여 노후 준비를 현명하게 한 예를 들어보자.

지인 A씨의 경우다. A씨는 노후 걱정을 별로 안 한다. 53세에 자녀가 2명, 외벌이, 대기업 부장. 집 1채로 노후가 해결이 된다는 것이다.

눈에 보이는 전 재산은 아파트 1채다. 분당에 30평대 교통이 좋은 곳에 신축 아파트 1채를 가지고 있는데, 이 아파트의 가격이 13억원이다.

실행계획은 이렇다.

① 56~57세쯤 명예퇴직을 하면서 명퇴금을 받고 퇴직연금을 일시금으로 받을 예정이다. 합해서 3억원 정도 된다.

② 13억원 아파트를 팔아서, 인근 또는 약간 떨어진 곳의 9억원 수준 아파트로 이사를 갈 계획이다. 양도세 등을 감안해도 3억원 이상 남는다.

③ 아파트를 주택연금화 하여 매월 주택연금을 받는다.

④ 즉시연금에 3억원 가입한다.

노후 준비 끝.

30년 정도 대기업에서 직장생활을 한 A씨의 연금성 평생소득은, 『ⓐ 국민연금 월 약150만원, ⓑ 주택연금 월 약150만원, ⓒ 그동안 불입한 연금저축과 연금보험의 개인연금 월 약100만원, ⓓ 은퇴 후 3억원으로 새로 가입한 30년 확정형 즉시연금에서 월 약100만원.』 합계 월 500만원. 그래도, 여윳돈이 3억원 남는다(명퇴금과 퇴직금 3억원, 주택 매도 후 남은 돈 3억원, 합계가 6억원. 즉시연금 가입액은 3억원). 주택연금, 즉시연금 가입을 전제로 만든 계획이다. 걱정은, 국민연금을 제외하고, 다른 연금은 물가반영이 안된다는 것과 여윳돈 3억원으로는 아이들 결혼자금이 조금 부족하다는 것이다. 그리고 퇴직과 국민연금을 받는 시기가 달라 공백기가 꽤 발생한다는 점이다. 국민연금 공백기는 절약을 하고, 그래도 부족하면 자투리로 가지고 있는 예금이나 여윳돈을 쓸 계획이다. 자녀 결혼자금 지원은 형편에 맞게 할 예정이다.

가지고 있는 집값이 비싸고, 대기업에 오래 다닌 경우를 사례로 든 것이기는 하다. 주택연금 가입을 전제로 집을 줄여, 주택연금도 받고 여윳돈도 마련한 경우이다.

물론 생활비가 조금 부족해도, 집 한 채 꽁꽁 쥐고 있으면서 자식들에게 꼭 남겨주어야지, 이렇게 생각하는 부모들이 대부분이다. 그런 선택도 가능하다. 대신, 다른 소득이 넉넉치 않을 경우 생활의 어려움은 각오해야 한다. 하우스 푸어를 감내해야 한다.

주택연금을 선택하는 것은 대단히 어렵다. 대한민국 국민의 정서로는 그렇다. 집 한 채는 자식에게 남겨주고 싶은 마음은 누구나 똑같다. 하지만, 현실적으로 경제생활이 안되면 어쩌랴. 선택해야 한다.

가입조건은 간단하다. 본인 또는 배우자가 만 55세 이상이고, 주택 공시가격이 9억원 이하면 된다. 다주택자도 합산 9억원 이하이면 가능하다. 2020. 11월 말 현재, 연소자 기준으로 60세에 9억원 주택이면 월 187만원, 65세에 9억원 주택이면 225만원 정도를 받는다. 집값이 오르건 떨어지건 상관없이 부부 둘이 사망할 때까지 살다가 남으면 상속되고 부족해도 돈을 더 내지 않는다. 2020년 7월 말 현재 가입자는 73,421명, 월평균 지급액은 102만원, 서울은 135만원, 평균 주택 가격은 3억원, 서울은 4억 1천만원이다. 향후 가입자도 크게 증가할 것이고, 가입자 평균 주택 가격도 많이 상승할 것이다.

연령 및 주택 가격별 월 지급금 예시

2020. 11월말 한국주택공사 (단위: 만원)

나이/가격	3억원	4억	5억원	6억	7억원	8억원	9억원
55세	46	61	76	92	107	122	138
60세	62	83	103	125	145	166	187
65세	75	100	125	151	175	200	225
70세	92	123	153	184	215	245	272
75세	115	153	191	230	268	293	293
80세	146	196	244	294	327	327	327

※ 부부중 연소자를 기준. 종신지급방식. 정액형

〈가입조건〉
- 나이: 본인 또는 배우자 만 55세 이상
- 가격: 공시가 9억 이하. 다주택자도 합산 9억 이하면 가능
- 실 거주: 가입자 또는 배우자 실 거주

〈가입현황〉 2020.7월 말 대한주택금융공사
- 가입자수: 73,421명
- 평균연령: 72세(부부 중 연소자) (서울도 72세)
- 월평균 지급액: 102만원 (서울은 135만원)
- 평균 주택 가격: 2억 9,800만원 (서울은 4억 1,300만원)

〈지급방식〉 다양
- 종신지급형: 종신 월연금. 잔존가격 상속, 부족하면 한국주택금융공사 부담
- 종신지급혼합방식: 수시인출(목돈) 한도를 설정 후(50% 까지) 나머지금액만 연금
- 확정기간형: 선택한 기간 동안만 월연금 받음. 10, 15, 20, 25, 30년.
- 확정기간혼합방식: 수시 인출(목돈) 한도를 설정 후(50% 까지) 나머지 금액만 연금

- 지급형태: 정액형, 증가형, 감소형, 전후후박형(처음 많이, 나중 조금)
- 우대: 기초연금 수급자이고, 1억 5천만원 1주택 소유자는 최대 13% 더 지급
- 세제혜택: 재산세 감면, 소득공제, 상속제 감면
- 절차: 한국주택금융공사에서 상담, 심사 후 은행에서 실행
- 비용: 대출상품이므로 이자율 존재. 보증료 있음(주택금융공사가 은행에 보증)

주택연금

공시가 9억 이하이고(2020년 시가 12~13억),
부부 중 연장자가 55세 이상이면, 집값이 오르든 말든, 금리가 오르든 말든
신경 쓰지 않고, 내 집에서 죽을 때까지 편안히 살면서 매월 연금을 받을 수 있음.

남으면 상속이 되고, 부족해도 돈 더 내지 않음(한국주택금융공사가 손실 부담)

단, 연금이 고정되어 있어 인플레이션에 대처할 수는 없음
(대신 집값이 오르면 상속금액 늘어남)

주택연금 지급 방식

자료: 한국주택금융공사 2020. 7월

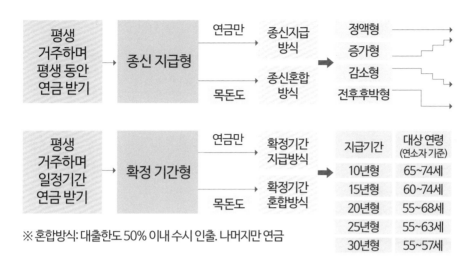

평생 거주하며 평생 동안 연금 받기	→	종신 지급형	연금만 →	종신지급 방식	⇒	정액형 →
			목돈도 →	종신혼합 방식		증가형
						감소형
						전후 후박형 →

지급기간	대상 연령 (연소자 기준)
10년형	65~74세
15년형	60~74세
20년형	55~68세
25년형	55~63세
30년형	55~57세

| 평생 거주하며 일정기간 연금 받기 | → | 확정 기간형 | 연금만 → | 확정기간 지급방식 |
| | | | 목돈도 → | 확정기간 혼합방식 |

※ 혼합방식: 대출한도 50% 이내 수시 인출. 나머지만 연금

5 월 지급식 상품

시중에 월 지급식 상품이 몇 가지 있는데 연금 이외에는 별로 쓸만한 게 없다. 은행이나 보험사에 목돈을 맡기고 매월 찾아 쓰는 월 지급식 예금이나 즉시연금보험이 있다. 증권사에는 펀드를 좌수식으로 분할하여 지급받는 월 지급식 펀드가 있다. 펀드는 계속 운용하면서 좌수를 균등분할 하여 좌수에 해당되는 금액만큼 매월 받는 것이다. 한때 인기가 있었지만 반짝이었고 시들하다. 수익 저하로 원금을 까먹어 예상보다 월 지급 받는 금액이 작았기 때문이다. 증권사에서 판매하는 월 지급식ELS도 있는데, 매달 평가일에 기초자산 가격이 최초기준가의 몇 % 이상일 경우 매월 일정% 수익을 지급하는 방식이다. ELS의 정상적 상환을 염두에 두고 분할해서 받는 방식이다. 증권사에 브라질채권을 기초자산으로 하는 월 지급식 상품도 있다.

월 지급식 상품 비교

구분	월 지급식 예금	월 지급식 펀드	즉시 연금보험	월 지급식 ELS
가입기관	은행	증권사	생보사	증권사
월수령	매월 일정액	매월 정액(금액) 또는 정률(%)	가입 1개월 후부터 연금수령	조건부로 매월 이익금 수령
특징	원리금 균등 분할	투자에 따른 수익 추구	종신형, 상속형 선택 가능	일정조건 충족시 이익금 지급
납입방법	일시납	거치식, 적립식	일시납	거치식
기대수익률	정기예금 이율	펀드성격에 따라 천차만별	공시이율 (최저보장 이율있음)	정기예금+알파
장점	안정적	다양한 선택	10년 이상 유지시 비과세	정기예금+알파의 수익률 추구
단점	낮은 이율	원금손실 가능	중도해지 불가	원금손실 가능

※ 월 지급식 ELS: 매달 평가일에 기초자산 가격이 최초기준가의 몇 % 이상일 경우 매월 일정 % 수익 지급
※ 브라질국채도 매월 이자 지급식 가능. 증권사 판매

직업별 가입 가능 연금상품

직업 / 연금종류	국민연금	퇴직연금	특수직연금	IRP	연금저축	연금보험	주택연금
근로자	O	O	X	O	O	O	O
자영업자	O	X	X	O	O	O	O
공무원, 교직원, 군인(특수직)	X	X	O	O	O	O	O
주부	O	X	X	X	O	O	O
예상소득대체율(대략)	20~30%	9%	60~70%	개인별 상이			

※ 예상소득대체율: 가입기간, 납입액, 개인별 지급 조건에 따라 상이

7 연금 OX 퀴즈

연금에 관한 퀴즈 몇 개를 재미로 풀어보자.

연금에 관한 O X 퀴즈			
국민연금	누구나 내는 것에 비례하여 공평하게 연금을 받는다	X	소득재분배 기능이 있어 적게 내는 사람이 더 유리하게 받는다
	연금이 고갈되면 받을 수 없다	X	국가가 지급보장, 받을 수 있다. (그해 세금을 거둬 그해 지급도 가능)
	연금은 물가 연동해서 지급한다	O	물가 연동해 지급하므로 연금수령액은 대체로 상승한다
	10년 이상 가입해야 연금을 받을 수 있는 자격이 생긴다	O	10년 미만이면 일시금으로만 받는다
	소득이 없는 주부도 임의로 가입할 수 있다	O	낸 금액에 비해 많이 받기 때문에 임의 가입이 크게 증가하고 있다
	월납입금액 상한액은 있지만 하한액은 없다	X	하한액도 있다
	85세 정도까지 산다고 가정하면, 5년 늦게 받는 연기노령연금 제도가 유리하다	O	5년 늦게 받으면 36%를 더 받는데, 대략 80세(손익분기 나이) 이상 살면 유리하다
	국민연금은 연금이고, 금액도 많지 않아 세금이 없다	X	연금소득세를 내야 한다
	다른 소득이 많으면 연금이 깎일 수 있다	O	전체 가입자의 월평균소득(A값)보다 다른 소득이 많으면 감액된다.
퇴직연금	근로자에게 DB가 DC보다 유리하다	X	유불리 판단 불가. DB는 퇴직금제도와 유사, DC는 개인이 운용
	회사를 옮기면 퇴직연금이 반드시 IRP로 간다	O	IRP는 이직 또는 완전 퇴직 시 퇴직연금을 보관하는 계좌다
	DC는 손실이 날 수도 있다	O	DC는 개인이 운용하고, 주식 등 제약이 거의 없어 손실도 가능
	연금, 일시금 중 일시금으로 받는 비율이 90% 이상이다	O	2018년 연금 : 일시금 = 2% : 98% 향후 연금으로 유도해야 한다

연금저축	세제혜택(불입시)과 연금수령(55세이후)이 주 목적이다	O	매년 불입액에 대해 세액공제 혜택 부여. 나중에 연금수령
	연금저축은 원금 보장이 된다	X	보험은 공시이율로 원리금이 보장, 펀드는 실적배당(손실 가능)
	연금저축, 연금보험 등 모든 연금소득은 비과세다	X	연금보험은 비과세, 연금저축은 과세. 수령 나이에 따라 5.5~3.3%
연금보험	10년 이상 유지해야 이자와 연금에 대해 비과세 혜택준다	O	10년이상 유지가 비과세 요건
	공시 이율형은 이자 적립, 변액연금형은 실적배당형이다	O	변액연금은 위험자산에 투자. 채권형, 주식형, 혼합형 등이 있다
	연금지급 방식은 종신형, 확정 기간형, 상속형이 있다	O	상속형은 본인이 정한 기간 동안 이자만 연금으로 받고, 만기 시 자식 등에게 상속
즉시연금	종신형을 선택하면 사망시까지 월 연금을 받는다	O	가입 한 달 후부터 곧바로 연금 수령
	사실상 목돈을 분할해서 받는 형태의 연금이다	O	초저금리시대에 은행에 예치해 놓고 찾아쓰는 것과 큰차이 없다
주택연금	해당 요건 중 55세는 부부 중 나이 어린 사람 기준이다	X	부부 중 연장자가 55세 이상이면 받을 수 있다
	실거래가 기준 9억 이하여야 가입 가능하다	X	공시가격 기준 9억 이하. 실거래가 10억도 가입 가능하다.
	담보가치보다 많이 받으면 손실은 정부에서, 적게 받아 가치가 남으면 상속된다	O	남으면 상속이 되고, 부족해도 돈 더 내지 않는다(한국주택금융공사가 손실 부담한다)
	연금은 금액 변동 없이 일정 금액만을 받을 수 있다	X	금액 다양하게 선택할 수 있다. 증가형, 감소형, 전후 후박형 등
	주택연금도 일반연금들 처럼 연금소득세가 있다	X	주택연금은 대출상품이다. 이자 내는 상품에 세금은 없다.
공통	연금은 기본적으로 인플레이션을 반영해 지급한다	X	국민연금, 공무원연금, 사학연금 등 공적연금만 인플레이션 반영

6부
행복한 노후

행복한 노후

 1 기대수명

100세 시대는 다소 과장되어 있지만, 90세 시대는 현실이다. 요즘 상가에 가면 90세 이상의 고인들이 많다. 이제는 나이 80세에 돌아갔어도 너무 이르다, 아쉽다, 이렇게 생각을 한다. 30년 전에는 생각도 못했던 수준으로 수명이 연장된 것이다. 60세 은퇴 후 30여년을 기준으로 은퇴 계획을 짜는 시대가 도래했다. 물론, 건강 수명은 이보다 훨씬 짧으며, 이 또한 감안하여 노후를 설계해야 한다.

통계청 발표 2019. 3월 한국인 평균 기대수명은 남자 80세, 여자 86세, 평균 83세다.

2020. 5월 사망 최빈값(가장 많이 사망하는 나이)은 남자 83세, 여자 89세다.

한국은 세계 4위의 장수국이며, 미국인들보다 평균 4년 정도 더 산다.

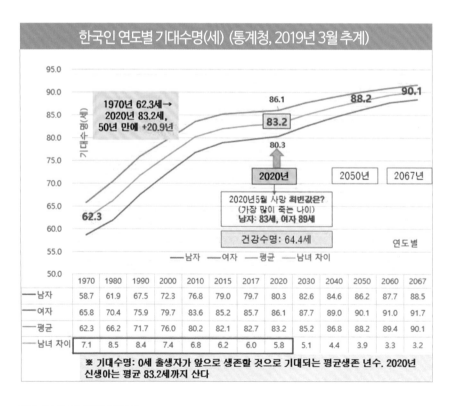

한국인 연도별 기대수명(세) (통계청, 2019년 3월 추계)

	1970	1980	1990	2000	2010	2015	2017	2020	2030	2040	2050	2060	2067
남자	58.7	61.9	67.5	72.3	76.8	79.0	79.7	80.3	82.6	84.6	86.2	87.7	88.5
여자	65.8	70.4	75.9	79.7	83.6	85.2	85.7	86.1	87.7	89.0	90.1	91.0	91.7
평균	62.3	66.2	71.7	76.0	80.2	82.1	82.7	83.2	85.2	86.8	88.2	89.4	90.1
남녀 차이	7.1	8.5	8.4	7.4	6.8	6.2	6.0	5.8	5.1	4.4	3.9	3.3	3.2

※ 기대수명: 0세 출생자가 앞으로 생존할 것으로 기대되는 평균생존 년수. 2020년 신생아는 평균 83.2세까지 산다

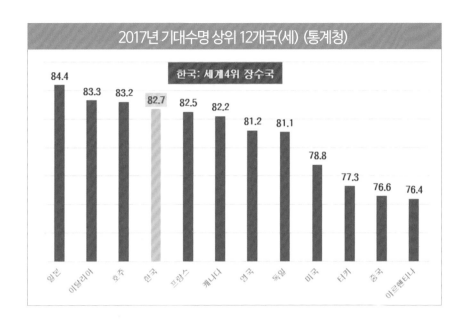

2017년 기대수명 상위 12개국(세) (통계청)

한국: 세계 4위 장수국

일본	이탈리아	호주	한국	프랑스	캐나다	영국	독일	미국	터키	중국	아르헨티나
84.4	83.3	83.2	82.7	82.5	82.2	81.2	81.1	78.8	77.3	76.6	76.4

2020년 10월 13일 조선일보 기사에 의하면, 고려대 박유성교수 추계로 현재 40세 한국 남성이 100세까지 살 확률이 남성 20.2%, 여성 21.9%다. 5명 중 1명은 100세까지 산다는 것이다. 정확한 근거는 잘 모르겠지만, 재미있고 참조를 할 만한 내용이다.

〈연령별 100세까지 살 확률〉

연령 / 성별	남성	여성
20세	35.0%	33.5%
30세	27.5%	27.6%
40세	20.2%	21.9%
50세	13.8%	16.6%
60세	8.8%	12.0%
70세	5.2%	8.2%

출처: 2020. 10. 13일 조선일보 *고려대 박유성 교수 추계

1) 신생아 수

1970년 101만 명이던 신생아 수가 2020년 27만 5,815명으로 감소하였다. 이런 나라는 처음이다. 우리나라가 처음이다. 가임 여성이 평생 낳는 아이의 수인 합계출산율도 0.92명이다. 심각을 넘어 난감하고 절망적이다. 좁은 땅에 적당히 인구가 감소해서 4천만 명 정도가 되면 더 괜찮다는 사람도 있으나현실은 전혀 그렇지 않다. 붕괴, 도산, 침체는 예고되어 있다. 통일, 이민, 다출산으로 회귀, 뭔가 극적반전을 기대하나 현재로서는 난망이다. 2010년부터 인구 감소가 서서히 시작된 일본, 희망이 없다.

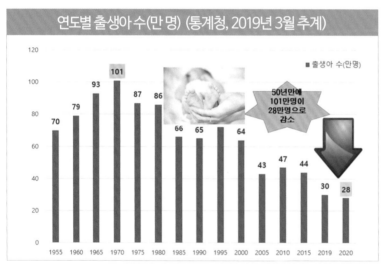

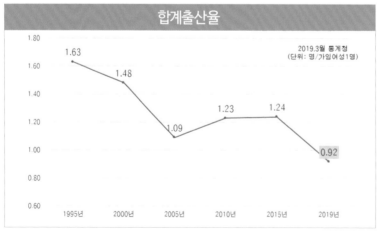

2) 고령인구 비중

대한민국은 이미 2017년 고령인구(65세 이상) 비중이 14%를 넘는 고령사회에 진입했으며, 2025년에는 20%로 초고령사회에 진입한다. 노인들로 가득 찬 세상이 오는 것이다. 생산가능인구는 2017년부터 이미 감소를 시작했다.

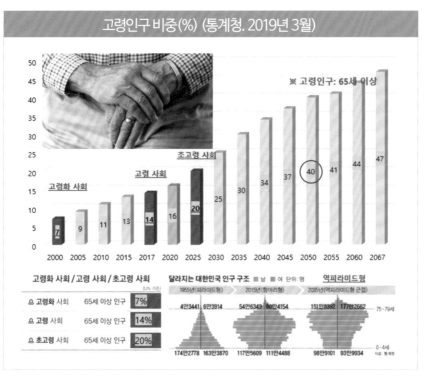

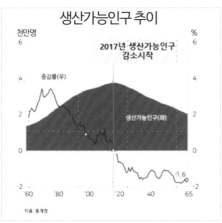

고령인구가 느는 것도 심각하지만, 다른 나라에 비해 세계에서 유례를 찾을 수 없을 만큼 속도가 빠르다는 것이다. 준비가 굉장히 부족한 상태로 초고령 사회를 맞는 것이다. 성장률 저하와 경기 침체, 의료비와 복지 문제, 재정 문제 등 국가 사회 그리고 개인이 감당해 내기 어려운 이슈들이 하나 둘이 아니다.

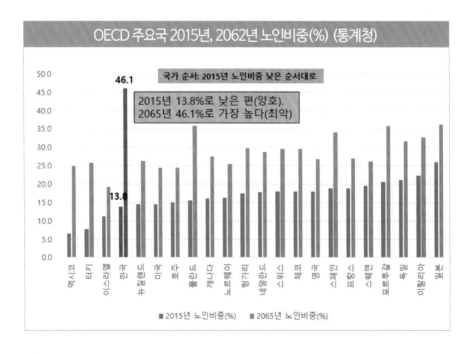

주요 국가별 고령화 도달 연도 및 연수

자료: 통계청

구분		고령인구 비율	한국	미국	일본	독일
도달 년도	고령화 사회	7%	2000년	1942년	1970년	1932년
	고령사회	14%	2017년	2015년	1994년	1972년
	초고령사회	20%	2025년	2036년	2006년	2009년
도달 연수	고령사회		17년	73년	24년	40년
	초고령사회		8년	21년	12년	37년

※ 한국: 너무나 빠른 속도로 고령사회, 초 고령사회 진입, 사회전체 준비 부족

OECD 주요국 2015년, 2062년 노인비중(%) (통계청)

국가 순서: 2015년 노인비중 낮은 순서대로

2015년 13.8%로 낮은 편(양호).
2065년 46.1%로 가장 높다(최악)

46.1

13.8

■ 2015년 노인비중(%) ■ 2065년 노인비중(%)

3) 부양비율

저출산, 고령화의 급속한 진전으로 생산연령인구(15~64세)가 65세 이상 고령 및 유소년 인구를 부양하는 총부양비가 2020년 현재 39%에서 2060년 108%로 올라가게 된다. 젊은이 1명이 노인 1명을 먹여 살려야 하는 셈이다.

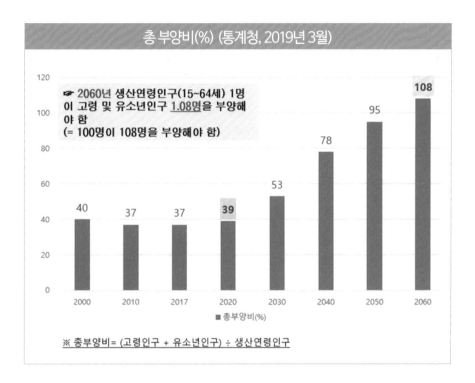

※ 총부양비= (고령인구 + 유소년인구) ÷ 생산연령인구

3 인구 감소 시대

2020년은 출생아 수가 사망자 수보다 적은 첫해이다. 28만 명이 태어나고 31만 명이 사망하여 인구 자연감소가 3만 명에 이른다. 이민 유입 1만 명을 감안해도 인구가 2만 명 감소하였다.

2019년 3월 통계청의 추산에 의하면 2020년 인구는 5,178만 명이고, 2028년에는 5,194만 명으로 정점을 찍은 후, 2029년부터 인구감소가 시작된 것으로 보았다.

그러나, 인구 감소 시기가 2029년이 아닌 2020년으로 9년이나 앞당겨졌다. 2019년에 5,185만 명으로 정점을 찍고 2020년에 5,183만 명으로 인구 감소가 시작되었다.

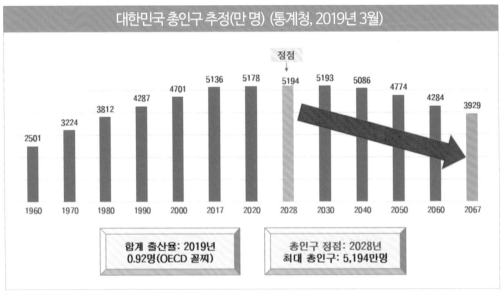

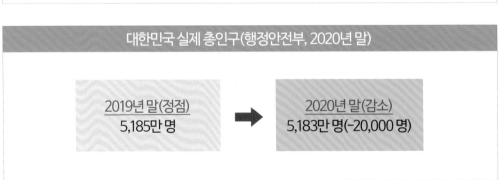

4 가구당 평균 순자산

2019. 3월 말 현재 통계청 조사 자료에 의하면 대한민국 가구당 순자산은 3억 5천만원이다(표를 참조 바란다). 생각보다 많지 않다. 2019년, 2020년 집값, 특히 서울과 수도권의 아파트 가격이 많이 올라 향후 순자산은 제법 올라갈 것으로 예상된다.

서울, 지방 할 것 없이 모든 가구를 포함한 수치이니까 조금 낮은 것 같다.

1억원 미만의 가구가 무려 32.1% 인데, 미혼 1인 가구 등이 상당수 차지할 것으로 추산되고 이 1억원 미만 32.1% 수치를 빼고 대략 계산해보니까 가구당 순자산이 4억 5천만원 정도가 나온다. 다소 현실에 가까운 수치다.

통계청 자료로 서울만 별도로 보면, 가구당 순자산은 5억 4천만원 정도다(표를 참조 바란다). 1억원 미만의 가구를 제외하고 추산하니까 대략 7억원 정도로 추산된다. 1억원 미만 가구를 제외하니까 순자산이 전국 4억 5천만원, 서울 7억원 정도. 조금 현실에 가까운 수치다.

통계 수치는 평균 값도 중요하지만, 그 내면에 숨어 있는 다른 디테일한 수치들을 잘 보고 잘 해석해야 한다. 가능하면 원자료나 분포 이런 것들을 볼 필요가 있다. 아주 상위 값이나 하위 값들을 빼고 봐야 할 경우도 있다. 그렇지 않으면 인식의 오류가 생길 수 있고 수치에 근거한 행동이 잘못될 수도 있다. 우리 가구는 순자산이 3억 5천만원이니까 평균이구나, 이건 아니다. 지역별 뿐만 아니라, 연령대별로도 차이가 많다. 50대의 자산이 가장 많다.

어쨌든 통계청 자료로는 순자산이 10억 이상인 가구는 6.8%다. 순자산 10억을 가지고 있으면 대한민국 가구자산 순위 6.8% 안에 든다는 것이다. 2020년 말 현재 서울의 아파트 중위값이 10억 4천만원 정도 하니까, 서울에 아파트 한 채를 가지고 있으면 부자다. 문제는 서울에 10억 정도 아파트 한 채를 가지고 있고 금융자산과 연금이 별로 없다면 노후 준비가 쉽지 않다는 것이다. 10억원으로도 쉽지 않은데, 다들 어떻게 노후준비를 하고 있는 것일까?

가구당 순자산 (통계청, 2019년 가계금융복지조사 보고서)

2019. 3월말

자산(A)	부채(B)	순자산(A-AB)
4억 3,191만원	7,910만원	3억 5,281만원

가구당 순자산(만원)

43,191	7,910	35,281
자산	부채	순자산

가구당 순자산 추이(억원)

2015년	2016년	2017년	2018년	2019년
2.8	3.0	3.2	3.4	3.5

가구당 순자산 구간별 가구분포(통계청, 2019년 가계금융복지조사 보고서)

2019.3월말

※ 10억 이상이면 상위 6.8% 이내 속함　　　　　　　　　　　　　　(단위: 억원, %)

-1억 미만	-1~0 미만	0~1 미만	1~2 미만	2~3 미만	3~4 미만	4~5 미만	5~6 미만	6~7 미만	7~8 미만	8~9 미만	9~10 미만	10억 이상	평균 (만원)	중앙값 (만원)
0.2	2.8	29.1	17.8	13.3	9.3	6.4	4.7	3.7	2.4	1.9	1.5	6.8	35,281	20,050

지역별 가구당 순자산 (통계청, 2019년 가계금융복지조사 보고서)

2019. 3월말

서울만 별도로

자산(A)	부채(B)	순자산(A-B)
6억 4,240만원	1억 635만원	5억 3,605만원

5.4억

서울 제외한 전국

자산(A)	부채(B)	순자산(A-B)
3억 8,246만원	7,272만원	3억 974만원

※ 서울이 비서울보다 순자산 2억 2,631만원, 73% 많음

전국 지역별 순자산(억원, %)

※ 순자산 큰 순서대로

지역	서울	세종	제주	경기	대구	울산	강원	부산	광주	대전	인천	경북	충북	전남	경남	충남	전북	평균
금액(억)	5.4	4.9	4.3	3.7	3.4	3.3	3.0	3.0	2.9	2.9	2.8	2.6	2.6	2.5	2.5	2.4	2.4	3.5
비교(%)	100	91	80	69	63	61	56	56	54	54	52	48	48	46	46	44	44	

한 조사에 의하면, 월 소득 100~200만원인 사람의 삶의 만족도는 48%다. 600만원 이상은 67%다. 상당히 큰 차이가 난다(그래프 참조).

소득과 삶의 만족도는 비례한다. 소득과 행복이 비례한다는 말과 동일하다. 주관적으로는 인정하지 않는 사람들도 있겠지만 거의 상식에 속하는 얘기다. 물론, 소득이 행복의 필요조건이지 충분조건은 아니다. 행복이나 삶의 만족도를 결정하는 요인이 소득 뿐이겠는가? 또한, 소득과 삶의 만족도는 정비례하는 것은 아니고, 비례는 하지만 체감한다. 월 소득이 2백만원이었다가 5백만원이 되면 삶의 만족도가 엄청 올라가겠지만, 5천만원이었다가 6천만원이 된다 하여 그리 많이 올라가지는 않는다는 것이다.

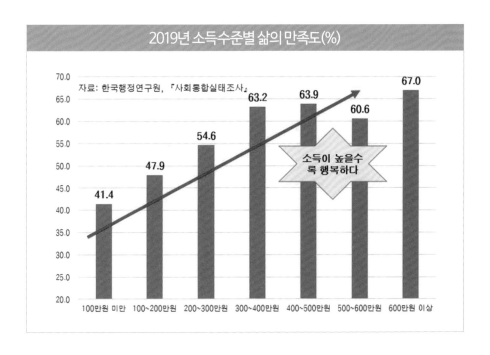

2019년 소득수준별 삶의 만족도(%)

자료: 한국행정연구원, 『사회통합실태조사』

41.4 — 100만원 미만
47.9 — 100~200만원
54.6 — 200~300만원
63.2 — 300~400만원
63.9 — 400~500만원
60.6 — 500~600만원
67.0 — 600만원 이상

소득이 높을수록 행복하다

가구처분가능소득 구간별 가구분포(천만원, %)
(통계청, 2019년 가계금융복지조사 보고서)

※ **개인소득이 아니고 가구소득임**
※ 처분가능소득=가구소득 - 비소비지출(조세,연금,사회보험료,이자비용,경조사등 가구간 이전,기부금등 비영리단체로 이동)

중위값: 3,808만원

평균: 4,729만원

가구소득 1억 이상 8.7%

가구 비중 (y축)

구간	값
~0	0.6
0~1	10.6
1~2	14.9
2~3	13.6
3~4	12.6
4~5	11.0
5~6	8.9
6~7	6.6
7~8	5.6
8~9	3.8
9~10	3.0
10이상	8.7

가구소득(천만원)

6 가계 자산 상품별 비중

한국인들의 가계 자산 비중은 어떻게 되어 있을까? 부동산 비중이 굉장히 높을 것 같은데 몇%쯤 될까? 금융자산은 어떻게 운용하고 있을까? 주식투자 비중은 전체 자산의 몇%쯤 될까?

2019년 9월 말 통계청 자료에 의하면 부동산: 금융자산 = 76%: 24%다. 부동산은 대부분 본인 거주 주택이다. 24%인 금융자산을 세부적으로 보면, 예금이 22.0%로 금융자산의 92%를 차지하고 있다. 주식이 1.1%, 개인연금이 0.6%, 기타 0.3%이다. 수익성, 노후준비 측면에서 보면 자산구성에 큰 문제가 있다. 더구나 60세 이상은 부동산 비중이 81%다. 집 한 채가 거의 전 재산이고, 조금 있는 금융자산도 거의 다 은행예금에 들어가 있다. 수치화 되어 있는 객관적 현실이다. 주변 사람들이 주식투자도 많이 하는 것 같고, 자산증식을 위해 이것저것 많이 하고 있는 것 같은데 그런 사람들은 극소수에 불과하다.

한국인의 자산 중 부동산 비중은 주요국 중 세계 1위다. 주택이 워낙 고가 상품이어서 호주, 유럽 등 많은 선진국에서도 60% 이상의 비중을 차지하고 있다. 일본이 높을 것 같지만, 43%로 주요국 중 두 번째로 비중이 낮고, 미국이 35%로 가장 낮다. 미국인들은 주식투자를 많이 한다.

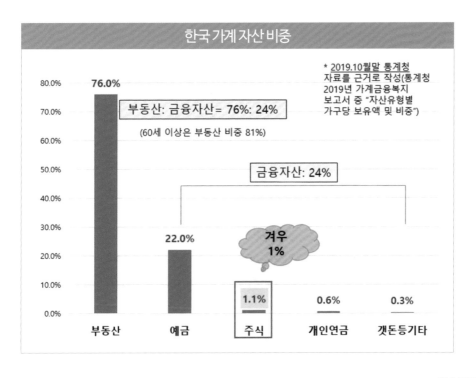

금융자산 투자시 선호하는 운용방법 비율(%)(통계청, 2019년 가계금융복지조사 보고서)

2019년 3월말 기준

예금	은행예금	저축은행 예금	비은행 금융기관 예금	개인연금	주식	직접투자	간접투자	기타 (곗돈 등)
91.5	73.3	5.5	12.7	2.5	4.4	2.8	1.6	1.6

은행예금만 선호!

주식투자겨우 4.4%

금융자산 투자시 우선 고려사항 비율(%)

수익성	안정성	유동성	접근성	기타
14.5	71.4	6.8	7.1	0.2

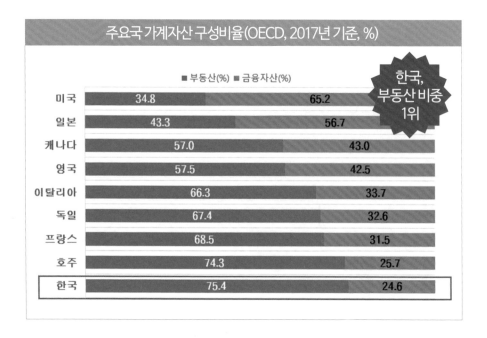

주요국 가계자산 구성비율(OECD, 2017년 기준, %)

■ 부동산(%) ■ 금융자산(%)

한국, 부동산 비중 1위

	부동산(%)	금융자산(%)
미국	34.8	65.2
일본	43.3	56.7
캐나다	57.0	43.0
영국	57.5	42.5
이탈리아	66.3	33.7
독일	67.4	32.6
프랑스	68.5	31.5
호주	74.3	25.7
한국	75.4	24.6

한국노인들의 불행(빈곤율, 근로기간, 자살률)

2020년, 한국의 노인들은 불행하다. 가난하다. 그래서, 최근의 젊은이들은 노후 걱정을 많이 하고 준비도 제법 하는 편이다. 다행이다. 한국이 선진국으로 진입하면서, 국가적인 복지체계도 개선되고 있다. 아마, 현재가 노인들 불행의 피크인 것 같고 점차 나아질 것으로 예상된다.

2017년 OECD 자료에 의하면, 한국의 노인 빈곤율은 무려 43.8%다. OECD 국가 중 압도적 1위다. 2위인 멕시코가 24.8%이고, OECD 평균이 12.6%이다. 노인 빈곤율이란, 65세 이상 인구 중 소득이 전 국민 중위소득의 절반 이하인 인구 비율을 말한다.

그래서 평균 71세까지 일을 한다. 아니, 평균 71세까지 일을 해도 그 정도다. 주된 직장에서 53세에 은퇴를 하고(한국인의 평균) 83세에 죽는데(평균) 30년간 먹고 살게 별로 없다. 연금도 별로 없고 축적한 자산도 부족하다. 그래서 계속 일을 한다. 저임금 허드레 일을 한다.

2018년 OECD 자료에 의하면 한국인의 자살률이 세계 1위다. 인구 10만 명당 25명. 일본이 15명, 미국 14명, 독일 10명, 영국 7명, OECD 평균이 11.5명이다. 그 중에서도 노인 자살률이 아주 높다. 2018년 한국보건사회연구원 조사에 의하면 노인이 자살을 생각하는 이유는, 경제적 어려움 28%, 건강 문제 28%, 부부나 자녀와의 갈등 19%, 외로움 12%, 기타 13%다.

노후에 가난해서는 안 된다. 불행하고 심지어는 죽음까지 어른거린다.

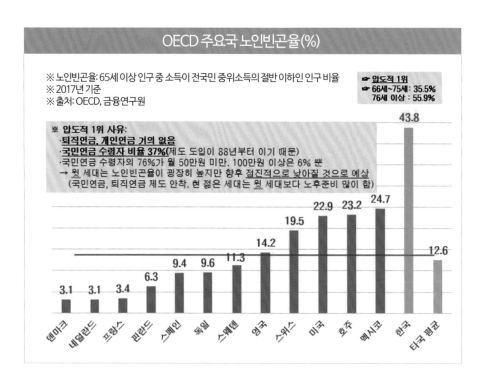

OECD 주요국 노인빈곤율(%)

※ 노인빈곤율: 65세 이상 인구 중 소득이 전국민 중위소득의 절반 이하인 인구 비율
※ 2017년 기준
※ 출처: OECD, 금융연구원

☞ **압도적 1위**
☞ **66세~75세: 35.5%**
 76세 이상 : 55.9%

※ **압도적 1위 사유:**
·**퇴직연금, 개인연금 거의 없음**
·**국민연금 수령자 비율 37%**(제도 도입이 88년부터 이기 때문)
·국민연금 수령자의 76%가 월 50만원 미만, 100만원 이상은 6% 뿐
→ 윗 세대는 노인빈곤율이 굉장히 높지만 향후 점진적으로 낮아질 것으로 예상
(국민연금, 퇴직연금 제도 안착. 현 젊은 세대는 윗 세대보다 노후준비 많이 함)

- 덴마크: 3.1
- 네덜란드: 3.1
- 프랑스: 3.4
- 핀란드: 6.3
- 스페인: 9.4
- 독일: 9.6
- 스웨덴: 11.3
- 영국: 14.2
- 스위스: 19.5
- 미국: 22.9
- 호주: 23.2
- 멕시코: 24.7
- 한국: 43.8
- 타국 평균: 12.6

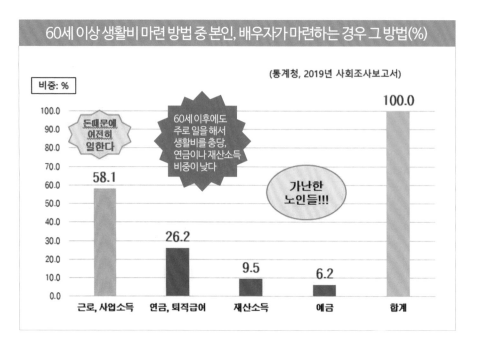

60세 이상 생활비 마련 방법 중 본인, 배우자가 마련하는 경우 그 방법(%)

비중: %

(통계청, 2019년 사회조사보고서)

돈때문에 여전히 일한다

60세 이후에도 주로 일을 해서 생활비를 충당, 연금이나 재산소득 비중이 낮다

가난한 노인들!!!

- 근로, 사업소득: 58.1
- 연금, 퇴직급여: 26.2
- 재산소득: 9.5
- 예금: 6.2
- 합계: 100.0

8 은퇴 환경의 변화

세상은 계속 변화한다. 60세 또는 65세쯤 되어 은퇴기에 접어들면 자신의 20~30대 시절과는 상당히 바뀐 환경 속에 살게 된다. 휴대폰이나 IT기기 다루는 것도 잘 안 되고, 새로운 의사소통 수단도 안 해보거나 잘 이해가 안 되거나 낯설다. 좋은 직업이나 성공에 대한 기준도 과거와 차이가 많다. 놀이, 여가문화도 많이 바뀌었다.

순응이나 적응을 거부하면 힘도 들고 화도 나고 불편해진다. 친구 이건 동호회 이건 주변 사람들과 접촉을 유지하거나 늘리고, 독서나 교육을 꾸준히 받는 것도 필요하다.

환경 변화를 표로 정리해 보았다. 계속 바뀔 것이다.

은퇴 환경의 변화		
항목	기존세대(나이 60, 70, 80대)	향후 은퇴세대(나이 20, 30, 40대)
성장률	고성장시대(7~10%)	저성장시대(2~3%)
금리	고금리시대(7~10%)	저금리시대(1~2%)
기대 수명	62세(1970년 기준)	83세(2020년 기준)
집값	큰 폭 상승(70~80년대). 무차별	낮은 상승률(90년대 이후). 차별화(서울과지방, 아파트와단독)
의료비	수명 짧아 부담 적음. 단, 특정 병들 엄청난 비용	70세 이후 의료비부담 급증. 특히, 치매로 인한 간병인 비용 급증
자영업	자영업 성공시대(샐러리맨의 꿈)	자영업 폭망시대
직장	전문직 전성시대(의사,변호사). 학벌, 스펙 중시. 완전 고용	최고전문가만 우대. 학벌보다 실력, 창의성. 취업난
성공	교육을 통한 신분 상승. 개천에서 용난다	부와 가난의 대물림(집안 환경). 게, 가재가 용이 될 기회 적음
연금	인식조차 희박	필수상품으로 인식
자녀 도움	다자녀. 도움 약간	1~2자녀. 도움 없다

은퇴 전후 챙겨야 할 일들이 전과 후가 구분되어 있지 않는 일들이 많다. 연속적이다. 인식을 하고, 계획을 세우는 일은 대부분 잘 할 수 있다. 문제는 실천이다. 뒤로 미루지 말고, 재지 말고, 많은 것들을 실행해 보자. 회피하거나 게으름 피우지 말자.

월수입이나 재무적인 것들은 현역일 때 계속 점검하지만, 막상 은퇴를 하면 수입이 없는 가운데서 쓰니까 불안하다. 지출이 잘 줄지도 않는다.

가사분담은 부부가 함께 상의해야 할 문제이고, 남편이 적극 협조해야 한다. 당연한 것으로 생각하고 분담해야 한다. 남자는 50세가 넘으면 본인이 별거 아닌 존재임을 깨닫기 시작한다. 나이가 들면서 을이 된다. 병이 된다. 깨닫지 못하면 가정에 평화가 올 수 없다.

재취업은 현역일 때 시도를 많이 해야 한다. 은퇴를 한 후에는 더 어렵다. 자격증을 미리 따면 좋지만, 여건상 안되면 은퇴 후라도 취업에 도움이 되는 자격증을 따는 노력을 해야 한다. 나이 들면 공개적인 취업이 어렵기 때문에 지인을 통한 취업에 더 시간을 할애해야 한다. 금전적인 목적이 주요한 것이라면, 취업의 질이 많이 떨어지는 것은 각오해야 한다.

취미활동은 아주 구체적이어야 하고 바로 실천을 해야 한다. 은퇴하면 시간이 많다. 직장이 없는데 취미활동마저 없고 만나는 사람도 별로 없으면 무료해지고 건강도 안 좋아진다. 혼자 하는 취미활동 1~2개, 부부가 같이 하는 취미활동 1개 정도가 있으면 좋다. 부부가 관심사, 체력, 시간 등이 맞지 않으면 굳이 같은 취미활동을 할 필요 없다. 서로 다르니까 인정하고 다르게 취미활동을 하면 된다. 너무 오랜 시간 같이 있는 게 좋지 않을 수도 있다. 주변에 보니까 부부가 같이 『댄스, 둘레길 걷기, 골프, 영화보기』를 하는데 괜찮은 것 같다. 혼자 하는 취미로 지인들이 하고 있는 것이 『사진 찍기(여기저기 돌아다닌다), 수영, 테니스, 자전거 타기』 등이다. 요즘 동호회가 굉장히 많은데 여기 가입하는 것도 좋은 방법이다.

은퇴를 하면 곧바로 부부가 은퇴 휴가를 가 보자.

같이 계획을 세우면 재미있다. 돈은 넉넉히 미리 마련해 두자.

교육을 받거나 책을 읽거나 관심사를 공부하는 것은 정신건강에 큰 도움이 된다.

본인에게 필요한 것, 관심 있는 것을 공부해 보자.

공공 도서관이나 시설 좋은 사설 독서실을 이용해 자기만의 시간을 갖는 것, 즐거운 일이다.

버킷리스트도 작성을 해 보자. 의외로 별로 쓸 게 없다.

그러면 새로운 희망사항을 만들어 적어 보자.

은퇴 전 점검, 추진할 일

■ 월수입 점검

■ 거주지 결정

■ 부부 가사 분담

■ 생활비 축소 방법(절약)

■ 재취업 시도(일을 하는 것이 최선의 은퇴 준비)

■ 취미활동 찾기(구체적으로. 실천!!)

■ 자기 계발 계획(지식)

■ 건강 관리

■ 일, 월, 연간 계획표 미리 작성

■ 버킷리스트(희망 목록) 작성

은퇴 후 바로 할 일(재무적인 것)

■ **실업급여 신청**

■ **건강보험 '임의계속가입' 신청(조건 해당 시)**
퇴직을 하면 자동으로 지역가입자로 전환된다. 지역건강보험료 고지서 금액이
전 직장의 본인 부담 보험료보다 클 경우, 인근 건강보험관리공단을 방문하여
'임의계속가입'을 신청하자. 그러면, 3년간 전 직장의 마지막 본인 부담 보험료를 낸다.

■ **국민연금 공단 방문(홈페이지, 전화, 직접 방문)**
국민연금은 퇴사 후 소득이 없어도 60세까지 납부해야 할 의무가 있다.
소득이 없어 국민연금보험료를 내기가 부담스러우면 납부 예외 신청을 해서
납부하지 않을 수 있다.
계속 납부해 가입기간을 늘리고 싶은 경우, 본인이 임의소득신고를 하여
임의로 보험료 납입 금액을 선택할 수 있다. 10만원, 20만원, 42만원 등.

■ **재무계획 재조정**
당초 생각했던 것과 큰 차이 발생 가능성 높다.
수입(연금,이자배당,임대 등)과 지출(생활비, 자녀학비와 결혼비, 해외여행,
자동차구입,세금 등)을 항목별, 기간별로 재점검.
기존 투자(주식,예금,부동산)조정이 필요한 지 재검토

■ **재취업 노력**
은퇴 전부터 해야 한다. 지인을 통한 취업이 수월하다. 공개 취업 힘들다. 눈높이 낮춰라.

은퇴 후 바로 할 일(비재무적인 것)

은퇴 휴가: 계획을 세워 부부가 함께 해외여행 등

자격증 따기:
인생 길다. 하고 싶은 자격증, 재취업 관련 자격증을 따자.
다녔던 직장과 관련된 자격증도 좋다. 재미도 있고 집중도 된다

교육받기:
관심 있는 분야. 학원, 백화점 교육프로그램, 대학교, 온라인 유료·무료 교육,
유튜브, 동호회등

헬스클럽이나 운동: (집 근처나 둘레길 걷기, 조깅 등) 실천!!

10 은퇴 후 소득의 5층탑과 연금화

1) 연금화

은퇴 후 경제적 생활은 재산의 규모도 물론 중요하지만, 월 정기적이고 지속적인 수입이 더 중요하다. 20억, 30억 아파트 한 채 깔고 있으면서 월 소득이 300만원 밖에 되지 않으면 이게 도대체 부유한 것인가, 가난한 것인가? 재산 보유세, 건보료 등 세금 내고 나면 생활이 거의 빈곤 수준이다. 자식 좋은 일만 시킨다. 가급적 현금이 매달 들어오는 구조, 즉 연금화로 모든 자산을 재구조화 할 필요가 있다. 노후 소득구조의 기본, 5층탑을 쌓아보자. 국민연금, 퇴직연금, 개인연금, 주택연금, 플러스 알파(이자 및 배당, 임대 수입). 5층탑을 머리에 그리면서, 연금화를 중심에 두면서 노후 재무설계를 해보자.

이자 및 배당, 임대 수입도 연금은 아니지만 정기적 장기적 안정적 수입이라면, 광의의 의미로 연금소득이 된다.

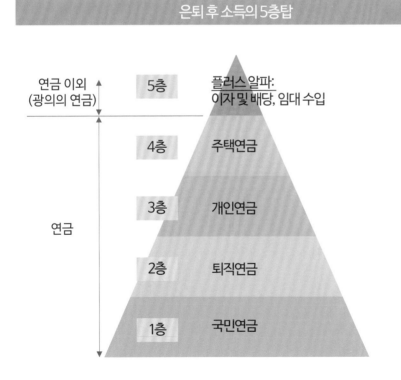

		연금을 만드는 방법	
연금	국민연금	직장 오래 다니기. 60세까지 다니기. 물가연동, 국가보증	
	퇴직연금	● 직장 오래 다니기. DC로 운용 잘해 수익률 높이기 ● 글로벌 ETF 장기투자(S&P500 ETF, 나스닥 ETF 등)	
	개인연금	① 연금저축펀드(증권회사) 또는 연금저축보험(보험회사) ② 연금보험(보험회사): 적립식, 일시 납, 즉시연금 등 ③ IRP(증권회사): 퇴직연금과 별도로 납입 가능(IRP는 퇴직연금의 일종으로 　분류하나, 추가납입은 개인연금에 가까움)	
	주택연금	연금 부족 시 적극 선택. 9억 이하 주택. 종신, 남으면 상속	
연금 이 외	이자 및 배당	♣ '인컴형 상품' 투자. 5~7% 가능 ① 리츠: 국내, 미국, 일본, 호주 등. ETF 투자 바람직 ② 배당주: 글로벌 고배당 ETF 또는 펀드 ③ 하이일드채권: 투기등급채권 수백개 분산. ETF 또는 펀드 ④ 해외고리국채: 브라질채권, 러시아채권 등 ⑤ 신종자본증권: 하이브리드채권. 만기 길다. 대부분 5년 상환(발행사 콜). 　5년 은행채에 가깝다. 수익률 높은 편	
	부동산임대	구분상가나 오피스텔. 공실 위험, 임대료 하락 위험. 대체로 위험이 크다.	

※ 이지 및 배당, 부동산 임대는 연금은 아니지만, 안정적, 고정적, 장기적이면 연금에 가깝다.
예) 맥쿼리인프라주식, 신한알파리츠는 거의 연금에 가까운 배당주식이다.

2) 저성장 시대 연금의 가치

월 300만원을 받는 공무원연금, 사학연금, 군인연금 수급자들은 목돈으로 치면 어느 정도의 현금을 가지고 있는 것일까? 『8억 1천만원 + 알파』이다.

〈월 이자 300만원을 받기 위해 필요한 목돈〉 30년간 수령

구분	세후 1%	세후 2%	세후 3%
원금 유지	36억 원	18억 원	12억 원
원금소진 (=즉시연금≒공무원연금)	9.3억 원	8.1억 원	7.1억 원

원금을 소진하면서 월 300만원을 30년간 받기 위해서는 세후 연 2% 가정시 8.1억원이 있어야

한다. 8.1억을 넣고 원금 없어지면서 겨우 300만원.

공무원, 사학, 군인연금이 사실상 이와 비슷한 구조다. 하지만 그 이상의 가치가 있다. 이 연금들은 물가를 반영해 매년 연금을 인상하기 때문에 즉시연금으로 300만원을 30년간 고정으로 받는 것보다 실제로는 훨씬 더 가치가 높다. 더구나 죽을 때까지 받는 것이니까 30년이 아니라 연금 수급 시작부터 40년을 살아도 받는다. 물가 반영, 종신지급을 받는 300만원 공무원연금은 현금으로 8억 1천만원이 아니라 얼추 10억원을 상회하는 정도의 가치가 있는 것이다.

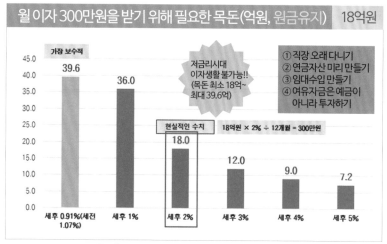

※ 2020.5월 저축성예금수신금리 세전 1.07%(세후 0.91%) (한국은행 자료)

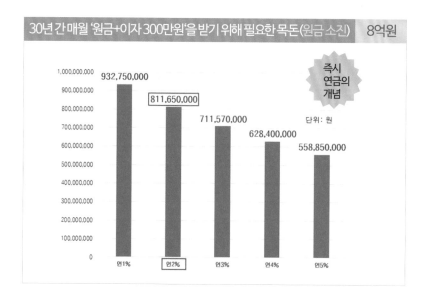

왜 연금인가

저금리	저금리 기조 정착으로 할인율이 큰 폭 하락 → 연금가치 크게 상승
수명 연장	평균 수명 60, 70세 → 83세. 과거보다 훨씬 많이 받는다. 평생 소득 가능

자산보다 소득

1% 금리, 평균수명 83세 시대에
60세에 현금 10억 가지고 있는 것보다
평생 연금 월 300만원 받는게 훨씬 낫다.

인플레이션을 반영하는 연금이면
(국민, 공무원, 교직원 연금 등) 더욱 좋다.

월 수입도 훨씬 많고,
안정적이어서 행복감 크게 올라간다.

평생 현역(일)이 답.
안 되니까 연금

평생 연금은 마음이 편하다. 인플레이션까지 반영되는 연금이라면 금상첨화다.

목돈이 있고 연금이 없는 것보다, 목돈이 없더라도 연금을 확보하는 것이 노후 재무 설계에 심적으로 좋다. 행복감이 올라간다. 8억, 10억 이런 목돈 마련도 힘들지만, 마련한다 해도 생활비로 목돈을 빼서 쓰는 것은 불안하고 견디기 어려운 일이다. 연금화를 하자!!!

11 은퇴 시 희망 자산, 수입

서울과 수도권에 사는 보통 사람들의 은퇴 시점에서의 희망 사항은, 서울에 33평 아파트 한 채, 월 평생소득 5백만원, 여유자금 5억원, 이런 수준이다. 그리고, 자녀 결혼 시 어느 정도 지원을 하고 싶어 한다.

은퇴 시 희망하는 자산이나 수입과 본인이 처한 현실은 차이가 크다. 많아야 10% 정도만이 본인이 희망하는 자산이나 수입에 근접하는 것으로 알려져 있다.

12 은퇴 후 적정 생활비, 마련 방법

집값이 소득에 비해 비싸다. 집 마련하느라 저축이 어렵고 오히려 대출금이 많아지기도 한다. 은퇴 후 생활비를 마련하는 것도 주택 구입 때문에 어렵다. 2020년 말 현재 아파트 구입을 위한 PIR(아파트 평균 가격/가계의 평균소득)이 전국 10.0년, 서울은 20.3년이다. 서울의 경우 가계(부부) 소득의 전부를 20.3년 모아야 아파트를 살 수 있는 것이다.

'연금, 은퇴 후 소득'은 언제 저축해서 마련하냐고? 우선 집 마련을 해야 하는데 어쩌라고. 난감하다. 단, 『① 부부가 대기업, 공기업 또는 안정된 직장을 20년 이상, 아니 30년쯤 다니고,

② 연금 등 미래 수입에 대한 계획을 정기적으로 짜고 점검하고,

③ 부동산, 금융 이런 쪽에 끊임없이 관심을 가지고 투자를 실행을 하면』

은퇴 후 소득 필요금액의 상당 부분이 해결된다. 수학 공식이 아니라서 수치적으로 깔끔한 정답은 없다. 여건들도, 개인별 편차도 심하다. 추상적인 얘기들이다. 이러한 난제를 전제로 깔고 보편적인 은퇴 자금 설계를 해보자.

1) 은퇴 후 적정 월 생활비

은퇴 후 적정한 월 생활비는 얼마일까? 국민연금공단 조사로는(2018. 8월) 243만원, 통계청 조사는 (2019.3월) 291만원, 보험개발원 조사는(2019. 1월) 327만원이다. 서울 포함 수도권에 사는 보통사람들이 희망하는 월 소득은 500만원 정도이다.

※ 노후 생활비에서 반드시 고려할 사항:
의료비, 간병비, 여유자금

2) 은퇴 후 월 생활비 마련 방법(5층 탑)

은퇴 후 평생소득 월 500만원은 어떻게 마련하나? 소위 5층탑을 쌓는 것이다. 물론, 목돈이 20억 정도 있으면 60세 이후 평생 월 600만원 정도를 받을 수 있다.

1층 국민연금, 2층 퇴직연금, 3층 개인연금, 4층 주택연금(선택), 5층 이자 및 배당소득, 임대 소득. 직관적으로 현가 기준으로 부부가 보통의 직장에서, 직장 생활을 20년 정도 하면(개인연금에 어느 정도 불입하는 것을 전제로 함. 3층) 1층, 2층, 3층 합이 약 300만원, 30년 정도를 하면 약 500만원 정도가 거의 자동으로 축적될 것 같다. 부부 중 어느 한 사람만 30년 정도 하면 약 300만원 정도의 1,2,3층 연금이 마련될 것으로 추정된다.

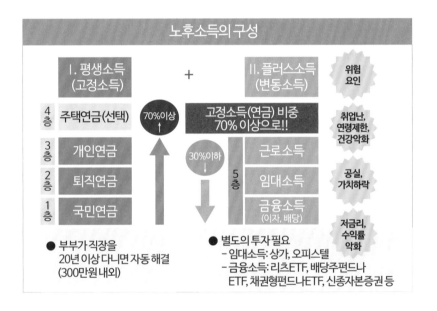

3) 재무상태 파악 표 작성

자산을 증식하고 연금을 마련하기 위해서는 부동산이나 금융상품에 금전을 투자하는 활동 이외에 이것을 잘 기록하는 작업이 필요하다. 기록하고(현황 파악), 수정하고 계획하는 작업을 반복적으로 함으로써 좋은 투자가 이루어질 수 있다.

정기적으로(반기 1회 정도) 기록할 내용

① 자산 내역: 자산, 부채, 순자산

② 소득 내역: 앞으로 받게 될 소득. 국민연금, 퇴직연금, 개인연금, 이자 및 배당,
　　　　 상가나 오피스텔의 임대료 등

③ 현금흐름: 금융상품의 만기, 임대차계약의 만기 등

④ 목돈 지출: 자녀 결혼 시기, 병원비, 결혼 30주년 해외여행 등

4) 노후자금 마련 원칙

노후 자금 마련을 위해서는, 『부부가 직장을 오래 다니고, 수입의 30% 이상을 저축하며, 예금보다는 위험자산에 비중을 두어 꾸준히 투자하고, 내 집 마련을 우선하고, 목적에 맞게 보험가입』을 하자.

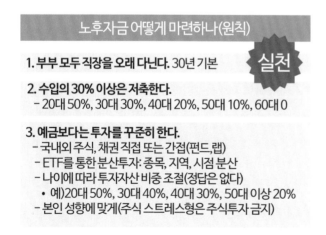

4. 내집 마련 우선, 상가등 수익형 부동산 관심
 - 서울에 아파트 마련 우선
 - 꾸준한 관심과 발품으로 상가(위험도 잘 봐야) 또는
   간접투자(리츠, 펀드)로 임대 소득 창출 노력

5. 목적에 맞게 보험 가입.
 예) 연금보험, 간병비보험

5) 금융지식, 정보 취득 방법

나이가 들면 세상 돌아가는 것에 둔감해지고, 과거 방식에 집착하며 금융지식이나 금융정보 취득에 애로를 겪게 된다. 굉장히 많은 채널이 있다. 관심만 가지고 시간 투자만 하면 양질의 금융지식과 정보를 얼마든지 얻을 수 있다. 모르면 아예 귀를 닫아 버리거나 귀가 얇아 당하게 된다.

금융지식, 정보 획득 방법

금융 지식 너무 부족!

1. 책, 신문기사, 잡지   ※ 기초가 되는 책 읽기

2. 웹 사이트   ※ 좋은 지식, 정보 많다

3. 유튜브   ※ 좋은 지식, 정보 많다

4. 금융기관 직원, 부동산 중개업자 ※ 너무 믿지말자

5. 유료 교육, 강의, 세미나: 대학, 신문사, 단체

☞ 스스로 잘 소화해야 한다. 정보가 독이 될 수도 있다.
☞ 투자시에는 본인 성향, 본인 자산규모나 용도에 맞게 상품 선택해야 한다(No Free Lunch!)

6) 은퇴 후 생활비는 충분한가?

2019. 3월 통계청 조사에 의하면(가계 금융복지조사 보고서) 은퇴한 가구들의 10.2%만 생활에 여유가 있다고 응답했고, 30.0%는 보통, 59.8%는 부족하다고 대답했다. 노인 빈곤율에서도 알 수 있듯이 한국의 은퇴가구, 노인들의 경제적 여건은 아주 좋지 않다.

은퇴 후 생활비 충당 정도 및 마련 방법

2019. 3월말 기준

통계청, 2019년 가계금융복지조사 보고서

☞ 대상: 가구주가 은퇴한 가구

생활비 여유, 부족

충분히 여유	여유	보통	부족	매우 부족
2.6%	7.6%	30.0%	38.1%	21.7%

여유: 10.2%

부족: 59.8%

생활비 마련 방법

공적수혜금	공적연금	가족수입, 자녀용돈	개인저축, 사적연금	기타
32.6%	29.2%	24.4%	4.3%	9.5%

※ 연금 비중 33.5%에 불과. 공적수혜금(정부 지원금) 32.6%. 자녀 들이 주는 용돈이 24.4%. 구성에 심각한 문제가 있음

주요국 노후소득 중 자녀 지원 비중

한국	24.4%
일본	4.2%
독일	0.2%
미국	0%

※한국: 2019. 3월 통계청

13 은퇴자금 마련 시 간과하기 쉬운 것들

은퇴자금 마련 시 간과하기 쉬운 것들이 있다.

물가 상승, 의료비/간병비(중풍, 치매), 홀로 남게 될 배우자, 그리고 오래 산다는 것이다. 이런 점들을 염두에 두고 재무 설계를 해야 할 것이다.

노후자금 마련 시 간과하기 쉬운 것들	
물가 상승	■ 적정생활비 현재 300만원이 10년 후 500만원 될 수 있다. 자동으로 빈곤해 진다 ■ 물가와 연동되는 자산, 연금, 상품을 가져야
의료비, 간병비	■ 국민건강보험 여러 질병 적용확대로 과거에 비해 전반적으로 의료비 많이 절감 ■ 치매, 중풍 간병비는 비용이 엄청남. 요양원, 요양병원 입원 시, 　국가의 노인장기요양보험과 국민건강보험 적용으로 비용 감당 가능하나, 　개인 간병인 고용하여 집이나 병원에서 별도 간호 시 비용 감당 어려움 ■ 미리 간병비보험 가입해서 해결해야
홀로 남게 될 배우자	■ 홀로 사는 노인의 약 80%는 할머니(여성) ■ 『부부 나이 차이, 기대수명 차이』로 여성 혼자 10년을 산다 ■ 홀로 남는 아내를 위해 『생활비, 의료비, 주거지』를 반드시 사전에 부부가 준비 해야한다 ■ 남편 사후에도 받을 수 있는 평생소득 준비: 　① 연금은 부부형으로 　② 아내 명의로 국민연금 임의가입 　③ 남편을 피보험자로, 아내를 수익자로 종신보험 가입(남편 사망 시 보험금 아내에게 지급) 　④ 주택연금 활용(남편 사망과 상관 없이 아내 죽을 때까지 연금) 　⑤ 상속은 아내에게 전부 또는 많은 금액을
예상보다 오래 산다	■ 기대 여명은 평균수명과 다르다 　65세까지 살아 있다면, 적게 잡아도 남자는 85세, 여자는 90세 까지는 산다 ■ 평생 받을 수 있는 형태의 연금들을 준비

은퇴 후부터 연금을 받기 전까지의 소득 공백기(크레바스)에 대한 대책이 필요하다. 주 직업에서 퇴사하는 나이는 평균 53세다. 정년까지 다니면 60세다. 그런데, 국민연금을 받는 시기는 65세다. 60세 정년에 퇴직을 해도 5년간 소득 공백기가 발생한다. 재취업이나 다른 연금이나 이자, 배당, 임대료 등 다른 소득이 있어 생활비가 충분하다면 모르지만, 부족하다면 미리 대책을 세워야 할 것이다. 특히나, 60~65세는 여전히 활동이 왕성한 시기이고 지출이 많은 시기이다. 목돈을 헐어서 즉시연금으로 바꾸는 방법이 있고, 개인연금이 있다면 수령 시기를 65세 이후가 아니라 55세 또는 60세로 미리 조금 앞당겨 놓는 방법도 있다.

소득 크레바스(공백기), 대책이 필요

은퇴 전 소득 (~60세) 근로소득	크레바스 기간 (최소 5년)	은퇴 후 소득 (65세~) 연금소득

※ 한국인 주 직업 실제 퇴직연령: 평균 53세 / 법적 정년: 60세
※ 국민연금 수령시기: 65세
※ 크레바스 기간: 5년(60세~65세)~12년(53세~65세)

재취업: 근로시간 최대한 연장하자. 저임금도 감수

일부 연금시기를 당겨 놓자: 개인연금. 55세부터 5년~10년

여윳돈을 미리 마련하여 즉시 연금에 가입하자. 5년~10년

소득 중 배당, 임대소득 미리 마련하자

저물가 시대라고는 하지만 화폐가치는 계속 떨어진다. 은행에 넣어 봤자 1년 예금 1%도 안 주고, 가지고 있자니 물가 상승으로 살 게 별로 없다. 20년 전, 30년 전, 고물가 시대는 아니라 해도 물가 상승은 은퇴 후 소득을 갉아먹는 생활의 적이다. 연 2%씩 물가가 상승하면 30년 후 100만원이 55만원이 된다. 36년 후면 50만원, 정확히 반 토막이 난다. 은퇴 후 월500만원이면 그럭저럭 살 것 같지만, 20년 후에도 월500만원으로 생활한다면 현재 337만원으로 생활하는 것과 같다. 투자나 연금상품에 가입할 때 물가 반영 여부를 고려해야 한다. 노후 재무 설계에서 알면서도 깜빡하는 포인트가 인플레이션이다. 당장 내 자산이 내 상품이, 내 연금이 물가 연동이 되는지 살펴보자.

인플레이션(물가 상승)에 의한 돈 가치의 하락

* 현재 100만원의 가치가 얼마가 되나? 인플레이션 2% 가정시 30년 후 55만원

기간	인플레이션(물가상승률)		
	2%	3%	4%
10년 후	82만원(-18만원)	74만원	68만원
20년 후	67만원(-33만원)	55만원	46만원
30년 후	55만원(-45만원)	41만원	31만원

☞ 인플레이션이 매년 2%씩 된다고 하면 돈의 가치는
10년 후 18% 하락, 20년 후 33% 하락, 30년 후 45% 하락 한다. ☞ 역사적으로 인플레이션은 계속 되어 왔다.

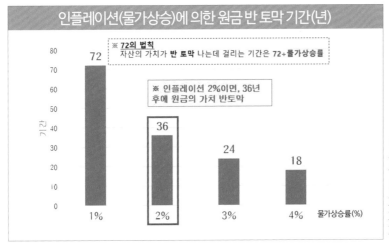

※ 금리별 원금의 2배에 걸리는 시간(년)과 동일함. 대칭임. 즉, 2% 금리이면, 원금의 2배에 걸리는 시간이 36년 물가와 금리는 대칭임, 물가는 원금손실, 금리는 원금이익

16 직장 30년 다니면 은퇴준비 기본은 한다

앞에서도 여러 차례 강조했지만 직장을 오래 다녀라. 꼭 한 직장을 다닐 필요는 없지만, 60세까지 다닐 각오를 해야 한다. 직장 생활은 누구에게나 힘들다. 누구도 무시할 수 없는 자격증이나 전문지식이 없다면 눈치를 봐야 하고, 나이가 들고 위로 올라가면 파벌, 라인, 사내 정치적 환경 이런 것들 때문에 자리가 위태로워지기도 한다. 공기업, 공무원들은 그래도 정년 보장이 되니까 스트레스를 받아도 사기업보다는 훨씬 나은 편이다. 쉬운 직장이 어디 있는가?

은퇴 준비의 베스트는 평생 현역이다. 은퇴하지 않으니까 준비할게 없다. 인플레이션 이런 것도 신경쓸 것 없다. 얼마 전 결혼식장에 가서 식사를 하는데 변호사들이 옆에 앉아 있었다. 이런 얘기가 들렸다. '의사들이 우리 변호사들을 부러워한데. 자기들은 70세면 대개 그만 둬야 하는데, 변호사들은 80세 까지도 한데. 변호사들 요즘 돈벌이 안되는 것도 모르나.' 우리 같은 평범한 직장인이 듣기에는 파라다이스에서 하는 얘기이다. 앞 장에서는 수치로 보여줬지만, 여기서는 그림으로 개념적으로만 간단히 복습 겸 살펴보자.

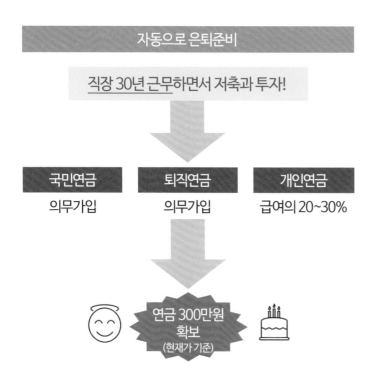

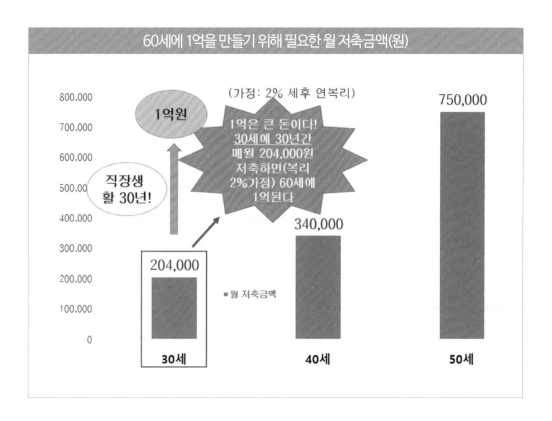

60세에 1억을 만들기 위해 필요한 월 저축금액(원)

(가정 : 2% 세후 연복리)

1억원

1억은 큰 돈이다!
30세에 30년간
매월 204,000원
저축하면(복리
2%가정) 60세에
1억된다

직장생활 30년!

800.000
700.000
600.000
500.00
400.000
300.000
200.000
100.000
0

204,000

■ 월 저축금액

340,000

750,000

30세

40세

50세

50대 후반 남편들 이여, 아내에게 예쁜 짓 좀 하자.

부부간의 대화야 항상 해야 하는 것이지만, 막상 노후 설계에 대해 진지하게 대화를 하는 경우는 흔치 않다. 그냥 대충 얘기하고 넘어가곤 한다. 아내 나이 55세쯤 노후 재무 설계에 대해 진지하게 얘기를 해보자. 주거, 자녀, 소득, 그리고 10년쯤 혼자 살게 될 아내를 위한 배려, 이런 얘기들을 해보자.

현 거주지에 그냥 살지, 아니면 이사를 갈지. 자녀 교육과 결혼 비용은 어떻게 할지. 퇴직 후 소득 준비는 현재 어떤 상태이고 앞으로 어떻게 할지. 은퇴와 연금 수령 사이에 공백기가 발생하면 어떻게 대응할지. 그리고 남편 사망 후 혼자 남게 될 아내의 소득은 어떻게 준비할 지 등이다.

특히, 홀로 남게 될 아내를 위한 배려는 생각을 잘 안 하는데, 현실적으로 꼭 필요한 일이다. 앞에서도 언급했지만, 연금은 가능하면 아내 명의로 하고, 아내를 위해 장기간병보험 가입을 검토하고 남편을 피보험자로 아내를 수익자로 하는 종신보험 가입도 검토하자. 향후 유언공증 시에 아내에게 전부 또는 많은 자산을 상속하는 것도 생각해 보자. 평생 함께 한 아내가 홀로 남더라도 경제적으로 어렵지 않도록 세심하게 계획하고 배려하자.

인생 2막

100세 시대, 설레는 노후를 위한 은퇴 준비 노하우는?

아내 55세쯤 부부가 경제적으로 점검할 사항	
주거	이사를 갈지. 간다면 지역, 평수, 자금(±)
자녀	학업, 결혼에 대한 지원 금액
소득	퇴직 후 소득. 연금, 이자 및 배당, 임대
크레바스	은퇴~연금수령 공백기(5~10년) 소득 계획
아내 홀로	남편 사망 후 아내 혼자 시기 소득 계획

18 행복의 조건

젊어서나 나이가 든 후나, 무엇을 해야 미래에 행복해지는지, 현재 행복해지는지 알고 있다.

문제는 실천이다. 실천하려면 변화해야 한다. 공부해야 한다. 어렵다.

노후 행복의 조건, 건강, 돈, 가족, 취미, 친구, 다 알고 있다.

부부가 잦은 대화를 통해 서로 격려하고 조언을 하면서 실천해 보자.

노후 행복의 조건		
필요조건 건강, 돈	**충분조건** 가족, 취미, 친구	**주관적 조건** 종교, 자기계발, 자원봉사, 사회참여

※ 일이 있으면 행복의 조건 많이 충족(건강, 돈, 취미, 친구 등).
　단, 일이 저임금 생계형이 아니어야 함. 용돈에 보탬이 되고 강도가 높지
　않은 일 또는 의미 있는 자원봉사도 좋음

1) 개요

80세 노인들. 팔팔한 사람들도 있고 병원에만 누워 있는 사람들도 있다.

유전적인 것이야 어쩔 수 없지만, 평소 관리를 통해서 건강을 유지할 수 있는 부분도 많이 있다.

활동도 제대로 못하면서, 병원에 누워만 있고 정신이 오락가락 하면서, 오래만 살면 무엇 하나.

건강관리 그리고 중병(특히 치매)을 얻었을 때 필요한 돈 준비, 둘 다 해야 할 것이다.

노후 건강관리
■ 최소 2년에 1회 부부 <u>종합건강검진</u>을 반드시 받자

한국인의 건강수명과 병치레 기간		
평균수명(2020년)	건강수명	병치레 기간
83세(통계청)	65세(통계청) 69세(WHO)	최소 14년

2) 치매

중증치매 발생 확률 (자료: 금융감독원)		
41~60세	61~80세	81세~
0.0038%	0.2357%	18.0315%(★)

노인 질병 중 가장 무서운 것이 치매이다. 역설적으로 '암'이 신이 내린 선물이라고 했던가. 80대 후반쯤 되면 대충 3명 중 한 명은 치매에 걸린다. 일종의 장수병이다. 환자의 고통을 넘어 가정을 파탄으로 모는 무서운 질병이다. 치료약도 없고, 비용도 많이 든다.

① 예방을 위해 평소 생활습관을 건강하게 가져야 한다.

규칙적으로 걷기, 생선·채소·과일 많이 먹기, 술 적게 먹기, 금연 등이 평범하지만 알려진 방법이다. 이를 통해 체중, 혈압, 혈당을 낮출 수 있고 치매 예방에 도움이 된다. 뇌활동, 사회활동을 많이 하는 것도 예방 방법 중 하나다.

② 만일의 경우에 대비해 간병비를 마련해야 한다.

현실적으로 자식들이 간병을 전적으로 하기에 한계가 있다. 잘못하면 자식들도 육체적, 정신적으로 망가진다. 장기간 간병인이 필요한데, 비용이 많이 든다. 보통 월 300만원 내외가 들고, 중증인 경우 월 400만원 이상도 든다. '장기간병보험' 가입으로 일부 해결해야 할 것이다. 가입 전 조건을 꼼꼼히 보아야 한다.

국민건강보험공단에서 치매 등 장기요양성 질환에 대해 많은 지원을 하고 있다. 건강보험과 별개로 '노인장기요양보험'제도를 운영하고 있고 보험료도 별도로 걷고 있다. 공단에서는 치매환자의 요양등급을 정하고, 방문간호, 방문목욕 등 등급에 맞게 지원을 하고 있다(그림 참조). 국민건강보험공단의 지원 히에 요양원, 요양병원 이용도 할 수 있다. 국민건강보험공단의 많은 지원에도 불구하고 아직 개인비용이 많이 든다. 돈이 많고 환자의 상태가 견딜 만하면 집에 별도로 24시간

혹은 시간 정해 놓고 개인 간병인을 둘 수 있다. 개인 비용으로 해야 하고 비용은 생각보다 훨씬 많이 든다. 환자가 집에 머물면서 치매 치료를 받고 싶어도 돈이 없으면 못한다. 환자가 원치 않아도 돈이 부족하면 요양원이나 요양병원으로 가야 한다.

치매

치매에 걸릴까 장수가 두렵다	■ 장수할수록 걸릴 확률이 높아진다 ■ 환자의 고통을 넘어 가족을 파탄으로 모는 무서운 병 ■ 기억력 장애, 언어능력 장애, 판단력 장애, 대인관계 장애, 자신이 무엇을 하는지 모르면서 행동, 건망증, 의심, 가족들 때리고 욕하기, 공격적 행동
치매 간병 살인	□ 환자를 돌보다 고통을 견디지 못하고 자살 　예: 90대 치매 노모와 60대 아들 동반자살, 91세 치매 아내 살해하고 　　　간병 노인 자살, 80대 치매 노모 딸이 살해
치료, 예방	○ 치료, 예방 다 현재까지의 의학으로는 불가능 ○ 약물로 진행을 다소 늦출 수 있다. 치료 되지는 않는다 ○ 예방은 질병관리운동본부에서 3가지 제시.예방 불확실하다 　① 두뇌, 신체, 사회활동 지속 　② 체중, 혈압, 혈당 낮추기 　③ 술, 담배 끊기

치매, 중풍 환자를 돌봐주는 노인장기 요양보험

보험 개요

● 가정에 맡겨졌던 노인 수발을 국가(국민건강보험공단)에서 함께 맡는 제도
● 매월 국민들이 내는 장기요양보험료에서 조달(건강보험료의 일정 %)
● 서비스 종류:① 가정방문요양: 간호, 목욕 등 ② 요양시설입소 ③ 보조기구구입
● 본인 부담금(기초수급자는 면제): 요양시설입소는 20%, 가정방문요양 15%

서비스 이용 절차

가족이 건보공단에 신청(의사 소견서 첨부)
↓
건보공단 직원이 방문해서 심신상태 조사
↓
시군구 등급판정위원회가 등급 결정
↓
1,2,3등급. 등급에 따른 서비스 제공

3) 어디서 죽는가?

우리는 어디에서 죽을까?

병원 중환자실, 요양원, 요양병원, 이렇게 3곳 중 하나가 될 확률이 높다.

집이나 호스피스병동이 심적으로 편안하나 여건상 쉽지 않다.

최근에는 요양기관(요양원, 요양병원)에서 마지막을 보내는 경우가 가장 많은데, 배우자 또는 자식들과 상의해서 좋은 곳, 본인에게 맞는 곳을 골라야 할 것이다. 시설과 비용은 천차만별이다. 숫자도 굉장히 많다. 고령화가 계속되고 있기 때문에 더욱 차별화가 될 것이고 더욱 많이 늘어날 것이다. 개인이 운영하는 곳도 있고 법인이나 지방자치단체에서 운영하는 곳도 있다.

요양원은 주로 요양이 목적이고 장기요양보험제도가 적용돼 상대적으로 저렴한 편이다. 요양병원은 주로 치료가 목적이거나 중증의 환자가 가는 곳이고, 국민건강보험제도가 적용된다. 비용이 상대적으로 비싼 편이다. 국민건강보험공단에서는 2년 주기로 장기요양기관을 평가하며, 총 5개 등급(A~E)을 부여한다. 시설이 크고, 비영리법인이 운영할수록 점수가 높다. 누구나, 집이나 호스피스병동이 어렵다면, 시설이 아주 좋은 곳에서 마지막을 보내고 싶어 할 것이다. 문제는 돈이다. 자식들도 부담하기 쉽지 않다.

죽음에 대비해 여러가지 해야 할 것들이 많지만, 2가지는 적극 검토해보자.

① 의료비용 관련 보험 가입: ⓐ 실손보험: 국민건강보험공단에서 환자부담금을 보장한다.
　　　　　　　　　　　　　ⓑ CI보험: 중병 발생시 약정한 금액을 받는다

② 사전연명의료의향서 작성: 잘 생각해 보자. 연명의료를 받을지 언제 중단할 지 사전에 정하는 것이다. 연명치료를 고통스럽고 길게 받기보다 존엄한 죽음을 선택할 수 있다.

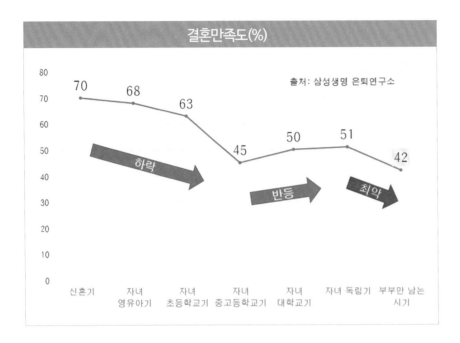

결혼만족도(%)

출처: 삼성생명 은퇴연구소

하버드대 연구팀이 성인 814명을 70여년 간 추적하였다. 가족이나 친구, 공동체와 긴밀하게 연결된 사람일수록 행복감이 높고 더 건강하며 오래 산다는 것이고, 반대로, 사회적으로 고립된 사람은 행복감이 낮고, 건강과 뇌기능이 악화돼 수명도 단축된다는 것이다. 행복은 사회적 인간관계에 많이 좌우된다는 것이 하버드대 연구팀의 결론이다. 상식에 속하는 얘기지만 유수의 대학에서 장기간 연구한 결론이니 더욱 더 신뢰가 간다.

노후 행복 조건: 가족과 친구, 이웃

하버드대 연구팀	성인 814명 삶 70여 년간 추적. 행복은 사회적 인간관계에 의해 좌우(가족, 친구, 이웃)
호주 연구팀	노인 1,477명 10년간 추적 조사. 교우관계 좋은 노인이 나쁜 노인보다 22% 더 오래 살았다

관계 중에서도 가장 중요한 것은 가족관계다. 친구나 이웃관계는 그보다 훨씬 덜 중요하다.

가족관계에서 대체로 남자가 문제다. 자식들과는 대화가 거의 없고, 아내와는 대화가 턱없이 부족하다. 아내는 자식들과 대화를 많이 갖고 매사에 사소한 것까지 보살피기 때문에 친밀하고 관계가 좋다. 남편은 그 반대다. 그래서, 남편은 가족들간 대화에서 끼어들기조차 어렵다. 가족간 대화에서 왕따다.

해결책은 평범하나 실천하기 어렵다. 남편이, 아빠가 꾸준히 노력하고 변화하는 수 밖에 없다.

〈아빠로서 해결책〉

① 주말에 가족과 시간 많이 보내기

② 같이 식사하는 횟수 늘리기

③ 좋아하는 드라마 같이 보기(공동의 주제 형성)

④ 가족여행이나 캠핑 만들기(싫어할 수도 있다)

⑤ 경청(입은 닫고 지갑은 열고)

⑥ '아버지 학교' 같은 전문적인 프로그램 참여

〈남편으로서 해결책〉

25~30년간 남편으로서 편안함을 공짜로 누렸는데, 50대 중반을 넘어서면 1인 4역으로(직장인, 가정주부, 엄마, 며느리) 평생 고생한 아내로부터 청구서가 날아온다. 낮은 자세로 잘 하지 않으면 대가를 치르게 된다. 몇 가지 해결책을 생각해 보자.

① 같이 쇼핑: 사려는 물건에 관심도 갖고 돈도 내준다. 힘들지만 디자인, 색상, 가격 등 상품에 대해 많이 관심을 가져주고 골라주고 공감도 해 보자. 효과 만점이다.

② 둘만의 시간과 대화 늘리기: 산책, 외식(맛집을 적극적으로 찾아보자), 교외 드라이브 및 카페 가기(유명한 곳, 분위기 좋은 곳), 이벤트 만들기(생일, 결혼기념일, 화이트데이, 크리스마스, 여름휴가 등 무엇이든 챙기자)

③ 공동 취미 만들기: 하루 아침에 안 된다. 스포츠가 좋다. 그런데, 아내가 싫어하는 것은 해시는 안 된다. 댄스, 둘레길 걷기 추천.

④ 가사일 적극 부담: 절반 이상 한다는 생각을 해야 한다. 그래도 절반을 못한다.

음식물 쓰레기 처리는 기본이고, 분리수거, 집 청소, 빨래(모르면 배운다), 밥하기, 설거지,

간단한 식사준비(반찬을 사도 좋다) 등. 가사일이라는 것이 시간도 많이 들고 힘도 들지만,

자꾸 하면 익숙해진다. 자꾸 해야 한다.

⑤ 경청, 존중, 다름 인정: 본래 부부간의 의견 차이는 잘 해결이 안된다.

DNA 차이가 있기 때문이다. 차이를 인정하고, 서로 존중하고, 경청하는 것이 답이다.

⑥ 노후설계 같이 하기: 구체적으로 얘기해야 한다. 각자의 계획을 공유하고 가끔씩 서로 업데이트

하고 수정하는 것이 필요하다. 얘기의 주제는 다양하다. 금전, 주거, 취미, 시간활용, 인간관계,

건강 등등

남녀(부부)간의 기본적 차이	
남녀 차이(1)	실버타운에서 여성들은 잘 어울리고 즐겁게 지냄. 남성들은 못 어울리고 외로워 함. 남성들은 학력, 배경, 직장 등을 따짐
남녀 차이(2)	▶ 주거: 여자는 서울, 아파트 / 남자는 지방, 전원주택 ▶ 부부 함께 하는 시간: 여자는 따로 / 남자는 같이, 오래
은퇴남편 증후군	사소한 일에 민감, 잔소리 심함, 상실감, 부인과 갈등

→ 부부 대안: <u>따로 또 같이</u>. 다름을 인정하고 이해. 따로 하는 시간 많아야

21 은퇴 후 취미활동

은퇴 후 시간이 너무 많다. 은퇴자들은 대부분 취미활동을 하기 보다는 주로 휴식활동을 하며 소일한다. 취미활동을 적극적으로 해보자.

● 은퇴 후 압도적으로 시간을 많이 보내는 활동이 TV시청이다. 그 다음에는 산책, 친구만남, 등산, 쇼핑, 외식, 영화보기, 인터넷 써핑, 목욕, 음주. 뭐 이런 것들이다. 취미활동도 있지만, 휴식 내지는 시간 때우기가 대부분이다.

● 적극적인 취미활동은 행복감을 높여준다. 소극적이고 가벼운 여가로 그냥 하루하루를 보내지 말자. 대표적인 취미생활로는 여행, 등산, 영화, 독서, 둘레길 걷기(서울 뿐 아니라 제주 등 전국), 자전거, 스포츠댄스, 골프, 테니스, 수영, 농구, 볼링, 낚시, 콘서트(좋아하는 가수), 요리 배우기, 문화센터 각종 강좌 듣기, 어학 배우기, 퍼즐이나 조립, 온라인 게임, 코칭, 사진 찍기, 공예품 만들기, 악기 연주, 와인 동호회, 자격증 취득(공인중개사, 경매, 주차관리요원, 경영관리사 등등), 손뜨개질, 소설 이나 시나리오 쓰기, 자원봉사, 자기계발(관심분야 공부하기) 등이다. 아내와 같이 하면 좋고 안되면 각자 하면 된다. 동호회 가입하면 많은 사람들과 같이 할 수 있어 좋다. 네이버 밴드, 카카오톡, 라인, 페이스북 등에서 동호회 검색하고 가입하면 된다.

● 자원봉사를 세부적으로 알아보자. 몇 가지 예를 들겠다.
　관련 사이트는 행자부, 보건복지부, 미래창조과학부 등이다.
① 사회복지 활동: 장애인 돌봄, 통학, 목욕/ 노인 가정방문 하여 청소, 세탁, 말벗, 도시락 전달/ 　　　　　　　　요양원과 요양병원 방문하여 활동 보조, 배식, 설거지, 환경정리
② 행정보조: 구청, 동사무소, 우체국, 복지기관에서 업무 보조
③ 문화행사: 복지기관 및 공공기관 행사 시 공연 업무 보조
④ 교통, 환경: 교통 정리, 주차 정리, 환경 및 재활용 캠페인
⑤ 교육 봉사: 어린이 공부방, 학습 부진아, 장애아동 학습
⑥ 재능 기부: 법률 상담, 취업상담, 번역, 금융 강의

● 자기계발의 예를 몇 가지 들어본다.

ⓐ 방송통신대 입학: 총 22개 학과 설치

ⓑ 사이버대학: 전국 21개 대학. 4년제, 2년제

ⓒ 한국폴리텍대학: 전국에 34개 캠퍼스. 자동차, 전기, 컴퓨터

● 취미생활의 연장선상에서 버킷리스트도 만들고 실천해 보자.

금쪽 같은 자식이 리스크, 즉 위험이라고 하니 조금은 낯설고 생뚱맞다. 물불 안가리고 금전적 지원을 하는 경우가 많으니, 절제하고 주의를 하라는 얘기다. 여유가 있고, 본인들 노후에 큰 지장이 없으면 얼마든지 금전적으로 도와줘도 된다. 과유불급. 지나침은 미치지 못함과 같다는 뜻인데, 과하면 안 된다는 얘기일 것이다. 많은 정치인들이 자식들 때문에 큰 타격을 입는다. 돈 좀 가진 사람들 중에서도 자식 지원하느라 쪽박 차는 경우가 왕왕 있다. 자식이 배우고 결혼을 하는데 무리를 해서라도 도움을 주곤 한다. 주변에서도 많이 보아 왔다. 부모들은 사는데 다소 불편해도, 자식에게 뭔가 금전적 도움을 주면 스스로 뿌듯해한다. 어느 정도가 적정한 지 풀기 어려운 과제다. 우리의 문화는 미국, 서양과 다르다. 정답이 없다.

자녀 비용 지원

	한국	미국	일본
대학등록금	O	X	O
결혼 비용	O	X	X

1인당 결혼비용

2019년. 결혼정보회사

	아들	딸
부모	1억 3,900만원(81%)	6,500만원(71%)
본인	3,200만원	2,700만원
총액	1억 7,100만원	9,200만원

23 종합소득세, 금융종합과세

종합소득세율, 금융종합과세 과세 방법,

그리고 금융종합과세를 줄일 수 있는 방법을

간단히 정리해 보았다.

세금은 부동산이 훨씬 복잡하다.

보유세, 종부세, 양도세, 증여세, 상속세 등등.

세금 제도를 잘 몰라 불이익을 받지 않도록

필요시 세무사에게 상담을 받자.

종합소득세, 금융종합과세

종합소득세	✔ 개인의 모든 소득을 종합하여 누진세율 적용 ✔ 소득: 이자, 배당, 사업, 근로, 연금, 기타			

	과세표준	세율	과세표준	세율
종합소득세율 (2021년~)	~1,200만원	6%	1.5억원~3억원	38%
	1,200만원~4,600만원	15%	3억원~5억원	40%
	4,600만원~8,800만원	24%	5억원~10억원	42%
	8,800만원~1.5억원	35%	10억원~	45%
	실제는 지방세 10% 추가. 6%는 6.6%, 15%는 16.5%			

금융종합과세	● 개인별 금융소득(이자+배당) 2천만원까지는 15.4% 징수 ● 초과금액은 종합소득에 합산하여 징수. 상기 6%~45%

예	■ 금융 소득 8천만원, 사업 + 근로 + 연금소득 1억원 ■ 세금= 2천만원 × 15.4%+(6천만 + 1억) × 세율(6.6%~41.8%) = 4,420만원

금융종합과세 회피-절세 방법

*구체적 사항은 필요시 세무 상담 받자. 제도 수시로 변경

방법		상품(예시)
금융종합과세 비해당 상품에 가입	비과세	● 장기주택마련저축 ● 생계형저축 ● 연금보험(10년 이상 유지시. 즉시연금 포함) ● 비과세종합저축 ● 우리사주조합원 배당 ● 국내 펀드 이익(과세 예정) ● 브라질채권 이자 ● 주식매매차익 등등(과세 예정)
	분리과세	● 15년 이상 사회기반시설(SOC) 채권이자(세율 14%) ● 만기 10년 이상 장기채권(세율 33%) ● ISA(수익 200만원 이하 비과세, 　초과수익 9.9% 분리과세) ● 리츠주식배당(원금 5천만원까지 9.9% 분리과세, 　초과금액 15.4% & 금융종합과세대상. 2021년 말 　보유분까지 한시적. 3년이내 배당소득에 대해서만) 　등등
이익금 규모를 연도별 분산 (연 2천만원 이하로 관리)		□ ELS를 월 지급식으로 □ 쿠폰(이자)이 주기적으로 있는 채권 매수
배우자 및 가족 명의로 분산 (금융자산 증여 비과세)		■ 배우자 10년간 6억원 증여 비과세 ■ 성인 자녀 10년간 5천만원, 미성인자녀 2천만원 증여 비과세

24 50대 후반의 마음가짐

대부분의 한국인들은 퇴직을 앞두고 불안하다.

회사형 인간으로 30여 년을 살아 왔는데,

할 일도 없고, 향후 생활비도 넉넉하지 않다.

갈 곳이 없다. 아내 눈치도 봐야 한다.

생각을 바꿔보자.

은퇴 후 금전, 건강, 가족, 취미, 주변 사람들과의 관계,

이런 것 다 챙기고 노력해야 하겠지만,

마음은 조금 느긋하게 편하게 가질 필요가 있다.

노심초사한다고 안될 일이 되지 않는다.

젊었을 때는 어떡하든 이 지긋지긋하고

스트레스 덩어리인 직장을 벗어나고 싶지 않았나?

나름대로 은퇴를 앞둔 직장인의 마음가짐을 정리해 보았다.

〈은퇴를 앞둔 직장인의 마음가짐〉

1) 자유다

한 조사에 의하면 은퇴하면 떠오르는 단어는, 한국인은 55%가 경제적 어려움, 30%가 두려움과 외로움이라고 한다. 주요 선진국들은 50% 이상이 자유와 행복이라고 한다. 돈이 없어 연금이 없어 자유를 생각할 여유가 없는 것이다. 그래도 이제는 자유다. 너무 두려워 말자.

2) 후회하지 말자

지나간 것은 어쩔 수 없다. 후회로 스트레스 받지 말자.

3) '질투, 비교' 하지 말자

비교하면 불행감을 느낀다. 화나고 짜증나고 후회스럽다. 인간이니까 어쩔 수 없다면 줄이자.

4) 나 자신을 칭찬하자

나 자신을 사랑하자. 30여 년간 수고 했어. 이제 쉬면서 천천히 생각해.

5) 가진 범위내에서 쓰자. 금전적 계획을 잘 세우자

정기적으로 들어오는 수입, 연금형 수입을 늘리도록 노력하자. 자산 재구조화를 생각해 보자. 여윳돈은 저위험, 고위험을 섞어서 투자하자. 너무 은행예금, 안전한 상품만 찾지 말자. 너무 보수적인 투자는 자산의 마이너스다. 경제, 금융상품, 부동산 돌아가는 것에 관심을 갖고 정기적으로 자료도 받자.

6) 남 눈치 보지 말자

남이 어떻게 생각하든 무슨 상관인가. 직장인도 아닌데. 나 하고 싶은 대로, 내 스타일대로 하자. 남에게 피해만 주지 않으면 된다.

7) 내가 하고 싶은 일을 적극 찾아보자

가벼운 것부터 무거운 것까지 다 찾아보자. 여행, 독서, 등산, 영화, 공연, 둘레길 걷기, 맛집, 쇼핑, 게임, 자전거 타기, 요리, 공예, 봉사활동, 사진 찍기, 글쓰기, 퍼즐 맞추기, 골프, 테니스, 낚시 등등. 동호회 가입도 좋다.

8) 가족들과 자주 대화하자

아내를 잘 챙기고 양보하고 배려하고 다름을 인정하자. 가정의 화목을 위해 구체적 노력을 하자. 가사도 적극적으로 하고, 이벤트도 만들어 보자, 성인 자녀는 간섭을 최소화하고, 식사를 같이 하는 시간을 많이 만들자.

더 늦기 전에 돈 공부 좀 하시죠

9) 사람들에게 친절하자

10) 슬픔, 아픔이 있다면 완전한 극복 어렵지만 시간이 치유해준다는 것을 믿자
　　물론, 시간이 흘러도 치유되기 어려운 상처가 있을 수 있다.
　　부모님 과의 이별은 아주 힘든 일이지만 받아들여야 한다. 시간이 지나면 나아진다.

11) 욕심을 줄이자
　　과욕은 불행의 근원이다.

12) 변화하는 현실을 받아들이자
　　과거에 머물지 말고 꼰대처럼 얘기하지 말자. 유튜브 등을 통해 세상의 변화를 공부하자.

13) 말하기보다는 듣자

14) 지갑을 자주 열자
　　단, 분수는 지키자.

15) 건강을 챙기자
　　연 1회 건강검진을 받자. 정기적, 비정기적으로 운동을 하자. 스포츠가 좋다.

16) 지루함, 느긋함에 적응하고 즐기자

17) 사람들과 마지못해, 의무적으로 어울릴 필요는 없다
　　꼭 필요한 경우가 아니라면, 만나고 싶은 사람만 만나면 된다. 나의 자유이니까.

18) 오늘을 즐기자
　　Now, Here. YOLO(You Only Live Once.). 한번 사는 인생, 이제는 즐기자.

19) 왜 사느냐 묻지 말고 어떻게 사느냐를 생각하자
　　삶은 내 의지와 관계없이 주어진 것이다.

행복한 노후를 위해 우리는 무엇을 준비해야 하나.

20대, 30대, 40대, 50대, 우리는 무엇을 준비해야 하나.

우리는 착각을 하면서 산다. 20대는 60세가 오지 않을 줄 알고, 60세는 대충 80세까지 살겠지 하며 산다. 60세도 70세도 80세도 온다. 대부분 90세까지 살게 된다. 죽는 것도 그냥 죽겠지 한다. 대부분 치매나 암에 걸려 요양원이나 요양병원에서 임종을 맞게 된다. 위 세대가 산 과정을 똑같이 산다. 금전적으로, 정신적으로, 신체적으로 준비를 해야 한다.

어쩌다 55세가 됐는데 집 한 채에 약간의 금융자산이 전부다. 사실상 집이 전 재산이다. 순자산은, 다 해야 서울은 10억 내외, 수도권과 광역시는 7억~8억, 지방은 5억~6억 수준이다. 실제 통계수치보다 훨씬 더 쳐서 이 정도 금액이다(2019년 통계청, 50대 가구 순자산 4.3억원). 연금도 별로 없다. 직장 생활 20여 년 했는데 국민연금, 퇴직연금(98%가 일시금으로 찾아가지만), 개인연금 해봤자 150만원~200만원 정도다. 1~2년 전부터 퇴직한 동료나 주변 친구들이 많아졌다. 주된 직장에서 한국인의 평균 퇴직연령은 53세다. 60세까지 은퇴하지 않은 직장인의 비율은(공무원, 공기업 제외) 8% 밖에 안된다. 은퇴 후 어떻게 살아갈까? 아이들 결혼은 어떻게 시킬까? 현재 일하는 직장에서는 조만간 나와야 할 것 같고. 그래도 최대한 버텨서 주 직장에서 60세 가까운 나이에 나오도록 노력해 보자. 30년은 다니도록 노력해 보자.

노후 준비를 위해서 젊은 시절부터 연금자산을 늘리자

부동산은 집 한 채로 충분하다. 물론, 똑똑한 한 채를 마련하기 위해 이사도 가고 대출도 받고 부단히 노력해야 한다. 부동산은 가장 큰 자산이다. 전체 자산 파이를 늘려 부동산 비중을 줄여 야지, 집을 팔거나 집을 줄여 금융투자를 할 수는 없다. 비싼 집이면 나중에 이를 활용해서, 재구조화해서 주택연금, 즉시연금, 여윳돈도 마련할 수 있다.

연금으로 어떻게 하든지 월 500만원을 마련할 수 있도록 젊은 시절부터 늦은 나이까지 늦었다 말고 노력해 보자. 부족한 연금은 주택연금도 고려해 보자. 아내 국민연금 임의 가입도 하자.

금융투자상품에 꾸준히 투자를 하자

예금은 비상시 필요한 돈만 남겨 두고, 원금 보장은 안 되지만 기대수익률이 높은 투자 상품에 계속 머물러 보자. 저금리를 이길 수 있는 투자는 High Risk, High Return/Middle Risk, Middle Return 투자다. 절세 상품 가입, 절약은 기본이다.

가능만 하다면, 65세, 70세까지 일하면 좋다

월 300~400백만원, 이렇게 근로소득으로 나이에 비해 많은 돈을 벌면 좋겠지만, 조금을 벌어도 직장이 있고 근로소득이 있으면 경제적 도움 뿐 아니라, 부부간의 관계, 건강, 주변 사람들 과의 관계, 정신적 건강 다 좋아진다. 문제는 50대 후반부터는 일자리를 구하기가 쉽지 않다는 것이다. 자격증에 도전하든지, 아니면 눈높이를 확 낮춰 용돈 정도 할 수 있는 일이라도 찾아보자. 주위의 시선은 신경 쓰지 말자.

돈, 건강 다 중요하다. 아내도 그만큼 중요하다

황혼이혼이 크게 늘고 있는데 대부분 남자에게 귀책사유가 있다. 나이 들어 황혼이혼을 당하지 않으려면, 젊었을 때부터 잘 하자. 그렇게 하지 못했다면 나이 들어 확실히 변화를 하든지. 부부가 함께 해야 장수하고 의지하고 보살펴야 행복한 삶이 된다.

7부

증여, 상속

증여, 상속

1 증여, 상속 기본적인 사항

증여, 상속 기본적인 사항

증여, 상속은 남의 일이 아니다. 재벌들, 자산가들만의 일이 아니다. 자산이 작아도, 누구에게 얼마를 줄 것인지 명확히 사전에 해야 상속인(자녀)간 다툼이 없다. 명확하지 않으면, 자녀간 큰 분쟁거리가 된다. 형제자매 간 인연을 끊고 사는 경우도 많다. 부모가 잘해야 한다.

명확하게 하기 위해서 그리고 본인의 의사를 잘 반영하기 위해서, 사전에 유언장을 작성하는 게 좋다. 자필증서를 작성할 수도 있으나 정확한 요건을 갖춰야 하므로 실수할 수도 있다. 그럼 무효가 된다. 법적분쟁도 발생한다. 자필증서를 작성하지 말고 '유언공정증서'를 작성하는 게 안전하다. 변호사사무실(법무법인. 간판에 공정증서 이렇게 써 있는 곳들도 있다) 주관 하에 작성하면 된다. 비용이 조금 들어도 법적효력이 명확하고 실수가 없다.

고인의 재산 파악이 잘 안되어 있으면 주민센터 가족관계등록 공무원에게 '안심상속 원스톱서비스'를 신청하면 고인의 모든 자산 확인이 가능하다. 10억 이하는 대체로 비과세다. 일괄공제 5억원, 배우자공제 5억원이 있다. 금액이 크면 세무상담을 받는 게 좋다.

사후에도 자산관리가 가능하다. 영화에도 가끔 나온다. 신탁제도를 활용해서 사후 나의 자산을 내가 원하는 대로 사용할 수 있다. 유언대용신탁, 수익자연속신탁등을 이용하면 된다. 예를 들어, 유명인의 손녀가 할아버지가 설정한 신탁 덕분에 어린 시절부터 성인이 될 때까지 매년 수십만 달러의 생활비를 받고, 성인이 될 때 신탁 원본을 상속받는다. 변호사 사무실을 이용하면 된다.

2 상속순위, 상속지분, 상속세율 공제

상속순위, 상속지분, 상속세율, 상속세 공제, 증여세 공제에 대해 알아보자.

자녀가 미성년일 때 2천만원을 증여하자. 만 20세가 되자 마자 5천만원을 증여하고, 30세가 되면 5

천만원을 한 번 더 증여하자. 금액이 다소 작긴 하지만, 증여 받은 금액이 나중에 세무적인 측면에서 합법적으로 유용하게 사용될 수 있다.

법정상속순위

순위	법정상속인
1순위	직계비속(자녀)과 배우자
2순위	직계존속(부모)과 배우자
3순위	형제 자매

※피상속인(고인)의 배우자는 직계비속과 동 순위로 공동상속인이 되고, 직계비속이 없는 경우 직계존속과 동 순위로 공동상속인이 된다. 그리고 직계비속과 직계존속이 없을 경우에만 단독 상속인이 된다.

법정상속지분

배우자	자녀 1	자녀 2
1.5	1	1

예: 10억원
- 배우자: 10억원*(1.5/3.5)= 4.28억원
- 자녀 1: 10억원*(1/3.5)= 2.86억원
- 자녀 2: 자녀 1과 동일

※법정상속이 아닌 유언을 통해 상속 재산을 넘겨주는 '유증'(공정증서, 자필증서에 의한 유언)이 우선 적용
※유류분: 유증에도 불구하고 직계비속(자녀)과 배우자는 법정상속 지분의 ½만큼은 최소한 상속받을 권리가 있다.

상속세율(=증여세율)

과세표준액	세율	누진공제액
0~1억	10%	
1~5억	20%	1,000만원
5~10억	30%	6,000만원
10~30억	40%	1억 6천만원
30억~	50%	4억 6천만원

상속세 공제	
공제명	내용 및 금액
기초공제	2억원
배우자공제	Min(ⓐ, ⓑ) ⓐ: 상속재산가액 × 배우자의 법정상속분 – 배우자 　　사전증여재산 과세표준 ⓑ: 30억원
그 밖의 인적공제	● 자녀: 1명당 5천만원 ● 미성년자: 1명당 1천만원 × 19세까지의 연수 ● 연로자: 1명당 5천만원 ● 장애인: 1명당 1천만원 × 기대여명의 연수
일괄공제	Max(기초공제 + 그 밖의 인적공제, 5억원)
금융재산 상속공제	순금융재산가액이 ▶ 2천만원 이하: 전액 ▶ 2천만원 초과 1억원 이하: 2천만원 ▶ 1억원 초과: Min(순금융재산가액 × 20%, 2억원)
동거주택 상속공제	Max(동거주택가격 × 80%, 5억원)
가업상속공제	가업상속재산가액 × 100% ※ 한도: 10년 이상 계속경영한 경우 200억 　　　　20년 이상 계속경영한 경우 300억 　　　　30년 이상 계속경영한 경우 500억

★ 상속세: 배우자 및 자녀가 있는 경우 최소 10억원까지는 상속세 사실상 없음.
　『일괄공제 5억원 + 배우자상속공제 5억원』 때문임.

3 알면 도움이 되는 세무지식 및 주요 세율표

1) 알면 도움이 되는 세무지식

■ 상장주식 양도소득세 대주주 범위(2020.4.1~)

구분	기준액
코스피	1% 또는 10억원 이상
코스닥	2% 또는 10억원 이상
코넥스	4% 또는 10억원 이상
비상장	4% 또는 10억원 이상

※ 2021. 4. 1일 이후 금액을 10억원 이상에서 3억원 이상으로 낮추려 했으나 유보됨(2020. 11월)
※ 매년 12월 말 보유 기준 → 12월 말 이전 매도 후 다음 해 1월에 다시 매수하는 경우가 반복적으로 발생

■ 증여재산공제(10년 합산)

증여자	수증자	공제액
배우자	배우자	6억원
직계존속(부모)	직계비속(자녀)	미성년자 2천만원 성인(19세 이상) 5천만원
직계비속	직계존속	5천만원
그 밖의 친족	그 밖의 친족(사위, 며느리 등)	1천만원

■ 상속공제 : 앞 장 표 참조

2) 주요세율표

■ 종합소득세율(지방소득세 10% 별도) (2021. 2월 현재)

과세표준	세율	누진공제액
~ 1,200만원 이하	6%	
1,200만원 초과 ~ 4,600만원 이하	15%	1,080,000원
4,600만원 초과 ~ 8,800만원 이하	24%	5,220,000원
8,800만원 초과 ~ 1.5억원 이하	35%	14,900,000원
1.5억원 초과 ~ 3억 이하	38%	19,400,000원
3억원 초과 ~ 5억 이하	40%	25,400,000원
5억원 초과~10억원 이하	42%	35,400,000원
10억원 초과~	45%	65,400,000원

■ 주식 양도소득세 세율(지방소득세 10% 별도)

구분	기준		세율
중소기업	소액주주		10%
	대주주	과세표준 3억원 이하 분	20%
		과세표준 3억원 초과분	25%
대기업	1년 이상 보유	과세표준 3억원 이하 분	20%
		과세표준 3억원 초과분	25%
	1년 미만 보유		30%

■ 양도소득세 세율(2021. 6월~)(토지, 건물, 부동산에 관한 권리. 지방소득세 10% 별도)

대상자산	내용	세율
토지, 건물, 부동산에 관한 권리 ※『ⓐ일반지역 이냐 조정대상지역 이냐,/ ⓑ보유기간은 얼마나 되느냐/ ⓒ1,2,3주택이냐』에 따라 세율 다름. 구체적인 세율표는 생략함. 국세청 홈택스에 상세히 나옴 (여기서는 단순하게만 표시함)	●보유기간(1가구 1주택) ① 1년 미만 ② 1년 ~ 2년 ③ 2년 이상 ●1가구 2주택 ●1가구 3주택 이상 ●비사업용 토지 ※1가구는 기본세율, 2주택은 기본세율 +20%p, 3주택은 기본세율+30%p	50% 40% 기본세율(6~45%) 기본세율 + 20%p 기본세율 + 30%p 기본세율 + 10%p ※ 2주택자는 최대 65%, 3주택자는 최대 75%

■ 양도소득세 기본세율(지방소득세 10% 별도. 국세청홈텍스)

종합소득세율과 동일(왼쪽 페이지 위)

■ 주택 공시 가격 현실화 계획(현실화 도달연도)

※ 현실화율: 시세의 90%　　　　　　　* 2020. 11월 국토교통부 발표

주택시세	9억 미만	9억~15억	15억 이상
공동주택(아파트 등)	2030년	2027년	2025년
개별주택(단독 주택 등)	2035년	2030년	2027년

■ 종합부동산세 세율(2021년)

과세표준액	일반 세율	중과 세율
3억원 이하	0.6%	1.2%
3억원~6억원	0.8%	1.6%
6억원~12억원	1.2%	2.2%
12억원~50억원	1.6%	3.6%
50억원~94억원	2.2%	5.0%
94억원 초과	3.0%	6.0%

※ 일반세율 적용 대상자: 조정 대상 지역 여부 불문 1주택자,
　　　　　　　　　조정 대상 지역 1주택자 + 비조정 대상 지역 1주택자,
　　　　　　　　　비조정 대상 지역 2주택자
※ 중과세율 적용 대상자: 조정 대상 지역 2주택자, 조정 대상 지역 여부 불문 3주택 이상자

종합부동산세 세부담 상한율(2021년)
● 일반세율 적용 대상자 150%, 중과세율 적용 대상자 300%

종합부동산세 세액공제(2021년)
● 적용대상자: 1세대 1주택자(부부 공동명의 1주택자 포함)
● 고령자: 60세이상~65세미만 20%, 65세이상~70세미만 30%, 70세이상 40%
● 장기보유자: 5년이상~10년미만 20%, 10년이상~15년미만 40%, 15년이상 50%
　※ 고령자, 장기보유자 세액공제 중복적용 가능. 중복적용 한도는 80%

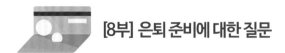

[8부] 은퇴 준비에 대한 질문

스스로에게 물어보고 스스로에게 대답해 보자. 정답은 없다. 자기의 대답이 자기에게 정답이다. 글로 대답을 한번 적어보자. 정리도 되고 자기가 부족한 것이 무엇인지 깨달을 수도 있다.

〈 은퇴 준비에 대한 질문〉

Q1: 나는 은퇴 후 월 소득이 얼마나 필요한가?

Q2: 나는 어떻게 은퇴 후 필요한 소득을 마련하고 있나?

　　현재의 상황(자산상태, 국민연금, 퇴직연금 등)과 향후 계획은 어떠 한가?

Q3: 현재 내 재산의 상품별 구성은 괜찮은가? 은퇴 후 안정적 수입을 위해서 재조정이 필요한가?

　　현재 상태 그대로도 괜찮은가? (Q2에 대한 상세 질문일 수도 있음. Q2와 다소 중복되는 질문임)

Q4: 나의 현재 자산은 대한민국의 몇 %쯤 될까?

Q5: 퇴직연금이란? IRP는 무엇이지? 나는 얼마나 받을 수 있나? (Q2와 중복되나 더 자세히)

Q6: 개인연금이란? 나도 가지고 있는 게 있나? (Q2와 중복되나 더 자세히)

Q7: 주택연금이란? 내 집도 가능한가? 내 집으로는 월 얼마나 받을까?

Q8: 예금이자는 1%도 안 되고, 주식투자는 하고는 싶은데 위험하고, 그래서 5~6% 정도 기대하는

　　중위험중수익 상품들이 있다고 하는데 그게 어떤 것들인가? 내가 투자해도 되나?

Q9: 주식해서 돈을 벌 수 있나?

Q10: 간접투자, 장기투자, 적립식 투자는 주식 직접투자의 대안이 될 수 있나?

Q11: 해외 ETF투자는 어떻게 하는 거지?

Q12: 월 지급식 상품에 어떤 것들이 있지? 투자해도 되나?

Q13: 3층 연금, 5층 연금, 5층 집 이게 뭐지?

Q14: 분산투자는 필요한가? 좋은 상품에 집중 투자하는 게 맞는 것 아닌가?

Q15: 노후 대비 금융상품이 따로 있나? 나이별 맞춤형이 따로 있나?

Q16: 구분상가나 오피스텔을 사서 월세를 받고 싶은데 해볼까?

　　시장 상황은 어떻고 나는 살 돈과 의향은 있는가?

Q17: 지금 당장 여윳돈 1억이 생기면 어디에 투자할까? 3억이 생기면 어디에 투자할까?

Q18: 자녀 결혼비용은 준비가 되어 있나? 얼마 정도가 적절한가?

Q19: 은퇴 후 어디에 살까? 현재 살고 있는데 살면 될까?

Q20: 은퇴 후 돈 이외에 무엇을 준비해야 하나?

Q21: 주 직장에서 은퇴 후 구직활동을 계속 해야 하나? 계속 일을 해야 하나?

　　일을 안 하면 어떤 일이 생기지?

Q22: 은퇴와 연금(국민연금, 개인연금 등) 수령 사이에 시차가 5년~10년 정도 발생하는데,

　　이 기간 동안 돈이 부족하지 않을까? 부족하다면 대책은 뭔가?

Q23: 증여, 상속은 어떻게 할까?

Q24: 20년 뒤 자장면 한 그릇 값이 2만원 하면 어떻게 연금으로 생활하나?

　　내 향후 소득이 인플레이션에 대비되어 있나?

Q25: 아내와의 관계는 좋은가?

Q26: 나보다 오래 살 아내를 위해 경제적으로 무엇을 준비해야 하나?

Q27: 나의 버킷리스트는?

은퇴 후의 행복을 꿈꾸는 사람에게 귀띔이 되었기를 …

부족한 지식으로 쓴 글이 여러분들에게 조금이라도
도움이 되었는지 걱정스럽고 쑥스럽다.

"돈이란 악함도 저주도 아니고, 인간을 축복하는 것이다."
"지혜가 없으면 돈은 결코 나에게 오지 않는다."
"세상의 모든 괴로움과 고통을 모아서 저울 한쪽에 올려놓고
 가난을 다른 한쪽에 올려놓는다면 가난이 그 모든 것보다도 더 무겁다."
 탈무드에 나오는 이야기들이다.

가난은 고통스럽고 불행한 일이다.
나이가 들어서의 가난은 더더욱 그렇다.
60세 직장 은퇴 시기쯤에는 경제적으로 어느 정도 자유로워야 한다.
그래야 인생 2막 30년의 자유와 행복을 꿈꿀 수 있다.
경제적 어려움 때문에 65세, 70세까지 계속 일만 할 것인가?
이제 좀 쉬고 즐겨야 하지 않겠는가? 인생은 한 번뿐이다.

현명하고 치열하게 투자를 해서 안정된 경제생활을 준비하자.
성공 투자에 정답은 없어도 정도는 있다.

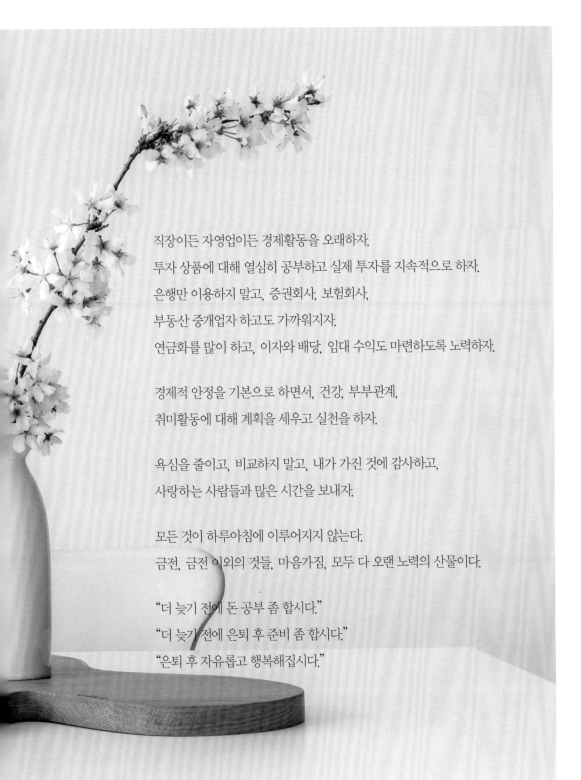

직장이든 자영업이든 경제활동을 오래하자.

투자 상품에 대해 열심히 공부하고 실제 투자를 지속적으로 하자.

은행만 이용하지 말고, 증권회사, 보험회사,

부동산 중개업자 하고도 가까워지자.

연금화를 많이 하고, 이자와 배당, 임대 수익도 마련하도록 노력하자.

경제적 안정을 기본으로 하면서, 건강, 부부관계,

취미활동에 대해 계획을 세우고 실천을 하자.

욕심을 줄이고, 비교하지 말고, 내가 가진 것에 감사하고,

사랑하는 사람들과 많은 시간을 보내자.

모든 것이 하루아침에 이루어지지 않는다.

금전, 금전 이외의 것들, 마음가짐, 모두 다 오랜 노력의 산물이다.

"더 늦기 전에 돈 공부 좀 합시다."

"더 늦기 전에 은퇴 후 준비 좀 합시다."

"은퇴 후 자유롭고 행복해집시다."

참고자료

■진짜부자 가짜부자, 사경인 저, 더클래스(2020년)

■세계가 일본된다, 홍성국 저, 메디치(2014년)

■은퇴 후 30년을 준비하라, 오종남 저, 삼성경제연구소(2009년)

■아름다운 노후를 위한 행복테크, 최상길 저, 삼성경제연구소(2008년)

■당신의 노후는 건강하십니까?, 김형선 저, 부연사(2013년)

■은퇴부자들, 고준석 저, 흐름출판(2014년)

■내일의 부, 김장섭 저, 트러스트북스(2020년)

■직업별로 알아보는 은퇴설계, 은퇴설계연구소, 삼성증권(2013년)

■재테크트렌드2020, 김학렬, 정철진, 양보석, 정찬훈, 캐스퍼 저, 아라크네(2019년)

■알기 쉽게 풀어보는 상속과 증여, 삼성생명FP센터 저, 새로운 제안(2012년)

■미래를 내다보는 바람직한 금융투자, 삼성생명 FP센터 저, 새로운 제안(2010년)

■인생의 행복을 그리는 재무설계, 삼성생명FP센터 저, 새로운 제안(2011년)

■투자의 여왕, 성선화 저, 청림출판(2016년)

■퇴직 후 인생경영, 이회승 저, 마이북스(2012년)

■한국의 사회동향 2019, 통계청(2020년)

■2019년 사회조사보고서, 통계청(2020년)

■2017~2067 장래인구특별추계, 통계청(2020년)

■2017~2047 장래가구특별추계, 통계청(2020년)

■2019년 가계금융복지조사 보고서, 통계청, 금융감독원, 한국은행(2020년)

■2019 한국의 사회지표, 통계청(2020년)

■쉿! 퇴직연금도 모르면서, 김현기 저, 한스컨텐츠(2016년)

■대한민국 부동산 사용설명서, 김학렬 저, 에프엔미디어(2020년)

■부동산 왜 버는 사람만 벌까, 심교언 저, 매경출판(2017년)

■스마트 라이프 디자인, 삼성생명 은퇴연구소 저, 미래의 창(2017년)

■통장에 돈이 쌓이는 초저금리 재테크, 조재영 저, 중앙books(2019년)

■저금리 시대를 이기는 성공투자 해외리츠에, 고병기, 유나무, 이경자, 전래훈 저, 북스톤(2019년)

■당신의 노후는 당신의 부모와 다르다, 강창희 저, 쌤앤파커스(2013년)

■평생소득으로 당당하게 준비하는 인생 후반전, 삼성생명 은퇴 연구소 이성진, 허준, 최은아 저, 부크온(2012년)

■따라하면 수익이 따라오는 ETF투자, 이재준 저, 원앤원북스(2020년)

■ETF투자 무작정 따라하가, 윤재수 저, 길벗(2020년)

■금융상품 및 투자분석, 김민규, 한국금융연수원(2019년)

■ZERO, 신한금융투자 리서치센터, 신한금융투자(2020년)

■Global Portfolio, 신한금융투자 리서치센터, 신한금융투자(2020년)

■거꾸로 즐기는 1%금리, 김광기, 서명수, 김태윤, 장원석 저, 메디치(2015년)

■내 월급은 정년이 없다, 이천, 이명진, 장우승, 이형주, 강성갑, 예스위캔(2011년)

■2019 대한민국 재테크 트렌드, 조선일보 경제부 엮음, 푸른숲(2019년)

■100세 시대 은퇴대사전, 송양민, 우재룡 저, 21세기북스(2014년)

■은퇴달력, 유지송 저, 비즈니스북스(2015년)

■행복한 노후대비 100문 100답, 김건, 이현종 저, 평단(2018년)

더 늦기 전에 돈 공부 좀 하시죠

30년 월급 생활자의 은퇴 후 30년 노후 생활을 위한 자산 운용 전략

초판 1쇄 발행 | 2021년 2월 19일
초판 2쇄 발행 | 2021년 2월 24일

지은이　　　　김대홍
펴낸이　　　　안호헌
아트디렉터　　박신규
표지디자인　　연이캘리(yeoncalli)

펴낸곳　　　　도서출판 흔들의자
　　　　　　　출판등록　2011. 10. 14(제311-2011-52호)
　　　　　　　주소　　　서울 강서구 가로공원로84길 77
　　　　　　　전화　　　(02)387-2175
　　　　　　　팩스　　　(02)387-2176
　　　　　　　이메일　　rcpbooks@daum.net(원고 투고)
　　　　　　　블로그　　http://blog.naver.com/rcpbooks

ISBN 979-11-86787-34-2　13320
ⓒ 김대홍 2021. Printed in Korea